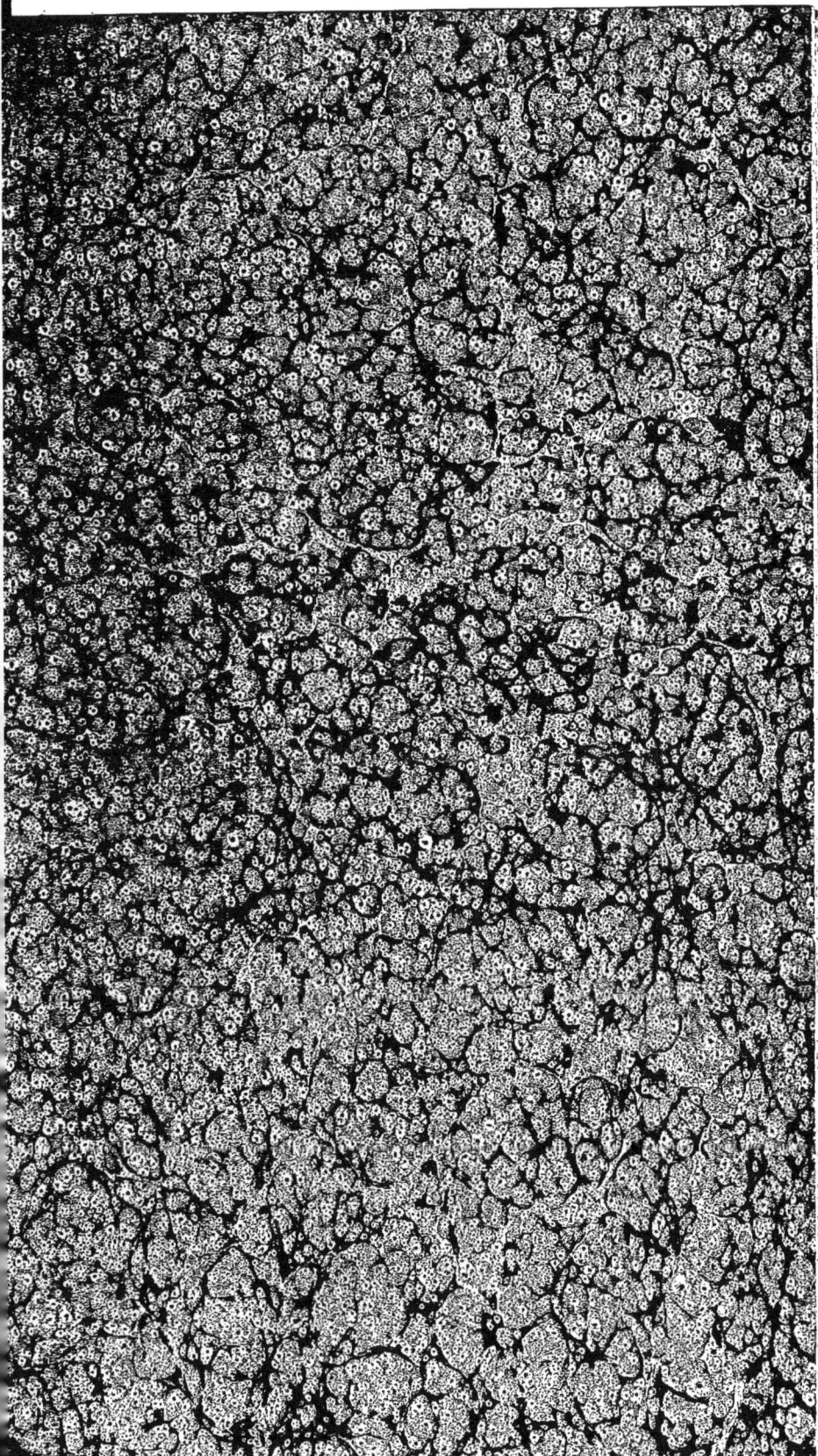

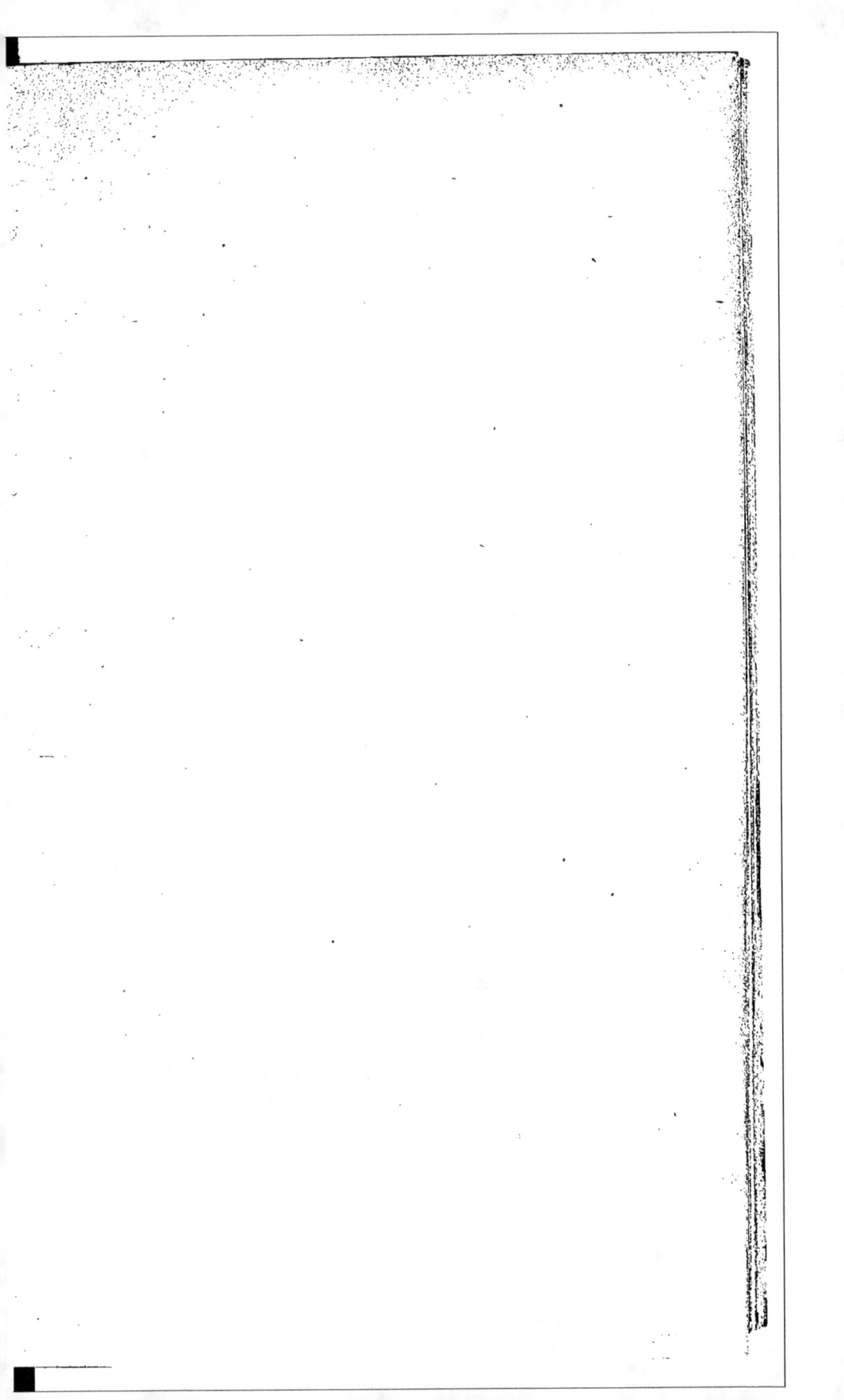

32427

TRAITÉ

DES BOMBARDEMENTS.

TRAITÉ

DES

BOMBARDEMENTS

Par E. DE BLOIS,

Capitaine d'artillerie, Inspecteur des armes de la garde nationale de Paris,
Membre Adjoint de la commission des armes portatives.

Travailler à rendre les machines et les opérations militaires plus homicides, c'est travailler
pour la grande cause de l'humanité; car c'est
inspirer aux masses plus d'éloignement pour la
guerre, par le sentiment des maux qui en
pourraient résulter.

1re partie, page 65.

(AVEC PLANCHES).

PARIS,

LIBRAIRIE MILITAIRE, MARITIME ET POLYTECHNIQUE

DE J. CORRÉARD,

LIBRAIRE-ÉDITEUR ET LIBRAIRE-COMMISSIONNAIRE,
Rue Christine, 1.

1848.

OBSERVATIONS PRELIMINAIRES.

Voici comment l'auteur a été conduit à entreprendre cet ouvrage.

Il a remarqué que les divers écrivains militaires qui réprouvent le système des bombardements, les accusent tout à la fois de barbarie et d'inefficacité : il lui a semblé que ces reproches s'excluaient l'un l'autre; et que les jugements sévères de ces auteurs pouvaient être entachés d'erreur et soumis à une révision. Il s'est en conséquence livré à quelques recherches dans le but de se former une opinion consciencieuse; et il regarde comme un devoir envers son pays d'en faire connaître les résultats, qui sont en opposition complète avec les idées reçues.

La marche suivie par l'auteur dans ses investigations, n'a été autre que celle que nous ont tracée les Barante, les Augustin Thierry, les Michelet, dans l'étude de nos annales; il a consulté les mémoires et ouvrages écrits sur les faits militaires relatifs à l'objet de son travail, soit par des témoins dignes de foi, soit par des hommes spéciaux dans l'autorité desquels on peut avoir toute confiance. A la vérité, ces recherches ne remontant pas à une époque très.reculée, sa tâche a été bien moins pénible que celle de nos estimables antiquaires. En présentant le fruit de ses travaux à ses camarades, il est tellement convaincu de son insuffisance, que son désir le plus vif est d'inspirer à quelque officier de talent la volonté de perfectionner cette ébauche informe, et de lui donner ce qui lui manque pour la rendre digne d'être soumise aux méditations de nos généraux.

L'étude du passé, un peu négligée de nos jours, lui a fait reconnaître quelques erreurs échappées à des hommes d'un grand mérite; dans la lutte qu'il a entreprise contre eux, il ne s'est pas éloigné des égards que tout militaire leur doit, en mémoire des grands services qu'ils ont rendus à leur pays. Le nombre et l'importance des faits produits par l'auteur pourront seuls suppléer à sa faiblesse.

Cet ouvrage, livré à l'impression en octobre 1847, était presque entièrement terminé vers la fin de février. La première partie et quelques fragments de la seconde avaient même déjà paru dans le *journal des Armes spéciales* (numéros de novembre, décembre et janvier). Depuis cette époque, des événements d'une portée immense ont ébranlé ou détruit plusieurs trônes, et agité la société jusque dans ses fondements. L'auteur n'a pas tenté d'examiner si parmi les faits accomplis en ces moments de crise, il ne s'en trouve pas quelques-uns qui viennent à l'appui des idées développées dans son ouvrage. Il a préféré s'en rapporter sur ce point à l'esprit de ses lecteurs; ne voulant admettre aucune appréciation politique dans un traité tout spécial et qui n'est destiné qu'aux militaires.

Il croit convenable de faire remarquer que le mot *bourgeoisie* dont il s'est souvent servi, ne doit pas être entendu dans le sens restreint que l'on cherche à lui donner depuis quelque temps, en signalant par cette expression une classe particulière de la société. L'auteur donne à ce mot son acception la plus étendue; et l'emploie, comme tous ceux qui ont écrit sur la fortification, pour désigner l'ensemble de la population civile, depuis les citoyens les plus riches jusqu'aux plus indigents.

C'est un besoin pour lui de témoigner sa reconnaissance à ses amis Fiéreck, Tellier et Susane qui ont bien voulu l'aider de leurs encouragements et de leurs conseils.

Nota. Ce traité renferme quelques citations d'ouvrages étrangers qui n'ont pas été traduits dans notre langue. On a cru devoir alors reproduire le texte relatif aux passages les plus importants, afin de mettre le lecteur à même de vérifier l'exactitude de l'interprétation qui leur a été donnée.

TRAITÉ DES BOMBARDEMENTS.

PREMIÈRE PARTIE.

CHAPITRE PREMIER.

—

Après avoir initié leurs élèves à la connaissance de toutes les parties qui composent le front moderne, les professeurs de fortification, dans nos écoles militaires, terminent d'habitude ce qu'ils ont à dire sur ce sujet par un cours détaillé d'attaque et de défense des places fortes, n'omettant aucune opération de quelque importance, à partir de l'investissement jusqu'à l'escalade des brèches.

Un officier, que les exigences du service ou le peu de ressources des villes dans lesquelles il stationne, mettraient dans l'impossibilité de compléter son instruction par l'étude de l'histoire militaire, devrait naturellement rester convaincu que l'ensemble de ces attaques méthodiques constitue la seule manière don on puisse se rendre maître des forteresses.

Mais son erreur serait grande : une foule d'exemples tirés des guerres modernes et surtout des plus
récentes, prouvent que les places fortes se prennent
par quatre moyens bien différents : les blocus, les
surprises, les bombardements, les siéges réguliers.
Très souvent aussi les attaques se composent d'une
combinaison de plusieurs de ces systèmes.

Il y a peu de choses à dire des blocus, qui sont une
affaire de patience et de temps, et n'ont de chances
de succès qu'autant que le corps investissant n'a pas
à redouter une armée de secours.

Les surprises constituent le procédé le plus rapide
et le plus économique pour enlever une place. Elles
se font de deux manières, par ruse ou de vive force;
et réussissent dans des cas particuliers, mais assez
rares.

La collection des principaux exemples de surprises
que nous offre l'histoire ancienne et moderne, for-
merait un ouvrage intéressant à consulter par ceux
qui peuvent être appelés à diriger l'attaque ou la défense des places.

L'objet que nous nous proposons dans le cours de
cet ouvrage est d'étudier le système des bombardements; et de constater les avantages que l'on en peut
tirer pour la réduction des places. Quoique nous ne
rappellions pas tous les faits de ce genre qui eurent
lieu dans les guerres les plus modernes, nous en ci-

tons un assez grand nombre pour pouvoir en déduire avec certitude les conséquences suivantes :

1° Les bombardements ne sont pas, comme on l'a dit, tombés en désuétude, puisque nous en trouvons des exemples continuels depuis 1792 jusqu'en 1814.

2° Quand une ville est bombardée avec des moyens vigoureux et convenables, très peu de jours sont nécessaires pour la détruire de fond en comble; et il est fort rare qu'elle pousse la résistance jusqu'à cette extrémité.

3° Les mesures que l'on conseille dans les cours d'attaque et de défense pour s'opposer aux ravages des projectiles incendiaires, sont complétement insuffisantes. Il est impossible d'arrêter les progrès du feu sous une grêle de bombes et d'obus.

4° Les bombardements nous rendent maîtres des places avec une bien moins grande perte de temps, de munitions et de sang humain que les siéges méthodiques.

5° Nous attirerons aussi l'attention de nos lecteurs sur les graves inconvénients qui résultent, sous le point de vue de la défense du territoire, de l'ignorance entière dans laquelle on tient les jeunes officiers sur les dangers très réels qu'entraîne ce genre d'attaque. Nous verrons que cette ignorance a causé la chute d'un grand nombre de forteresses.

6° Enfin, nous chercherons à défendre le système

des bombardements contre l'injuste réprobation dont on a voulu le flétrir, en considérant son emploi comme un acte de barbarie.

Le mode dont nous allons nous occuper et dont les effets sont irrésistibles, quand on l'emploie avec intelligence et à propos, a pour conséquence d'ajouter de nouvelles forces à l'attaque déjà si puissante. Avant d'aller plus loin, nous avons dû nous demander si le moment était favorable pour soulever une pareille question.

Il y a quelques années, dit l'ingénieur militaire anglais John T. Jones, homme d'un mérite éminent et que nous aurons plus d'une fois l'occasion de citer dans ce traité, quand presque toutes les places fortes de l'Europe étaient au pouvoir des Français, Carnot fut choisi par Bonaparte pour composer un ouvrage en quelque sorte populaire sur leur défense, afin de stimuler les gouverneurs et leurs garnisons à tenir jusqu'à la dernière extrémité.

Cette entreprise a été exécutée d'une manière aussi adroite qu'ingénieuse, et a procuré à son pays l'important avantage de persuader aux lecteurs superficiels de toutes les nations (car on regarde partout les Français comme les oracles de la science militaire), que la force des places a été inconnue jusqu'ici, et qu'elles sont capables d'une résistance beaucoup plus longue qu'on ne le pensait.

Mais dans le résumé même que Carnot fait de trente-sept défenses modernes, qu'il regarde comme bonnes (la trente-huitième, celle de Gênes, fut seulement un blocus), vingt-cinq sont antérieures à l'année 1600, trente-deux à 1672 où l'on commença à faire usage des mortiers, trente-cinq antérieures à 1697 où l'on introduisit le tir à ricochet ; et dans les cent-seize années qui se sont écoulées depuis lors, son génie et son esprit de découverte n'ont pu lui faire trouver que deux siéges dignes d'attention. De telles observations n'en disent-elles pas plus que des volumes en faveur de la supériorité réelle que l'attaque a obtenue sur la défense ?

Tout est bien changé depuis l'époque à laquelle écrivait Carnot. Non-seulement les désastres de nos armées et les traités de 1815 nous ont fait perdre presque toutes les places dont nous étions les maîtres, mais les puissances continentales en ont érigé de très fortes contre nous. Au point de vue de l'intérêt national, il ne peut donc y avoir que de l'avantage à accroître l'efficacité des moyens connus pour réduire les forteresses.

La marche qui sera suivie dans cet ouvrage, aura beaucoup d'analogie avec celle de Carnot dans son traité sur la défense des places. Après avoir passé en revue les principaux auteurs qui se sont occupés de la question des bombardements et discuté leurs opinions, nous produirons un certain nombre d'exemples à l'appui de cette méthode ; puis nous en déduirons les règles à suivre pour opérer avec le plus de chances de succès.

Tant de causes influent sur les événements de la guerre ; ces événements sont si multipliés, que la solution doit en être excessivement variable. C'est ce qui donne beau jeu aux faiseurs de systèmes, qui peuvent toujours prouver à peu près ce qu'ils veulent, en citant plusieurs faits dans leur sens et passant sous silence tous les faits contraires. Quelque nationale, quelque respectable que fût la cause soutenue par Carnot, on ne peut s'empêcher de reconnaître que le colonel Jones le blâme avec raison d'avoir eu recours à cet artifice. On aura, plus tard, l'occasion de constater que certains adversaires des bombardements ont agi d'une manière tout-à-fait semblable.

Nous nous efforcerons de ne pas encourir un pareil reproche de la part de nos lecteurs. En effet, loin de dissimuler les exemples de bombardements infructueux qui sont parvenus à notre connaissance, nous les étudierons avec plus de soin que les autres, afin de rechercher les causes qui les ont fait avorter et d'en tirer des conséquences pour l'avenir. Plus heureux que Carnot, nous trouvons dans les guerres modernes, et spécialement dans celles de la révolution et de l'empire, un grand nombre de faits sur lesquels se base notre conviction. Nous nous en tiendrons aux exemples de ces dernières époques ; et si nous ne remontons pas plus haut, ce n'est pas que nous n'en puissions également trouver de favorables à notre cause ;

mais c'est que le grand nombre des bombardements heureux que nous ont offerts ces guerres toutes récentes, nous a semblé constituer un progrès réel dans l'art des siéges; et nous nous proposons d'attirer l'attention sur ce point. Il importe bien plus en effet de savoir comment les places se prennent de nos jours, que d'étudier la manière dont on s'en emparait dans le dix-septième siècle.

Si l'on me demande, nous dit le maréchal Gouvion-Saint-Cyr, où les généraux en chef trouveront le complément de l'instruction qui leur est nécessaire, et que ne pourrait suppléer le génie même dont ils seraient pourvus, je répondrai qu'après avoir acquis les connaissances qui constituent les deux premières parties de la guerre, c'est-à-dire le métier et la science, ils ne pourront trouver ce qui leur manque encore, que dans l'étude approfondie de l'histoire des guerres anciennes et modernes, mais particulièrement de ces dernières. Celles du règne de Louis XIV, et surtout celles de Frédéric, ont été assez bien écrites pour avoir servi à l'instruction de la génération qui s'éteint; celles de la république et de l'empire doivent servir à former la génération qui lui succédera, car chaque guerre emprunte toujours quelque chose du caractère de celles qui l'ont précédée » (*Avant-propos des mémoires sur la campagne de* 1792).

C'est avec une entière bonne foi que nous avons fait ce traité, et avec le désir sincère de convaincre ceux mêmes qui, dans leurs livres et dans leurs cours, se sont montrés les adversaires les plus prononcés de notre cause. Nous nous sommes imposé la loi de choisir presque tous nos exemples dans des écrits et des témoignages dont on ne niera pas la valeur. Nos citations auront généralement assez d'étendue pour que l'on ne puisse pas croire que le sens en soit altéré : le lecteur en profitera par la connaissance qu'il acquerra d'extraits de plusieurs bons ouvrages. Nous nous résignons ainsi nous-même au simple rôle de rapporteur, le seul qui nous convienne en présence des grands noms et des grands souvenirs que nous allons évoquer.

CHAPITRE II.

—

Plusieurs auteurs ont traité la question des bombardements, mais quelquefois d'une manière singulièrement laconique, eu égard à son importance. Leurs opinions, il faut en convenir, ne sont pas généralement favorables à ce système; aussi nous verrons-nous forcé de les réfuter, quelque imposante que soit l'autorité des écrivains militaires qui les ont émises. Nous consacrons le présent chapitre à cette revue; et nous ne pouvons mieux commencer que par le plus grand ingénieur des temps modernes.

VAUBAN.

—

Dans son *attaque des places*, après la description des batteries à bombes et à pierres dressées par l'assiégeant, cet auteur s'exprime de la sorte :

Cela fait, et les mortiers placés sur leurs plates-formes, il

faudra simplement tirer aux défenses, aux batteries de la
place et dans le centre des bastions et de la demi-lune où on
peut faire des retranchements, et non aux maisons, parce que
ce sont autant de coups perdus qui ne contribuent en rien à
la prise de la place, et le dommage qu'on y fait tourne à perte
pour l'assiégeant; c'est pourquoi il est nécessaire de bien
apprendre aux bombardiers ce qu'ils doivent battre et de leur
défendre très expressément de tirer aux bâtiments.

Si l'on en croit Bousmard, ce ne fut pas sans une
vive opposition des chefs de l'artillerie, que Vauban,
au siége d'Ath, parvint à faire prévaloir le tir aux défenses sur le tir aux maisons. Toutefois nos prédécesseurs eurent raison de se soumettre. En effet, le grand
ingénieur leur enseignait un nouveau moyen de destruction dont les effets étaient d'autant plus terribles,
que les pièces de l'assiégé serrées les unes contre les
autres le long des faces, présentaient le flanc aux ri-
cochets sans aucune précaution contre ce danger imprévu. La garnison, ainsi prise au dépourvu, se
trouva donc cruellement démoralisée d'être privée en
un instant de sa plus puissante ressource; et le reste
du siége dut naturellement s'en ressentir. C'est ainsi
que les villes tombaient comme par enchantement
devant des moyens aussi énergiques.

Mais bientôt les défenseurs se familiarisèrent avec
l'idée de la perte de leur artillerie et s'appliquèrent à

en dérober ce qu'ils purent au tir de l'ennemi ; de là les traverses, les casemates, les pièces en courtine, etc. Malgré la supériorité de l'attaque , il dut résulter de ces efforts un accroissement sensible dans la durée de la résistance. En supposant que les élans de vigueur de l'assiégeant et de l'assiégé soient équivalents , et comparant ces causes perturbatrices d'une attaque et d'une défense régulière à des forces égales et oppo-sées l'une à l'autre, dont un mécanicien ne tient au-cun compte, les ingénieurs du xviiie siècle ont cru pouvoir évaluer la longueur du siége par le temps strictement nécessaire à l'exécution des travaux. On l'a trouvée de 19 jours de tranchée ouverte pour le front de Vauban, 22 jours pour l'hexagone de Cor-montaigne, 30 jours pour son dodécagone et 40 jours pour son tracé en lignes droites.

Ces résulats qui ne sont que des *minima,* semblaient admirables de promptitude à une époque où la peti-tesse des armées, la lenteur et le peu d'étendue de leurs opérations étaient telles, que la prise d'une place faisait souvent l'objet de toute une campagne ; et l'on pouvait considérer le système d'attaques régulières comme vraiment irrésistible. Mais depuis lors , de grands changements sont survenus dans l'organisation des armées, et il faut en tenir compte. Nos gouverne-ments démocratiques ont fait à tous les citoyens une obligation du service militaire; et les états de l'Europe

se sont couverts de soldats. En même temps, les progrès du commerce, de l'industrie, de l'agriculture
sillonnaient tous les pays de routes nombreuses qui
facilitaient la marche des troupes. Ces deux causes
ont nécessairement amené une grande accélération
dans les opérations militaires, et donné de l'étendue
au théâtre de ces opérations ; et par suite, le système
des attaques à la Vauban a perdu de son infaillibilité ;
non que sa force comparée à celle de la défense ait
éprouvé la moindre diminution ; mais parce que le
délai strictement nécessaire pour assiéger une forteresse de quelque importance est devenu tellement
considérable, eu égard à la mobilité des armées, qu'il
y a toute probabilité que le gouvernement, au profit
duquel cette ville se défend, aura le temps de la secourir et en fera lever le siége.

On comprend, en pareille circonstance, tout le
parti que l'on pourrait tirer d'un moyen d'enlever les
places avec une vitesse correspondante à celle des
autres actes militaires. Cette promptitude serait d'autant plus précieuse, que les mauvaises nouvelles se
propageant de nos jours avec la rapidité de l'éclair,
la démoralisation vient en aide au vainqueur, qui
frappe de grands coups sans laisser à son ennemi le
temps de se reconnaître.

Nous pouvons affirmer que ce moyen existe ; que
mis continuellement en pratique dans le courant des
guerres de la révolution et de l'empire, il a réussi

toutes les fois qu'on s'en est habilement servi. Ce procédé n'est autre que celui du bombardement entrepris
avec des ressources suffisantes , et combiné, soit avec
un siége régulier, soit presque toujours avec une
attaque de vive force.

On se demandera comment il est possible que les
bombes contribuent à hâter la reddition des places,
s'il est vrai que les coups tirés aux maisons sont autant de coups perdus , nuisibles même à l'assiégeant.
Sans vouloir manquer au respect que nous devons à
Vauban , nous répondrons que ce principe , très vrai
sans doute de son temps, a cessé de l'être aujourd'hui.
Nous développerons , dans la deuxième partie de cet
ouvrage , une série de faits qui viendront le démon-
trer jusqu'à l'évidence.

Les communications de tous genres dont les con-
trées de l'Europe se sont couvertes depuis la paix ,
devant avoir pour résultat général d'imprimer une plus
grande activité aux mouvements des armées, le temps
est un élément dont il faudra tenir plus de compte
dans l'avenir que par le passé : les procédés expéditifs
seront donc plus nécessaires qu'autrefois, en même
temps que les transports de munitions deviendront
plus faciles.

Nous nous bornons , pour le moment , à ces obser-

vations générales sur le principe posé par Vauban, et
nous aurons dans la suite plus d'une occasion d'y
revenir.

D'ARÇON.

—

Voici comment cet ingénieur s'efforce de combattre
l'opinion de ceux qui sont favorables aux bombardements :

Les partisans de ce système ont peut-être trop affecté de
grossir la somme des calamités auxquelles les villes assiégées
se trouvent exposées. Ce n'est pas d'aujourd'hui que l'on pratique l'usage des bombardements et des matières incendiaires;
ces moyens de destruction furent anciennement très accrédités, ce qui n'empêcha pas que des villes embrasées on ne
vît sortir les plus vigoureuses défenses : dans ces temps-là,
on savait très bien parer et remédier à ces accidents, et à l'a-
venir les progrès de l'industrie conservatrice dont nous par-
lerons à la suite, fourniront pour s'en garantir des ressources
bien autrement effectives.

Il faut observer que les pertes occasionnées par les bombes
et autres projectiles se réduisent à très peu de chose. Dans
une petite place telle que Landau, lors des siéges de l'autre
siècle, où les attaques les plus violentes se sont prolongées
pendant soixante-dix et quatre-vingts jours, où les citoyens
étaient dépourvus des abris que l'on réservait aux défenseurs,
on voit au total cinq habitants tués ou blessés par accident.
Les derniers bombardements de Landau, Lille, Thionville et

autres places, n'ont pas occasionné de plus grandes pertes à proportion ; mais il faut distinguer les accidents provenant des incendies; ces accidents furent fréquents et terribles dans les premiers jours du dernier bombardement de Lille, mais c'est qu'on y avait oublié les plus simples précautions. Les citoyens, bientôt revenus d'une alarme si chaude, préparèrent eux-mêmes quelques mesures de surveillance ; ces précautions suffirent; les accidents cessèrent dans les derniers jours.

L'auteur termine en détaillant tout ce qu'il faut faire dans une place pour éteindre les incendies. Ces mesures produiront sans doute de bons effets; cependant non-seulement elles ne nous semblent pas susceptibles de perfectionnements, mais même nous croyons que leurs résultats pourront s'amoindrir avec le temps. Il ne suffit pas en effet d'avoir des pompes contre le feu, des tenailles et des baquets contre les boulets rouges ; il faut des yeux pour observer, des bras pour manœuvrer. Or s'il est vrai, comme beaucoup de gens en sont convaincus, que plus les nations sont riches et civilisées et moins elles ont de courage, il est fort à craindre que le nombre des bourgeois qui braveront la mort pour éteindre les incendies sous le feu des bombes, ne tende à devenir de plus en plus faible.

Quand nous examinerons les siéges de Lille et de Valenciennes, nous reconnaîtrons d'où provient l'er-

reur de d'Arçon, lorsqu'il admet que les bombardements ne font de tort qu'aux propriétés, sans produire
d'effet contre les personnes.

CARNOT.

—

Il n'est pas surprenant que cet officier qui cherche
à inspirer du courage aux gouverneurs et aux garnisons des villes, ait inséré tout au long l'opinion précédente dans son *Traité de la défense des places
fortes.*

Toutefois, les événements avaient marché, depuis
l'époque où d'Arçon formulait ainsi sa pensée. Carnot, qui ne veut pas inspirer à ses commandants de
forteresses une trop grande sécurité pour ce qui regarde les dangers des bombardements, se montre plus
réservé en parlant de ce système, et engage les défenseurs à mépriser des menaces, qui ne sont souvent,
dit-il, que de vaines bravades, et qui décèlent, presque toujours l'impuissance de former un siége régulier.

Si l'on réfléchissait, poursuit-il, sur les immenses préparatifs qu'exige le siége en forme d'une place, lorsqu'elle est
bien défendue, on serait bien rassuré par un triple rang de
forteresses, telles que celles dont la France est entourée; car

à peine l'ennemi en aurait-il pris une , en la supposant vaillamment défendue, qu'il ne lui resterait plus de moyens matériels, au moins à proximité, pour en attaquer une seconde, et encore moins une troisième. Il est donc tout simple qu'avant de s'engager dans une pareille entreprise , il essaie tous les moyens de parvenir plus promptement et plus économiquement à son but. Ainsi, il fait jouer d'abord les ressorts de la terreur, de la surprise, des attaques de vive force , de la corruption ; il y fomente des divisions, il paralyse les forces du dedans par la défiance ; il déploie au dehors un appareil fictif de troupes et d'artillerie ; il menace, il bombarde les habitants, pour que l'épouvante et la confusion les porte à se rendre tout de suite.

Sans une grande prévoyance de la part des chefs, pour prévenir un semblable désordre, sans une vigilance extrême pour dépister dès le principe les malintentionnés , sans la plus vigoureuse fermeté au moment de la crise, le danger de perdre la place dans ces circonstances est souvent plus grand qu'au moment même d'un assaut auquel on s'attend et dont la défense est préparée ; ce danger pourtant n'est réel que par le défaut d'ensemble dans les mesures , et parce qu'on ignore que les précautions les plus simples suffisent pour dissiper ce nuage. Les places de Lille, de Thionville , de Landau nous ont donné un bel exemple de la conduite à tenir en pareil cas, au commencement de la révolution , et lorsque ces attaques étaient , pour ainsi dire , encore toutes nouvelles pour nous.

Mais les expéditions de ce genre nous ont mieux réussi qu'aux ennemis ; car il n'était presque aucune de leurs places qu'on ne pût enlever au moyen de quelques bombes jetées, en y joignant la menace d'en jeter davantage. On pencha donc

alors pour l'opinion du maréchal de Saxe, qui ne veut de fortifications que dans les lieux où il n'y a point de bourgeoisie ;
c'est-à-dire que M. de Saxe ne voudrait que de simples camps
fortifiés dans des lieux où l'on n'entretiendrait que de la
troupe régulière, pour qu'elle puisse s'y défendre à toute extrémité et faire des retranchements successifs sur toute l'é-
tendue du terrain enfermé dans l'enceinte. Ce système mériterait d'être discuté, s'il était question de construire de nouvelles places fortes ; mais on n'ira pas détruire tout ce qui
existe, pour s'établir sur une nouvelle base qui a aussi ses inconvénients...

Ces dernières lignes dans lesquelles l'auteur déclare que, sauf les considérations financières, le système du maréchal de Saxe ne lui semblerait pas indigne de discussion, prouvent qu'éclairé par l'expérience, Carnot considérait les bombardements et
leurs suites comme un peu plus à craindre que le général d'Arçon, aux yeux duquel ce mode d'attaque
semble complétement à dédaigner. Maintenant, si l'on
se rappelle la cause que l'auteur du *Traité de la défense* était chargé de soutenir, on ne s'étonnera pas
de le voir glorifier les résistances de Lille, Thionville
et Landau ; et pour rassurer les officiers auxquels il
s'adresse, confondre les bombardements avec les
vaines menaces.

Les bombardements, ajoute-t-il, sont beaucoup moins à

craindre qu'on ne le pense ordinairement ; mais en suppo
sant même qu'il en résultât des désastres cons idérables
comme ils ne sauraient faire brèche aux murailles de la place,
ce ne peut être un motif pour la rendre : il est vraisemblable,
au contraire, que celui qui bombarde une ville, ne le fait que
parce qu'il n'a pas le temps de s'arrêter ou les moyens de
faire un siége en règle.

La chose peut, en effet, être vraisemblable, mais
elle n'est point certaine. Derrière les sommations de
l'assiégeant, se cachent peut-être de vigoureux moyens
d'exécution tout prêts à les appuyer ; et l'ennemi qui
menace peut fort bien posséder un parc de projectiles
suffisant pour écraser la place ou lui faire le plus
grand mal, et susciter une de ces crises dont la ré-
pression *exige de la part du gouverneur la fermeté la
plus vigoureuse.* Il est naturel que Carnot ne s'appe-
santisse pas sur cette circonstance ; qu'il poursuive
son plaidoyer, en citant plusieurs exemples de villes
prises par l'intimidation que produisirent les menaces
d'assiégeants dépourvus de moyens suffisants pour les
réduire ; enfin qu'il rappelle à ses gouverneurs que
leurs enceintes sont intactes, et que ce n'est qu'après
plusieurs assauts au corps de place, que leur pays
pourra les admettre à s'excuser de la perte d'un poste
dont la défense leur a été confiée.

Quelle que puisse être la justesse de cette dernière

observation, nous reproduirons, dans le cours de cet
ouvrage, l'exemple d'une des nations les plus belli-
queuses de l'Europe, dont le territoire fut entièrement
conquis et presque toutes les places enlevées, sans
qu'une seule brèche ait entamé leurs remparts.

BOUSMARD.

—

Les réflexions suivantes sur l'objet qui nous occupe
se lisent dans l'*Essai général de fortification de Bousmard* ; elles ont été inspirées à cet ingénieur par la
conduite des siéges qui eurent lieu du temps de la
république française.

La bourgeoisie d'une ville assiégée n'est en tout sens qu'un
embarras et un très grand embarras pour les défenseurs de
la place. Par la nature des armes que l'on emploie pour réduire cette place, par la manière surtout dont depuis quelque temps on les emploie, la bourgeoisie risque plus dans
ses maisons, que les guerriers sur leurs remparts et dans
leurs souterrains ou sous leurs blindages. La politique, devenue froidement féroce, semble aujourd'hui ne compter
pour rien les plus grands maux faits à l'humanité, pourvu
qu'ils la rapprochent tant soit peu de son but. En conséquence, on n'assiége plus les villes sans les brûler à dessein
par des bombes et des boulets rouges dirigés uniquement
sur leurs maisons. C'est en vain que Vauban, l'immortel et

vraiment philanthrope Vauban, a détourné les coups et le fracas de l'artillerie assiégeante de la demeure du paisible bourgeois, pour en redoubler à la vérité la tempête sur le guerrier et sur les remparts qu'il défend ; c'est en vain qu'il a démontré par l'expérience comme par le raisonnement que si le gouverneur et la garnison, n'écoutant que leur devoir, sont fermes et sourds aux cris de la bourgeoisie, tous les coups adressés à celle-ci sont autant d'épargnés à celle-là et retardent d'autant le succès des attaques et la prise de la place ; que si votre but est la conquête, tout le mal que vous faites à la ville vous est fait pour la suite à vous-même; et que ce mal vous est encore fait à vous-même quand vous ne vous en proposeriez que l'occupation momentanée, par la privation que vous vous préparez ainsi de toute espèce de commodités dans ce séjour désolé. Dans le siècle de Vauban, qui le reconnaissait en quelque sorte pour législateur en cette matière, il était donc reçu de ne tirer à boulets rouges et de ne bombarder que les villes où de grands approvisionnements de fourrages servaient à la fois de but et d'excuse visible à cette cruelle opération, ou que celles dont la garnison faible et la bourgeoisie nombreuse se trouvaient dans un rapport tel, qu'on dût raisonnablement tout attendre de l'influence de celle-ci sur la première ; mais dans le nôtre, la politique croit devoir commander sans pitié dans tout siége sans distinction, cette opération destructive, dans l'espoir confus que, dans les maux innombrables qu'elle causera, il y en aura quelqu'un d'assez sensible peut-être pour avancer la reddition de la place. Mais heureusement, pour un succès que quelquefois elle arrache, cette affreuse méthode recueille cent échecs et en prépare mille. Déjà les armées qui l'emploient la confondent avec l'art des siéges. Bientôt

elles n'en connaîtront plus d'autre, et auront complétement
oublié qu'il en existe un aussi efficace que celui-ci l'est peu ;
et toute place que sa garnison voudra réellement défendre,
finira par devenir pour elle une barrière aussi impénétrable
qu'elle le serait pour une armée de Tartares.

Cet article franc et positif transporte la question des
bombardements sur un terrain tout différent de celui
où l'avaient placée les auteurs que nous avons enten-
dus jusqu'ici. Ils repoussaient cette méthode comme
inefficace et peu dangereuse ; mais les faits ont parlé,
et la voici reconnue comme *produisant des maux innombrables,* mais qui n'arrêtent pas un ennemi sans
pitié, *pourvu qu'elle le rapproche tant soit peu de son
but;* et maintenant que les armées semblent la préférer *à tel point que bientôt elles n'en connaîtront plus
d'autre,* Bousmard en ressent une telle indignation,
qu'il met, au nom de l'humanité outragée, ce système d'attaque au ban des nations civilisées. C'est ici
le moment de faire justice du reproche d'atrocité que
plusieurs écrivains militaires prodiguent à l'emploi
des bombes contre l'intérieur des villes ; et de prouver en même temps que les bombardements, qui réussissent presque toujours quand ils sont bien et vigoureusement conduits, économisent en réalité le sang
humain et offrent des avantages de plus d'un genre
sur les attaques méthodiques. Cette discussion exi-

gera quelques développements, et nous allons appeler la froide raison à notre aide, pour réfuter la page éloquente de Bousmard et faire partager à nos lecteurs la conviction qui nous anime.

La guerre est un état violent, anormal; elle entraîne une foule de malheurs que celui qui l'entreprend se condamne à produire, dans l'espoir d'en éviter de plus grands. La meilleure marche à suivre en pareil cas, la seule digne d'une nation éclairée, consiste à obtenir ce que l'on veut avoir, en faisant le moins de mal possible à soi-même et à son ennemi. Ce principe est le nôtre; c'est en son nom que nous allons prouver que les bombardements sont préférables aux siéges réguliers.

Vauban n'était point ennemi systématique de l'émission des projectiles creux sur les édifices; seulement, à son époque, cette méthode ne s'employait que rarement, et l'on vient de nous dire en quelles circonstances. Si ce grand homme vivait de nos jours, s'il avait la libre disposition de toutes nos ressources s'il était à la tête de notre armée, sur le point d'entreprendre une guerre, ses réflexions le porteraient sans doute à juger, en tenant compte des progrès sociaux et militaires réalisés depuis deux siècles, que les cas où les bombardements peuvent être applicables se sont fort multipliés.

Il songerait que les bourgeois des villes, qui de son

temps étaient paisibles et inoffensifs, sont devenus aujourd'hui les dominateurs de la société dans nos gouvernements libres; que ce sont ces bourgeois qui, par leur vote, décident de la paix ou de la guerre, et fournissent à l'ennemi les subsides avec lesquels il nous attaque et s'oppose à nos vues. Une telle pensée diminuerait sans doute l'intérêt qu'il leur témoignait jadis, quand il les voyait faibles et opprimés; et cet intérêt, il le porterait tout entier sur ses propres soldats qui constituent la force vive de la nation, et qui ne sont plus comme jadis un ramassis d'engagés volon-lontaires, l'écume des grandes villes, les dupes éter-nelles des raccoleurs (1). Il considérerait que le con-scrit arraché par le sort à sa pauvre famille dont il est souvent l'espoir et le soutien, a droit aux plus grands

(1) Nous ne voulons point ici flétrir en masse les militaires de l'ancien régime, parmi lesquels les honnêtes gens se trouvaient sans doute en grand nombre; cependant nous sommes convaincus que la valeur morale du soldat recruté suivant les lois de ce temps était moins grande qu'elle ne l'est aujourd'hui. Quel est l'officier qui ne serait profondément affligé, si le gouvernement croyait devoir désormais n'alimenter l'armée qu'avec des enrôlés volon-taires?

La vie de celui qui a été appellé sous les drapeaux pour payer sa dette au pays, doit être plus précieuse aux yeux de ses chefs, que celle de l'homme qui s'est soumis à toutes les chances de la guerre, par goût, par préférence; et qui a reçu une somme d'ar-gent en échange de l'aliénation de sa liberté.

Voilà le fond de notre pensée.

ménagements, et que ce serait un tort bien grave que
d'offrir sa vie en holocauste aux bourgeois ennemis,
pour préserver leurs hôtels et leurs maisons de la ruine,
et leur procurer des nuits plus tranquilles pendant la
durée du siége.

Nous n'avons plus aujourd'hui le temps à discrétion
dans nos opérations militaires ; il faut nous presser,
surtout si nous voulons entreprendre un siége dans
les formes. Or, Vauban sait mieux que tout autre que
ce n'est pas sans une large effusion de sang que l'on
couronne de vive force les chemins couverts, que l'on
traverse les fossés, que l'on escalade les brèches. Eût-il
même la faculté de mener tous ces travaux pied à
pied et avec toute la circonspection possible, il sacri-
fierait encore beaucoup de monde avant d'être maître
de la place.

Maintenant, si sa pensée se reportait sur les pertes
en hommes qu'il pourrait faire dans un bombardement, il les jugerait peu considérables. En effet, pendant qu'il inondera la place de projectiles, ses bataillons, à l'abri du danger, se tiendront au repos dans
leurs camps ou l'arme au pied dans la parallèle, prêts
à repousser l'ennemi qui paraîtrait sur les glacis.
Mais une attaque de ce genre n'est guère à craindre :
le gouverneur sait très bien que toute sortie, même
heureuse, affaiblira sa garnison ; et que, dans une
place bombardée, la bourgeoisie et la populace n'at-

tendent peut-être que ce moment pour désarmer ses
postes et le forcer à capituler.

Ainsi donc, si le commandant de l'armée de siége
parvient à s'emparer de la forteresse en l'incendiant
par ses projectiles, cette conquête lui coûtera bien
moins de soldats, que s'il eût entrepris toute la série
des travaux qui constituent une attaque dans les règles. Nous allons maintenant reconnaître que les
habitants de la ville et de la garnison pourront, de
leur côté, souffrir beaucoup moins du bombardement
que du siége. Mais il faut, pour cela, nous transporter au milieu de cette ville, lorsqu'elle vient d'être
complètement investie.

Malgré le feu de la place et les efforts de la garnison, la tranchée a été ouverte ; les batteries incendiaires sont construites, armées, approvisionnées, et
n'attendent plus que le signal pour commencer leur
tir. Le gouverneur et le magistrat civil reçoivent des
lettres du chef de l'armée, qui les somme de lui
rendre la ville.

Le général assiégeant leur doit cette démarche,
dans l'intérêt de sa réputation et de sa gloire. Sur le
point de soumettre tous les habitants à une terrible
épreuve, il est convenable qu'il les en avertisse solen-
nellement, afin qu'ils se mettent en mesure de détourner les dangers qui les menacent. Il le fera dans

l'intérêt du succès de l'opération ; car ses paroles vont jeter dans la population une terreur dont lui-même pourra profiter (1). Si tout son parc est déjà sous sa main, il invitera les chefs civils et militaires à lui envoyer des députés pour compter ses projectiles, afin de mieux frapper les esprits, et de prouver que ses paroles ne sont pas vaines. Enfin, il menacera la garnison d'un siége terrible, si elle tient encore après la destruction des habitants et de leurs maisons.

Cette dépêche, envoyée très ostensiblement, ne peut demeurer secrète. A quoi servirait de dissimuler en pareille circonstance ? Une vive inquiétude doit en résulter, au sein d'une population qui se figurait peut-être que l'ennemi n'en voulait qu'aux remparts. Avant même qu'un seul coup de canon soit parti des batteries assiégeantes, les magistrats, les notables de la ville iront, dans la prévision des malheurs qui les menacent, conjurer le gouverneur, au nom de tous les citoyens, de céder aux sommations qui lui sont adressées.

S'il résiste à ces prières, ce qui aura toujours lieu

(1) « Les places de Willemstadt et de Breda, dit le général d'Arçon, étaient attaquées en même temps par deux généraux d'opinions différentes sur les moyens de résoudre les siéges ; l'un voulait tout brûler en arrivant, l'autre voulait tout ménager, *excepté les fortifications* et le moral des défenseurs. Le premier crut jeter l'épouvante en débutant par tout incendier ; cela fait, il

quand il a du cœur (1), la malveillance saura tourner contre lui la précaution légale qui l'oblige à ne
capituler qu'après une brèche ouverte au corps de
place. Pour animer les masses, on leur fera comprendre que leurs intérêts sont en opposition directe
avec ceux d'un homme forcé de tenir jusqu'à la fin
d'un siége régulier, lequel siége ne commencera
qu'après la destruction complète de la ville, et la
mort de presque tous les habitants.

Grâce à la lettre du général assiégeant, qui a ré-
vélé la nature de son attaque, le commandant se
trouve en présence de deux terribles adversaires,
l'un au dehors, l'autre au dedans; aux yeux de la
population, cet homme n'est plus qu'un ennemi public, un tyran impitoyable, prêt à sacrifier personnes

ne lui restait plus rien à faire; tout le désastre possible était consommé, et les défenseurs ne pouvant plus être affectés du grand
mal de la peur, s'apperçurent que les fortifications étaient entiè-
res: dès ce moment, ils méprisèrent des feux qui ultérieurement ne
pouvaient plus être qu'impuissants. Le second fit valoir en menaces
le peu de moyens qu'il avait et surtout ceux qu'il n'avait pas; il
supposa que les fantômes de la peur, l'imagination frappée de terreur
sur des désastres seulement annoncés, étaient infiniment plus
puissants sur des têtes faibles, que n'eussent été les désastres eux-
mêmes. Enfin, le premier qui avait tout saccagé de loin, fut obligé
de lâcher prise, et le second qui avait *ménagé les habitants*,

(1) Dans les places de Stettin, Kustrin, Spandau, Hameln,
Niembourg..., la capitulation eut lieu, avant que l'armée française eût envoyé un seul projectile.

et propriétés à son ambition. Si cette opinion n'est pas encore générale dans le peuple, elle va le devenir, dès que l'ouverture du feu lui aura fait connaître ce que c'est qu'un bombardement.

Les premiers projectiles, tombés dans divers quartiers, ont fait des victimes, et l'effroi se répand. On se raconte les désastres, on les commente, on les exagère, chaque minute en produit de nouveaux : on voudrait fuir, mais où se réfugier? hors la ville? L'ennemi la cerne de toutes parts. Dans les caves? leurs frêles voûtes ne sauraient résister à la chute des bombes. Sous les casemates? les vivres et la garnison les remplissent.

Bientôt des incendies se déclarent, et l'on donne ordre de faire marcher les pompes; mais une grêle de projectiles dirigés sur les édifices en combustion,

réussit. Ceci soit observé pour annoncer que les ressources de ces brûlures prétendues si puissantes pourront bien passer de mode, d'autant plus promptement encore, lorsque les moyens de remédier à ces désastres seront accrédités. »

On se tromperait, si l'on croyait pouvoir conclure de cet article qu'il vaut mieux assiéger régulièrement une place que l'incendier, et c'est ce que paraît vouloir insinuer l'auteur. Mais il est certain que Willemstadt ne fut pas la seule bombardée, Breda le fut également sous les auspices de d'Arçon; et l'unique conséquence à tirer de ce qui précède, c'est qu'avant de foudroyer une ville, il est très avantageux de menacer ses habitants.

rend ce service très périlleux : plusieurs pompiers y perdent la vie, d'autres sont blessés, le reste fuit en désordre, et la flamme exerce librement ses ravages.

Les accidents se multiplient, et cependant il n'est encore tombé que quelques centaines de bombes ; chacun sait que l'ennemi en possède des milliers, et qu'il ne s'arrêtera pas avant de les avoir épuisées. Il est impossible qu'un pareil état de choses dure longtemps. Il faut, à tout prix, que les malheurs finissent ; il faut se révolter, et le plutôt possible ; en effet, chaque heure de retard affaiblit la population, seule exposée à la mort, tandis que les soldats la bravent dans leurs souterrains et sous leurs blindages. Qu'importe d'être immolés par leurs balles ou par les coups du dehors ?

Una salus victis, nullam sperare salutem!

Malgré l'énergie du gouverneur, une sédition se forme. Réprimée vigoureusement une première fois, elle se réorganise jusqu'à ce qu'elle triomphe et entraîne la reddition de la place. Le bien naîtra donc infailliblement de l'excès du mal et de la terreur qu'il inspire. De nombreux exemples prouvent que quelques heures ont souvent suffi pour faire fléchir la résistance, et que les coups tirés aux maisons, sont loin d'avoir été nuisibles à l'assiégeant.

Nons ne nous dissimulons pas que des femmes, des enfants, des vieillards, pourront être atteints par les projectiles de l'ennemi, qui tire à l'aveugle; mais l'intérêt même qui se porte sur ces êtres inoffensifs, les regrets et l'effroi qu'inspireront de pareilles catastrophes, seront autant de motifs puissants pour accélérer la fin des hostilités. Le nombre des victimes ne sera donc jamais très considérable.

Nous avons supposé que la garnison était restée fidèle au gouverneur et à ses devoirs; mais si elle est faible, démoralisée ou désaffectionnée, la tâche de la population en deviendra bien plus facile. Dans une place dont les habitants sont de la même nation que les troupes qui la défendent, il faudra que les soldats aient une bien grande dose de stoïcisme, pour ne pas se laisser attendrir par les souffrances du peuple. Le gouverneur lui-même, n'y saura peut-être pas résister, et s'immolera pour sauver la vie à tout ce qui l'environne.

Ceux qui veulent que les coups soient exclusivement dirigés contre les défenseurs, réservent aux habitants un sort mille fois plus cruel que le bombardement, dans le cas où la ville serait emportée de vive force. Pour ne pas interrompre la suite de nos idées, nous renvoyons nos lecteurs aux récits de la prise de Tar-

ragone et de Lubeck, par les Français, des sacs de
Cindad-Rodrigo, Badajoz et St.-Sébastien, par l'armée anglaise. (2ᵉ partie.)

Mais, dira-t-on, il dépend toujours d'un gouverneur de capituler au moment où la dernière brèche
est devenue praticable.

Si l'attaque et la défense étaient constamment
aussi méthodiques que le suppose Cormontaigne,
dont les retirades successives inspirent tant d'indignation à Carnot, on pourrait en effet dire d'avance
comment le siége finira; mais en semblables circonstances, il faut faire une large part à l'imprévu.

Le siége de Badajoz par les Anglais, nous en offre
un mémorable exemple. Les trois brèches ouvertes
au corps de place, étaient parfaitement retranchées :
elles furent défendues avec une énergie sans pareille,
puisque dans une seule nuit d'assaut, les assiégeants
y perdirent plus de quatre mille hommes. Mais, pendant que toute l'attention des Français était fixée sur
ce point, des échelles appliquées en deux endroits
de l'enceinte fort éloignés des brèches, donnèrent
accès à l'ennemi dans la place, et obligèrent la garnison à se retirer brusquement au fort San Christo-
val. Le gouverneur avait donc fait son possible pour
empêcher que la ville ne fût prise d'emblée ; et pourtant, ses devoirs envers la population étaient moins

grands que si elle eût été française, car il cédait la place aux alliés de l'Espagne.

Quelque régulière que soit une attaque, fût-elle même conforme aux errements de Cormontaigne et de son école, il y a un cas qui se présente assez souvent, et dans lequel la population doit infailliblement tomber à la discrétion de l'assiégeant. C'est celui où la ville, dominée par une citadelle, est assiégée en un point de son enceinte. Il est évident que quand les troupes assaillantes ont gravi la brèche, le gouverneur manquerait à ses devoirs, s'il ne se retirait dans son réduit, pour y soutenir un nouveau siége et y résister jusqu'au dernier moment. C'est ce que firent les Français à St-Sébastien, après l'escalade ; les Anglais prirent alors possession de la ville, et y commirent des horreurs...

Si certaines personnes considèrent les bombardements comme des actes monstrueux de barbarie, que ne doivent-elles pas dire des blocus, qui occasionnent des maux bien autrement cruels ? Rien de plus atroce en effet, que de condamner tout ce que renferme une place à mourir de faim. Un gouverneur qui possède les qualités de son emploi doit regarder d'un œil sec la population, à bout de ressources, se consumer d'épuisement, tant qu'il reste encore un peu de vivres à la garnison pour attendre sa délivrance. L'affaiblissement physique des individus, suite naturelle

des privations, est cause qu'en général, dans les villes bloquées, il n'y a point d'émeutes contre les
troupes. Le bombardement frappe un nombre limité
de personnes, détruit quelques propriétés, jette l'é-
pouvante; et, si le gouverneur résiste, détermine
bientôt une sédition favorable à l'assiégeant. Mais, du
moins, l'immense majorité se trouve épargnée; une
fois la ville prise, chacun respire librement et se
porte d'autant mieux, qu'il n'a eu, pendant la courte
durée du siége, aucune privation sérieuse à s'imposer : le blocus, au contraire, pèse sur tout le monde
indistinctement, et ceux qui ne meurent pas de faim,
éprouvent dans leur santé des altérations tellement
graves, qu'ils s'en ressentent, pour la plupart, tout
le reste de leur vie.

Loin de provoquer la garnison aux combats, nous dit Noiset S.-Paul, les postes de l'armée qui cerne la place doivent
les éviter. Les hommes que perdrait la garnison dans ces affaires, seraient des bouches de moins dans la ville. On doit
bien se garder aussi de faire des prisonniers, de recevoir des
déserteurs, de laisser passer les habitants qui chercheraient
à s'évader. Il faut s'attendre que le commandant de la place
emploiera tous les moyens possibles pour se défaire de sa
bourgeoisie, et il faut, de votre côté, employer ceux nécessaires pour le contraindre à la garder.

Ces préceptes, on le voit, font peu d'honneur aux
sentiments humains de ceux qui sont en position de

les mettre en pratique ; mais la guerre est-elle donc une chose humaine ? Tant que les hommes se la feront, il y aura vraisemblablement des places prises par la famine, et sans remords de la part des conquérants. Il est toutefois remarquable que personne n'ait jamais eu l'idée de lancer l'anathème contre les blocus, malgré tout ce que ce système a d'affreux.

Un siége régulier qui traîne en longueur, participe aux inconvénients des blocus, en soumettant les habitants de la ville aux horreurs de la faim : les soldats eux-mêmes, quoique nourris, ne sont pas à l'abri de la mortalité.

Il paraît, dit M. Lesage, dans son cours d'attaque et de défense, que l'hôpital prélève un homme sur cinq, de prime abord, dès le commencement du siége ; et que le montant absolu de la contribution est un droit fixe et permanent, qu'il perçoit sans remise, quoique le nombre des contribuables diminue chaque jour.

C'est ainsi que les attaques méthodiques traitent la bourgeoisie et les garnisons ; aussi, quoi qu'en dise Bousmard, nous doutons fort que le vainqueur, à son entrée dans une ville ainsi désolée, trouve plus de commodités et de ressources, que dans une autre qui aurait été bombardée pendant quelques heures.

En résumant cette partie de la discussion, nous pouvons conclure que c'est un faux sentiment d'hu-

manité, qui a porté l'auteur que nous réfutons, à
s'élever exclusivement contre ce dernier mode de réduire les places; et que si, par des considérations de
cette nature, on doit se l'interdire, à plus forte raison devrait-on renoncer aux blocus, aux escalades
des remparts, à tourner une brèche retranchée, à
donner l'assaut à une brèche qui ne le serait pas, ou
enfin, en arrivant devant une forteresse, à l'attaquer
en tout autre point que sa citadelle.

Nous doutons fort que ces restrictions soient du
goût de nos généraux et de nos ingénieurs.

Sur un champ de bataille, le chef d'une armée
n'a jamais hésité et n'hésitera jamais à mettre le feu
à un village, dont la possession pourrait devenir
utile aux ennemis et gêner sa position ou ses manœuvres. Doit-on lui reprocher de détruire ainsi les
moyens d'existence d'une population rurale souvent
plus intéressante que celle de nos cités (1)?

On ne s'inquiète pas davantage du sort des villes

_____

(1) Les Russes, en 1812, incendiaient eux-mêmes leurs villes.
En vain les avons-nous traités de barbares; ils eussent fait preuve
de moins d'intelligence, s'ils nous eussent laissés maîtres de postes
importants pour maintenir nos armées dans leur pays. En détruisant ces villes, ils ont préparé nos désastres et assuré leur délivrance. Les sommes que la France leur a payées depuis la paix
ont pu servir à indemniser les propriétaires des pertes qu'ils eurent à supporter.

ouvertes, que l'on abandonne très facilement aux exactions des chefs ennemis et à la brutalité de la soldatesque. N'est-il pas étrange et déraisonnable de vouloir exiger d'un général d'armée, à son entrée sur le territoire ennemi, qu'il pousse les ménagements envers les bourgeois des places fortes, jusqu'au point de perdre son temps et sacrifier ses hommes devant les remparts, dans l'espoir, souvent chimérique, de conserver la vie de cette classe de citoyens (1).

Présenter en ces termes la question des bombardements, c'est la résoudre. On peut donc se convaincre que nos généraux qui, dans le courant des dernières guerres, avaient abandonné la vieille méthode de prendre les places pour celle-ci, et qui bientôt, en effet, n'en ont plus connu d'autre, étaient moins barbares et moins insensés que ne le suppose Bousmard; et que, malgré ses prophéties et celles de d'Arçon, on n'a pu, jusqu'à la fin de la guerre, trouver un seul exemple de l'inefficacité des bombardements, quand ces opérations ont été bien conduites.

(1) Il est bon de remarquer qu'au moment où l'on se prépare à la guerre, les habitants des forteresses jouissent déjà de très grands avantages. Leur gouvernement y dépense des sommes considérables en travaux et en approvisionnements; les troupes qui traversent ces villes pour se rendre aux armées y jettent beaucoup d'argent; il s'y crée des fortunes rapides; aussi voit-on ces habitans faire constamment des vœux pour la guerre.

La première conséquence à en tirer, c'est que dan
l'avenir on incendiera les villes comme par le passé ;
ou du moins, si une philanthropie fort mal entendue
empêche les Français de recourir à ce puissant et
rapide moyen d'enlever les forteresses, ils peuvent
être certains que l'on ne se fera pas le moindre scrupule de l'employer contre eux.

JOHN. T. JONES.

—

Vers 1814, après le rétablissement de la paix, cet
officier qui avait pris comme ingénieur une part active aux opérations de l'armée anglaise en Espagne,
a publié la *collection des journaux des siéges entrepris
par les alliés dans la Péninsule pendant les années
1811 et 1812*. Il a traité dans un article spécial la
question qui nous occupe, et nous allons reproduire
cet article dans toute son étendue, en y joignant nos
observations.

La réduction de Copenhague, de Flessingue et du fort Bourbon, au moyen d'un bombardement, avait donné à ce mode
d'attaque un éclat qu'il est loin de mériter. Bombarder une
ville, n'est autre chose que répandre sur elle une grêle de
bombes, de carcasses, de fusées, de boulets rouges et d'autres
projectiles incendiaires, afin de détruire les maisons, faire
périr les habitants, mais sans endommager les fortifications.

L'auteur ne dissimule pas longtemps sa pensée : on voit dès les premières lignes qu'il est ennemi très prononcé des bombardements. La définition qu'il en donne a le tort de ne pas être exacte.

Tout chef d'armée qui entreprendrait de sang-froid une opération dont le but serait la ruine de propriétés privées, la mort de personnes inoffensives, mériterait en effet le blâme de ses contemporains et de la postérité ; mais tel n'est point l'objet que l'on se propose dans une attaque de ce genre. On veut effrayer chaque habitant par la menace de la mort suspendue sur toutes les têtes, et l'obliger à déployer contre le gouverneur ce qu'il possède d'influence et d'énergie, dans le but de déterminer celui-ci à faire cesser par une prompte capitulation les maux auxquels la ville est en proie.

Pour inspirer de force ces sentiments aux bourgeois de toutes les classes, il faut malheureusement les frapper dans ce qu'ils ont de cher, affliger quelques familles, détruire quelques propriétés... L'assiégeant tire au hasard ; il ne choisit pas ses victimes, c'est la providence qui les soumet à ses coups. S'il brûle, s'il écrase, ce n'est ni par cruauté ni par vengeance ; c'est pour mettre la population tout entière et même, peut-être, une partie de la garnison dans ses intérêts : c'est pour se donner des alliés bien actifs et bien dévoués dans la ville. La résistance est généralement de si peu de durée, que l'on peut affirmer que

ce système d'attaque économise le sang humain, et
produit beaucoup plus d'épouvante que de mal.

Dans une place bien construite, la garnison a très peu à
souffrir des bombardements, parce qu'elle se trouve, ainsi que
les munitions de guerre et de bouche, abritée dans des bâtiments à l'épreuve. Il en résulte que ce mode d'attaque ne peut
avoir de succès que contre une petite place où l'on n'a pu se
ménager les abris nécessaires, et contre une place dont le
gouverneur, homme sans énergie, sacrifie ses devoirs à l'intérêt de ses habitants, ou ne peut les tenir en respect au
milieu des misères qu'ils endurent, à cause de la faiblesse de
la garnison.

De même qu'un système de fortifications construit
suivant les principes modernes est beaucoup plus difficilement attaquable, par la voie régulière, qu'un
système à petites demi-lunes ou qu'une portion de
vieille enceinte, de même, le bombardement peut, suivant les cas, s'employer avec plus ou moins d'avantages; mais les circonstances qui favorisent le plus l'un
ou l'autre de ces deux moyens de réduction des places,
ne sont pas identiques, elles sont même opposées.
Ainsi, par exemple, la forme, l'état, la qualité des remparts, choses qui ont la plus grande influence sur les
attaques méthodiques, sont absolument indifférentes
à celui qui veut incendier. Ce qu'il importe à ce dernier, c'est que ses bombes puissent arriver jusqu'au
cœur de la ville.

Les grandes forteresses ne se prennent généralement qu'à la suite d'un très long siége régulier; les
petites, soumises à ce genre d'attaque, tombent avec
plus de facilité. L'inverse a lieu pour les bombardements. En effet, dans une place qui n'est point grande,
pourvu que les soldats ne sympathisent pas trop
avec l'habitant, ils seront toujours assez nombreux
pour le tenir en respect; mais si l'on considère plusieurs villes fortes de plus en plus étendues, on re-
marquera que pour satisfaire aux besoins ordinaires
de la défense, le nombre des soldats y devra croître
proportionnellement au périmètre, tandis que le chiffre des habitants augmente avec la surface. Il est donc
un certain degré de grandeur au-delà duquel l'équi-
libre de force entre la garnison et la population se
trouve rompu en faveur de cette dernière, qui peut
dicter des lois à l'autre.

Ainsi, il faudra des garnisons beaucoup plus considérables pour assurer les grandes villes contre un bombardement, que pour les protéger contre un siége en
forme. Il y a même des places qui auraient besoin
d'une armée pour contenir leur bourgeoisie; rarement
les circonstances de la guerre permettront de satisfaire à cette condition. Toutefois, quand cela serait,
la conservation de la ville ne serait pas encore parfaitement assurée : si l'armée qui la garde est battue et
démoralisée comme à Valence, le bombardement pro-

duira un effet immédiat; si malgré son courage, elle
a négligé de défendre ses approches et qu'elle résiste
aux bombes, un court blocus aura bientôt affamé cette
agglomération d'hommes; ou si les approvisionnements sont considérables, il n'y aura jamais assez d'a-
bris pour les renfermer tous : on hâtera le moment
de la reddition de la place en incendiant, comme à
Dantzig, les magasins de vivres.

Nous sommes loin de prétendre que les petites places ne soient pas réductibles par les bombardements;
elles le seront seulement avec moins d'avantage et
d'économie que les grandes. Nous verrons bientôt que
le colonel John Jones a complètement méconnu ces
principes.

Le premier de ces motifs détermina le bombardement du
fort Bourbon, où la crainte de voir sauter un magasin à poudre qui n'était point à l'épreuve, porta le gouverneur à capituler. Les deux autres se rencontrèrent dans toute leur force
à Copenhague; à Flessingue, la dernière partie de l'attaque
fut exécutée comme un siége, et le gouverneur capitula parce
qu'on avait fait brèche à la place.

Des circonstances accidentelles avaient, comme on le
voit, déterminé la reddition de ces trois places. Pourquoi donc,
demandera-t-on, entreprit-on ces bombardements? La réponse à cette question se trouve dans l'état d'imperfection où
sont restés jusqu'à présent nos équipages de siége.

Ce qui manquait aux équipages anglais, n'était pas un approvisionnement en bouches à feu et projectiles, mais les moyens en personnel et en matériel dont dispose le génie ; et deux mémoires joints au travail de l'ingénieur ont pour objet d'insister fortement sur la création de ces ressources.

Ceci reconnu, nous pouvons affirmer que l'auteur prend l'effet pour la cause. Si l'on bombardait, ce n'était point parce que le génie n'avait pas d'équipages, mais l'équipage du génie était jugé inutile, parce que l'habitude anglaise était de bombarder les villes ou d'ouvrir la brèche de loin, comme nous l'explique le capitaine d'artillerie John May qui écrivait en 1819 sur les guerres d'Espagne.

La méthode des Anglais a consisté communément à réduire les places en battant en brèche à distance ; mais quand la régularité des fortifications leur rendait ce moyen inapplicable, ils obligeaient la ville à capituler par un vigoureux bombardement (1).

Quoique le colonel Jones ait obtenu les ressources qu'il sollicitait pour le corps du génie, nous sommes convaincus que le gouvernement anglais n'a pas en-

(1) The British method commonly has been to reduce places by the system of battering in breach from a distance ; but when this could not be effected on account of the regularity of the works, to oblige the town to capitulate by a heavy bombardment.

core renoncé à son moyen favori de prendre les forteresses.

Réduire une place au moyen d'un siége, c'est diriger tous
ses efforts contre les fortifications, sans troubler la sécurité
des habitants.

Constatons d'abord qu'il n'existe point de manière
d'attaquer une ville sans inspirer aux habitants de
très vives inquiétudes. L'assiégeant aura beau diriger
son feu sur les défenses, les bourgeois redouteront
toujours une prolongation de siége qui les ferait mourir de faim, ou les suites terribles d'un assaut qui les
mettrait à la discrétion du vainqueur. Or ces craintes
dureront tout autant que le siége et ne cesseront qu'a-
vec la résistance de la garnison. L'intention de l'auteur est évidemment de parler ici des émotions occasionnées par la chute des projectiles.

Nous avons déjà remarqué que l'on montre d'habitude assez peu d'égards pour les populations des pro-
vinces envahies. A Dieu ne plaise que nous cherchions
à justifier les procédés brutaux avec lesquels on les
traite trop souvent sans motifs. Nous reconnaissons,
de même, très volontiers, qu'il est louable de respec-
ter le repos et les biens des citoyens paisibles des places forces; toutefois, nous y mettons une restriction :
c'est que cette sécurité ne devienne pas trop onéreuse

à l'assiégeant. Le colonel Jones nous fournit lui-même
l'état des pertes que firent les Anglais dans plusieurs
siéges sans bombardement qu'ils entreprirent en Espagne. En voici le relevé :

Désignation des siéges.	Durée.	Pertes en hommes.	Observations.
1er de Badajoz. . . .	9 jours.	750	Levé en mai 1811.
2e de Badajoz	19 id.	485	Levé en juin.
Cindad-Rodrigo . . .	11 id.	1.310	
3e de Badajoz	22 id.	4,834	Armée de siége 16,000 hommes.
Château de Burgos. .	34 id.	2,064	
Saint Sébastien . . .	60 id.	3,780	D'après la rel. franç. du col. Belmas, les An-
			glais y auraient perdu
TOTAUX.	155 jours.	13,223	5,069 hommes.

A coup sûr, si les habitants de ces villes eussent été
Français, leur repos eût coûté fort cher à l'armée anglaise. Mais les Espagnols avaient droit à des égards
tout particuliers de la part de lord Wellington; et ce
fut, si l'on en croit le capitaine May, la raison qui détermina ce général à ne point bombarder. En cela,
nous lui donnons notre approbation la plus complète,
et nous admettons comme un axiôme, que toutes les
fois qu'il s'agira de délivrer une place habitée par les
Français ou leurs alliés, il ne faut pas diriger une seule
bombe ailleurs que sur ses remparts : c'est à la garnison que nous faisons la guerre et non pas aux habi-

tants (1). Nous devons croire que ceux-ci, stimulés par l'approche de leurs libérateurs, n'auront pas besoin de l'excitation des projectiles pour s'insurger contre l'ennemi commun et nous aider à le chasser de leur enceinte. S'ils ne le font pas, c'est que la garnison est trop forte, et qu'ils n'auraient aucune chance de succès. Aussi, nous associons-nous de grand cœur à l'indignation qu'inspire au général Marescot la conduite du représentant Duquesnoy, qui pendant le siége de la ville du Quesnoi, soutenu en 1794, par les Autrichiens, fit tirer à boulets rouges sur la place et y détermina plusieurs incendies.

Co mode d'attaque (le siége en règle) a des effets assurés, mais il exige que les ingénieurs soient pourvus des moyens nécessaires ; au lieu qu'un bombardement est une opération qui ne demande aucune connaissance de la science de l'ingénieur, et qui peut être exécutée par les officiers d'artillerie sans les ingénieurs, comme avec eux.

Nos lecteurs voudront bien fixer leur attention sur ce passage, dans lequel nous trouvons une petite révélation qui n'est pas sans intérêt pour la cause que nous avons à soutenir. Dans cet aveu, que *les bombardements peuvent s'exécuter sans le secours des ingénieurs*, ne faut-il pas voir l'explication du peu de

(1) Sauf le cas pourtant où l'on voudrait châtier une population de traîtres qui auraient ouvert leurs portes à l'étranger.

cas que d'Arçon et Carnot semblent faire de ce mode de prendre les places, et des anathèmes de Bousmard, qui a négligé de comprendre dans sa réprobation des actes militaires bien plus atroces?

Le rôle que joue le génie dans un siége régulier est tellement magnifique, que la crainte de voir devenir plus rares ces occasions de gloire pour leur corps, a pu, nous le croyons, exercer quelque influence sur l'opinion que ces auteurs ont exprimée. Dans la sincérité de leur admiration pour ces grands ingénieurs, ceux de leurs collègues qui se sont occupés de la question, l'ont considérée comme d'Arçon ou comme Bousmard; les uns traitant en pitié ce genre d'attaque, les autres l'accablant de leur indignation, et se désolant de voir ce cruel système si souvent employé dans les guerres les plus récentes. Les faits que nous reproduirons bientôt répondront aux premiers; quant aux seconds, nous ne désespérons pas de leur faire reconnaître que la sensibilité, vertu très honorable pour un militaire, a besoin d'être réglée comme toutes les autres. En même temps qu'on la déploie en faveur de ses ennemis, il est bon d'en réserver quelque peu pour ses propres soldats, compagnons et instruments de gloire, qui, si l'on est contraint de passer par tous les détails des approches régulières, vont payer de leur sang chaque mètre de terrain conquis sur une défense vigoureuse. On aurait donc tort de nous accuser de barbarie, nous qui, pour éviter de semblables pertes, voudrions faire précéder ces longs et meurtriers travaux, d'une démonstration par suite de laquelle la place peut, comme cent exemples l'ont prouvé, tomber en notre pouvoir à l'instant même, et sans qu'il nous en coûte un seul homme.

L'expérience fait aussi reconnaître que quand cette démonstration a été conduite avec la vigueur convenable en une ou deux circonstances, la terreur qu'elle inspire est telle, qu'une simple menace suffit pour faire conquérir d'autres forteresses, qui, sans cette crainte, se seraient vaillamment défendues.

Un bombardement n'exerce aucune influence sur un gouverneur qui a de la fermeté; de nombreux exemples pourraient en être cités, mais il suffira d'en mentionner trois bien connus :

En 1757, le roi de Prusse bombarda la grande et populeuse ville de Prague pendant vingt-deux jours, de la manière la plus furieuse : la ville fut entièrement détruite, et les habitants voulurent forcer le gouverneur à se rendre; mais il resta fidèle à son devoir, fit pendre deux des principaux sénateurs, et par sa fermeté, il donna lieu à la bataille de Kolm, qui obligea le roi à se retirer.

Ce dernier fait prouve seulement que la garnison de Prague était assez forte et assez dévouée pour imposer à la bourgeoisie; et ce cas ne se réalisera pas souvent, car on n'a pas toujours une armée disponible pour garder une grande ville. D'ailleurs, à l'époque assez reculée à laquelle cet événement eut lieu, le pouvoir royal avait encore tout son prestige et toute sa puissance. La longanimité des Allemands, leur soumission à l'autorité, sont parfaitement connues; cependant, le défenseur de Prague mit ces vertus à une si terrible épreuve, qu'il lui fallut lutter à force ouverte contre les habitants. Aujourd'hui que, dans tous les pays de l'Europe, les liens entre les gouvernements et les peuples se sont fort relâchés, trouverait-on souvent d'aussi bonnes dispositions parmi les soldats forcés d'agir contre leurs concitoyens? Ce sont choses fort douteuses, et qui donnent à penser que dans l'avenir les chances favorables aux bombardements seront encore plus grandes qu'elles ne l'ont été jusqu'à présent...

En 1793, le gouverneur de Willemstadt montra une égale fermeté dans un terrible bombardement, et les Français, qui croyaient le contraindre à se rendre, furent trompés dans leur attente.

D'Arçon nous a donné son opinion sur ce fait : on sait avec quelle maladresse et quelle insuffisance de moyens cette opération fut entreprise; et certes, si elle eût été un tant soit peu *terrible*, nos adversaires français ne manqueraient pas de nous la citer à côté de leurs trois exemples de Lille, Thionville et Landau.

Puisque le colonel John Jones nous place ici sur le terrain des guerres de la république, nous avons droit de lui adresser le reproche que lui-même fait à Carnot, de passer sous silence les exemples opposés à la thèse qu'il veut soutenir. Nous en donnons la preuve dans la nomenclature suivante des places de diverses grandeurs qui, vers cette époque, ont capitulé à la suite d'un bombardement ou d'une simple menace :

Longwy, 1792. — Verdun, 1792. — Bréda, 1793. — Gertruydemberg, 1793. — Maëstricht, 1794. — Charleroi, 1794. — Landrecies, 1794. — Le Quesnoi, 1793 et 1794. — Valenciennes, 1794. — Condé, 1794. — Dusseldorf, 1795. — Manheim, 1795, etc. Cette liste est loin d'être complète (1).

Le troisième exemple est celui de Gibraltar, qui fut bombardé deux fois en 1782, avant la grande attaque des batteries

(1) Voyez le tableau récapitulatif à la fin de ce traité.

Aucun de ces faits n'était cependant ignoré de l'auteur, qui en parle ainsi dans une autre partie de son ouvrage : « Le torrent dévastateur des armées françaises soutenu par l'opinion renversait tout : la ville la mieux fortifiée tombait comme un simple village, aucune forteresse n'opposait une résistance digne de son ancienne réputation, parce qu'on avait oublié l'usage qu'on en devait faire. »

Il ajoute : « Heureusement ce torrent s'est écoulé, et les opéra-

flottantes, et jamais on n'a entendu dire que le général Elliot ait seulement songé à se rendre.

Le rocher de Gibraltar s'étend du nord au sud dans la longueur d'environ 6 kilom. Sa largeur moyenne est de 1 kilom. 1/2 ; sa hauteur maximum de 430 mèt. Il se rattache à la terre par un isthme de sable, à la naissance duquel les Espagnols avaient établi leur parallèle, ne pouvant pousser les travaux plus près d'une position qui plongeait au fond de leurs tranchées. Les batteries de mortiers se trouvaient ainsi à 1,400 ou 1,500 mètres de la ville, qui, très étroite dans le sens perpendiculaire au tir, s'étend en lon-

tions de la guerre doivent se faire suivant les principes précédemment reçus. Les forteresses reprennent le rang qui leur appartient. Désormais nous n'entendrons plus dire qu'une place s'est rendue à la première sommation par la crainte d'un bombardement ; d'un autre côté, les places ne seront plus considérées comme d'inutiles refuges pour les armées. Dans les mains des Français, elles prennent tout-à-coup un nouveau caractère ; et le plus faible poste fait une résistance vigoureuse, résistance qui semble extraordinaire, parce que depuis longtemps on n'en avait pas eu d'exemple. »

Nous craignons fort que cette prophétie sur les places qui ne se laisseront pas intimider désormais ne se réalise pas plus que celle de d'Arçon sur les brûlures qui devaient passer de mode. Toutefois, nous n'avons pas résisté à la tentation de citer tout au long ce second paragraphe, parce qu'il contient un bel éloge de nos officiers du génie, éloge qui a certainement son prix dans la bouche d'un ingénieur anglais.

gueur vers le sud. Les traités les plus modernes de
géographie donnent à cette ville une population de
10,000 âmes, qu'elle ne possédait sans doute pas en
1782, et qui se compose principalement de revendeurs
et de juifs vivant aux dépens des troupes. Si l'on dé-
duit du chiffre des habitants, les femmes, les enfants,
les infirmes, etc., le reste ne pouvait opposer de résistance sérieuse à une garnison de 5,000 hommes,
qui s'éleva dans le courant du siége à plus de 7,000,
et qui pouvait écraser la ville de tous les points.

Il résulte de la relation de Drinkwater, que dans
les dix jours qui suivirent l'ouverture du feu des Espagnols, la ville fut détruite de fond en comble, sauf
le peu de maisons qui se trouvaient hors de portée des
projectiles. Dès les premières bombes, les habitants
épouvantés abandonnèrent leurs logements et se réfugièrent au midi vers la pointe d'Europe, dans des
asiles complètement à l'abri du feu des lignes.

Une fois ce résultat obtenu, le bombardement devenait inefficace; les projectiles n'avaient plus qu'à
s'aplatir contre les parois du rocher, ou à causer dans
quelques batteries anglaises des dégâts insignifiants.
Quand plus tard les bouches-à-feu françaises vinrent
relever celles des Espagnols, tout l'effet utile du bombardement ayant été produit, leur rôle se réduisait à
consommer des munitions en pure perte.

On voit, d'après cet exposé, combien l'exemple de Gibraltar est peu concluant; et qu'il n'y a aucune comparaison à établir entre la surface de ce rocher nu, et celle d'une ville bien couverte d'édifices et cernée de toutes parts.

L'opinion qui existe chez les Français sur l'inefficacité du système des bombardements, pourra être appréciée par l'extrait suivant des instructions données par le gouvernement aux commandants des places assiégées, et signées Bernadotte, ministre de la guerre.

Quant aux effets des bombes et autres projectiles incendiaires, nous examinerons plus tard les moyens de les diminuer; mais nous observons dès ce moment qu'ils n'ont jamais contraint une place bien défendue à se rendre. Les anciens siéges en offrent la preuve, et les exemples tout récents de Lille, Thionville et Mayence, la confirment.

Le colonel Jones a pris soin lui-même d'atténuer la force de cette citation, quand, pour réfuter l'ouvrage de Carnot sur la défense, il fait remarquer que ce livre fût écrit par ordre de l'empereur, au moment où les Français étaient maîtres de presque toutes les places de l'Europe.

C'est à la même époque et sous la même influence que le ministre rédigeait ses instructions : il ne pouvait pas tenir un autre langage aux gouverneurs des forteresses de la France. Il leur rappelait quelques nobles exemples, et plus d'une fois ses paroles ont porté leurs fruits. Malgré cela, notre gouvernement, qui peut encore se trouver dans la nécessité de conquérir beaucoup de places fortes, aurait grand tort de se baser sur ce langage officiel, pour renoncer au moyen de les prendre avec plus de facilité et d'économie.

Une forte objection contre le bombardement, en tant que système, naît de la difficulté de l'effectuer loin de la mer ou des places de dépôt d'un État ; on prendra une idée de l'immense quantité de moyens de transport qu'exige un bombardement qui doit durer un temps considérable et que l'on peut porter à cent jours (la place de Landau, qui renferme peu de bâtiments à l'épreuve, résista quatre-vingts jours au bombardement le plus violent, et le petit fort d'Andaye, soixante-huit jours ; ainsi, une grande place pourvue de casemates ferait une résistance indéfinie), par les faits suivants :

En 1792, le duc de Saxe-Teschen jeta à Lille, en cent quarante heures, sans aucun succès, 30,000 boulets rouges (1) et 6,000 bombes ; en 1795, Pichegru consomma en seize heures 3,000 bombes contre Manheim (2), et 5,000 contre le fort du Rhin ; et à Copenhague, en 1807, on consomma, dans l'espace de trois jours d'un feu soutenu, 6,412 bombes et 4,966 boulets, avec une quantité proportionnelle de carcasses.

(1) Les relations que nous avons du siége de Lille sont unanimes pour affirmer que les Autrichiens n'avaient que vingt-quatre canons en batterie. Or, avec ce nombre, il est impossible, en 124 heures, de tirer beaucoup plus de 13,000 boulets rouges : le chiffre de 30,000 paraît donc exagéré.

(2) Carnot prétend que la ville capitula dès que les batteries eurent commencé à jouer. (Voyez 3ᵉ partie.)

Si trente-six milliers de projectiles ont en effet été jetés dans l'espace de six jours sur la place de Lille, toute ville qui résisterait pendant cent jours à une attaque de cette force, en ferait consommer sept cent vingt mille à l'ennemi. Malgré les ressources des routes, des canaux, des chemins de fer, il y a là de quoi faire reculer le plus habile de nos directeurs de parcs. Hâtons-nous donc d'ajouter que le raisonnement de l'ingénieur anglais pêche par la base.

Nous avons déjà remarqué combien il se méprenait sur l'objet des bombardements. S'il était vrai qu'on ne lançât les projectiles dans l'intérieur des places que pour tuer les habitants et ruiner les maisons, il est certain que la quantité des munitions nécessaires pour la destruction complète d'une grande ville serait immense, surtout si on la règle sur ce qu'il a fallu consommer contre certaines petites forteresses. Mais le but du bombardement n'est en réalité que de provoquer la terreur et ses conséquences ; aussi, plus une masse d'habitants se trouvera condensée dans un petit espace, plus il y aura de chances pour que la chute d'une bombe y produise de graves accidents ; moins, par conséquent, il faudra de projectiles pour effrayer et soulever les masses, et, si le gouverneur ne veut pas être raisonnable, déterminer entre la garnison et la bourgeoisie les collisions qui pourront entraîner la reddition de la place. Il suffit pour cela que les habitants soient convaincus que l'assiégeant est encore loin d'avoir épuisé ses moyens incendiaires.

Nous déclarons, en outre, qu'il nous est impossible d'admettre sans réserve ces bombardements à très longue durée. Quand une opération de ce genre est vigoureusement menée, comme elle doit toujours l'être, sous peine de laisser à l'assiégé le temps de se calmer et d'en combattre les effets, la résistance que les édifices pourront opposer à la destruction sera sans doute variable, et dépendra de leur espacement, des matériaux dont ils sont construits, de leur hauteur, de l'épaisseur des murs, du zèle des pompiers, des circonstances atmosphériques, etc. Mais cette résistance sera toujours très limitée. Dans le cas le plus défavorable, sept ou huit jours d'une pareille attaque doivent suffire pour consommer la ruine totale des maisons non voûtées à l'épreuve. Ainsi, toutes les fois qu'il sera question d'une ville qui aura soutenu un bombardement pendant des soixante ou quatre-vingts jours, nous croyons pouvoir affirmer :

Ou que le feu était très lent ou souvent et longuement interrompu (1);

(1) Douze mortiers paraîtront sans doute insuffisants pour bombarder une place ; cependant un tir continu de ce nombre de bouches à feu entraînerait, dans quatre-vingt jours, la con-

Ou que le tir n'avait pas de justesse ;

Ou qu'après la ruine des édifices, le feu avait continué longtemps en pure perte ;

Ou qu'enfin les projectiles, au lieu de tomber sur toute la ville, n'en pouvaient atteindre qu'une partie, en sorte que les habitants retirés dans les autres quartiers se riaient des bombes, contre lesquelles leur éloignement les abritait mieux que les meilleurs blindages. Lille et Valenciennes se sont précisément trouvées dans ce cas au commencement de la guerre.

Le colonel Jones prétend que la ville de Landau résista pendant 80 jours au bombardement le plus violent : nous allons vérifier ce fait et substituer la réalité aux apparences. Le siége auquel il est fait allusion est sans doute celui de 1702, par Louis de Bade, M. de Mélac étant gouverneur. La tranchée fut ouverte le 18 juin, après 55 jours de blocus, et la garnison se défendit avec une grande vigueur jusqu'au 10 septembre, époque à laquelle l'épuisement des magasins la contraignit à capituler. La résistance dura donc un peu plus de 80 jours.

La place a la forme d'un octogone, dont le grand axe est environ de 800 mètres et le petit de 600. La

sommation de 96,000 bombes, sans compter les boulets rouges et les obus. On ne dépensera jamais un pareil nombre de projectiles contre une forteresse.

surface, occupée par les édifices, est moindre que 360,000 mètres carrés. Le nombre des mortiers des assiégeants, était de onze qui faisaient feu de la première parallèle. Pour que le bombardement fut le plus violent possible, chaque bouche à feu tirant cent bombes par jour, la ville aurait dû en recevoir plus de 80,000 dans la durée du siége, ce qui réparti sur la surface, donne une bombe par carré de deux mètres de côté. Une pareille grêle aurait dû faire de nombreuses victimes et détruire une bonne partie de la population qui est de 4,000 habitants. D'Arçon nous affirme qu'il n'y eût que cinq personnes tuées ou blessées par accident, quoique les citoyens n'eussent pas d'abri. (1re partie, page 14.)

C'est tout simplement une absurdité; et nous pouvons hardiment conclure qu'une perte aussi légère n'a pu être occasionnée que par un bombardement beaucoup moins long et moins terrible qu'on le prétend.

Si l'on consulte en effet le *journal de ce siége, publié en* 1702, on reconnaîtra que les édifices n'ont reçu de bombes que *pendant dix jours* (1). On n'a pas

(1) Les 9, 10 et 19 juillet le 2 août, les 10, 11, 12, 18, 25 et 26 du même mois. Une bombe mit le feu aux casernes de la Porte de France; et la garnison, malgré toute sa bravoure, ne put jamais l'éteindre, à cause de la quantité de bombes qu'on y jettait encore. (Journal, page 81.)

lancé un seul boulet rouge, ce qui prouve que l'on
n'en voulait pas aux maisons ; et nous sommes convaincus que quelques projectiles creux ne parvinrent
jusqu'à elles, que par suite des déviations longitudi-
nales d'un tir partant d'une grande distance. Dans
les trois premières semaines qui suivirent l'ouverture
du feu, les bombes tombaient dans le quartier adja-
cent aux attaques ; si plus tard on augmenta leur
portée, ce fut sans doute pour éviter qu'il n'en vint
quelques-uns sur la tête des assiégeants, alors fort
rapprochés des glacis. Voilà donc cet effroyable bombardement réduit à l'effet produit par des projectiles
égarés ; aussi, n'est-il pas étonnant que dans le résumé
que le journal donne des travaux et des pertes de l'assiégé, on ne fasse aucune mention des dégâts si insignifiants, occasionnés par des bombes.

C'est en représentant les évènements sous un jour
aussi faux, que l'on parvient à discréditer un système
aux yeux des lecteurs qui ne pénètrent pas au fond
des choses ; et le nombre de ces lecteurs est très considérable Qu'un professeur énonce un fait de ce
genre dans son cours, et qu'il édifie là-dessus une
doctrine en l'appuyant de l'autorité de Vauban et de
Bousmard, aucun de ses élèves, n'aura certes, la
pensée de le contredire ou de vérifier son assertion :
la doctrine viendra prendre place au nombre des
idées reçues ; c'est ainsi que se propagent des opi-

nions erronnées, et dont les conséquences pourraient,
dans certains cas, devenir funestes au pays.

Nous n'avons pu trouver aucun document sur l'attaque d'Andaye, sans doute à cause du peu d'importance de ce fait militaire. Il y a, évidemment, de
l'exagération dans cette durée de quarante-huit jours ;
peut-être aura-t-on confondu le blocus avec le bombardement ; peut-être, aussi, les ressources de l'assiégeant étaient-elles très-faibles ; et la garnison, seule
dans le fort et pourvue de bons abris, aura-t-elle eu
peu de compte à tenir des projectiles. Quoiqu'il en
soit, on aurait grand tort de vouloir tirer de ce fait
aucune conclusion sur la résistance qu'une grande
ville pourrait opposer à un bombardement.

Le colonel Jones, qui s'est basé sur des raisonnements et des faits inexacts, exagère donc beaucoup les
approvisionnements nécessaires pour incendier une
place. Nous sommes convaincus que la consommation
en sera généralement moindre que dans un siége,
pourvu que l'on se conforme aux principes qui seront développés dans la troisième partie.

Si l'on ne considérait que les intérêts de l'humanité, un tel
genre d'attaques devrait être abandonné pour jamais. Les
maux qu'il entraîne ne sauraient être imaginés par ceux qui
n'en ont pas été les témoins ; ses effets tombent de la manière
la plus cruelle sur les habitants ; les vieillards, les femmes,
les infirmes, les faibles, sont ceux qui en souffrent le plus.

Nous croyons avoir déjà fait justice de ces déclamations, et suffisamment prouvé que ces intéressantes
personnes, qui, malgré ce qu'en dit l'auteur, ne souffrent pas plus du bombardement que les autres citoyens, auraient beaucoup plus à se plaindre d'un
blocus, et même d'un siége très régulier, qui se prolongeant outre mesure, les condamnerait toutes sans
exception, à supporter les horreurs de la faim, leur
laissant de plus en perspective la crainte de voir la
ville prise d'assaut, et de tomber à la discrétion du
vainqueur.

Le cœur s'indigne à l'idée que les efforts de l'industrie sont
tournés vers la destruction !...

C'est une banalité que l'on est surpris de voir sortir de la plume d'un officier : comme si cette phrase
n'était pas applicable à toute espèce d'invention et
d'action de guerre, spécialement aux siéges, où
l'homme tire de son expérience et de sa sagacité, tout
le parti possible pour exterminer son semblable !
Tous, tant que nous sommes, qui cherchons à
perfectionner les instruments de mort, nous nous
ferions horreur à nous mêmes, si nous n'étions soutenus dans nos travaux par cette pensée, que travailler
à rendre les machines et les opérations militaires plus
homicides, c'est travailler pour la grande cause de

l'humanité; car c'est inspirer aux masses plus d'éloignement pour la guerre, par le sentiment des maux qui en pourraient résulter.

Combien les annales de l'Angleterre seraient-elles plus glorieuses, si les historiens pouvaient dire à la postérité : « La flotte danoise donnait une grande jalousie aux Anglais ; craignant de la voir tomber dans les mains des Français, qui s'en seraient servis contre eux, ils demandèrent au gouvernement danois de mettre cette flotte hors des atteintes de leur ennemi : Cette demande étant restée sans effet, la Grande-Bretagne, par une attaque puissante et bien dirigée, s'empara de la flotte, sans avoir causé aucun dommage aux paisibles habitants ou détruit une seule habitation particulière. » L'attaque faite de cette manière, eût offert un succès bien plus assuré que le bombardement qui eut lieu, si l'expédition eût été approvisionnée du matériel nécessaire ; et alors personne au monde n'eût élevé la voix pour la blâmer d'une telle entreprise.

Le colonel est encore ici dans une grande erreur : il y a eu en effet, dans l'expédition contre Copenhague en 1807, une flétrissure, dont le gouvernement anglais de cette époque ne se lavera jamais aux yeux des honnêtes gens. C'est la destruction portée traîtreusement dans un pays avec lequel il était en pleine paix. Un pareil acte est en lui-même injustifiable, et ce n'est point la forme dans laquelle il a été commis, qui peut lui ajouter ou en retrancher la moindre gravité. Le siége en règle n'eût jamais été considéré comme une circonstance atténuante ; et quoi qu'en dise le colonel Jones, les lenteurs d'un pareil siége, en donnant aux Danois le temps de se reconnaître, et à leurs alliés le temps de les secourir, eussent pu compromettre le succès d'une opération de ce genre, qui appartient à la classe de celles avec lesquelles on est toujours bien aise d'en finir promptement, ne fût-ce que pour en avoir plutôt la conscience nette. Sous ce rapport, le ministère britannique a très bien fait de préférer le bombardement.

L'auteur termine son article par la citation d'une partie de celui de Bousmard, sur la bourgeoisie ; comme nous l'avons reproduit dans son entier, nous allons poursuivre l'examen des auteurs qui ont traité la question qui nous occupe.

NOISET SAINT-PAUL.

Parmi les officiers du génie qui ont écrit sur la fortification, celui-ci est le seul qui ait parlé des bombardements avec sang-froid, et nous ait même laissé des préceptes sur la matière. Il est vrai que son ouvrage date de 1811, époque à laquelle les bombardements multipliés depuis longtemps, frappaient assez vivement les imaginations par leurs brillants résultats, pour que l'on crût en devoir tenir quelque compte, et que nul n'osât avoir la pensée qu'ils étaient inefficaces: on est devenu plus hardi depuis la paix.

Noiset Saint-Paul divise les attaques de ce genre en deux espèces :

Le bombardement irrégulier, dit-il, est une espèce de coup de main ; il est la suite d'un établissement de mortiers faits à la hâte, vis-à-vis un des côtés de la place, par un corps de troupes trop faible pour l'investir, mais capable de maintenir la garnison. Il faut alors brusquer l'opération et ne pas laisser aux défenseurs le temps de se reconnaître.

C'est de cette manière que Lille fut attaquée en 1792; c'est ainsi que les Français, s'ils avaient à faire une invasion dans un pays voisin, pourraient, au commencement des hostilités et lorsque les garnisons ne sont pas encore aguerries, prendre plus d'une forteresse, surtout dans les états où dominent l'esprit mercantile et l'influence bourgeoise.

Le bombardement régulier est celui qui se combine avec un blocus ou un siége, suivant les moyens dont on peut disposer.

L'auteur reconnaît qu'une semblable opération dirigée avec méthode et intelligence, conduit à un résultat plus certain que le simple blocus ou le bombardement régulier.

Maëstricht, en 1794; Valence, en 1812; Dantzig, en 1813, furent réduits par des moyens de ce genre, qui trouveraient encore les plus heureuses applications dans l'avenir.

Voici maintenant les préceptes que donne Noiset Saint-Paul, pour mener les bombardements à bonne fin :

Lorsqu'on est le maître de diriger les attaques à sa volonté, on les porte de préférence sur les lieux où l'on sait qu'il y a des magasins de subsistance, des dépôts de poudre et de munition, mais surtout sur les quartiers populeux...

Nous suspendons ici la citation pour inviter nos lecteurs à remarquer les développements qui suivent :

Ce n'est pas sur les habitations des gens riches, sur les hôtels qu'il faut tirer ; les propriétaires aisés ne sont pas portés à la révolte ; ils ne pourront que perdre dans une émeute populaire, et loin de la provoquer, leur intérêt les porte à maintenir l'ordre. D'un autre côté, la perte de leur demeure ne leur ôte pas les moyens d'exister ; ils trouvent aisément, à raison de leur fortune, des parents, des amis où se retirer. Il n'en est pas de même du peuple proprement dit ; son habitation renversée, ses vivres détruits, ses effets brûlés, il ne sait où se réfugier, où trouver de quoi faire subsister sa famille ; il erre dans les rues, à la merci de toutes les misères, de toutes les souffrances ; il ne sait que faire, où aller, et la révolte est pour lui une ressource qui lui promet la fin de ses maux.

Et puis, en ménageant les gens riches, le peuple, toujours
soupçonneux, s'imagine qu'ils sont de connivence avec vous,
ce qui l'irrite contre eux, l'aigrit, et amène des rixes qui ne
sauraient que vous être favorables. Enfin, les gens riches ne
seraient jamais à la charge de la garnison ; il n'en est pas de
même des pauvres ; lorsqu'ils n'ont plus rien, il faut les
nourrir.

Aux hommes élevés dès leur enfance, comme nous
le sommes tous, dans des idées de charité, de bien-
veillance pour les malheureux, des conseils aussi
abominables ne peuvent inspirer qu'horreur et dégoût ! Pour nous expliquer comment un de nos contemporains a pu de sang-froid émettre de pareils
principes, nous sommes forcés de suspecter sa sincérité : c'est le plus grand honneur que nous puissions
lui faire. Nous dirons donc que cet officier, non moins
mécontent que d'Arçon et Carnot de voir prévaloir
ce mode de réduction des places, a voulu, sous le
prétexte d'en donner les principes, en éloigner ses
lecteurs, et soulever contre ce système tout ce qu'ils
ont dans le cœur de sentiments humains. Mais, heureusement, la marche qu'il prescrit serait aussi ma-
ladroite que cruelle. En la suivant, comme le firent à
Lille les Autrichiens, qui dirigèrent leurs coups sur le
quartier Saint-Sauveur, asile des indigents, on ne
remplirait nullement l'objet que l'on se propose. Les
riches, qui ont par-dessus tout l'instinct de leur con-

servation, à défaut de philanthropie, s'empresseraient, pour éviter le désespoir du peuple, de lui ouvrir leurs hôtels que l'on ménage. Un gouverneur habile ne manquerait pas de profiter de cette barbarie de l'ennemi, pour exciter l'indignation de toutes les classes du peuple, et déterminer chacun à périr, plutôt que de se mettre à la merci d'un vainqueur, pour lequel l'indigence et le malheur ne sont pas choses sacrées. Ainsi, par sa conduite inintelligente, l'assiégeant tournerait contre lui, ceux parmi lesquels il voulait se créer des auxiliaires.

Ce n'est point avec une semblable pensée, qu'un bombardement nous semble devoir être entrepris, pour présenter les plus grandes chances de succès. Sur le refus d'obtempérer aux sommations qu'il aura adressées au gouverneur et à l'autorité civile, le général commandant l'armée de siége ouvrira le feu de ses batteries, disposées, autant que possible, de façon que les coups atteignent la ville entière. Riches et pauvres, tous seront égaux devant ses projectiles; et s'il fait tirer sur les quartiers populeux, ce sera pour prouver que *là-même*, il n'y a point d'asile assuré contre son attaque, point de retraite à l'abri de ses bombes. Il ne respectera pas l'hôtel de l'homme opulent; car, les malheurs qui arrivent à cette classe, ont le privilége de frapper plus vivement les esprits, que les maux qu'éprouvent les classes inférieures, accoutumées à souffrir. Le but de l'assiégeant n'est pas de semer la discorde dans la population, mais bien de la faire s'insurger comme un seul homme contre les défenseurs de la place, et de donner des chefs à la multitude. Si les instances des riches n'ont rien pu sur le gouverneur, la popularité que leurs démarches leur auront procurée, sera profitable à l'ennemi. Ils soulèveront les masses, se mettront à leur tête ; et s'ils ne peuvent séduire en tout ou en partie la garnison fatiguée elle-même de recevoir des bombes, ils finiront par la dominer et s'emparer des portes qu'ils ouvriront aux vainqueurs.

Tels sont les faits qui se passeront ordinairement dans une grande ville, bombardée avec persévérance et activité.

WENZELL.

Ce capitaine prussien, professeur à l'école de l'artillerie et du génie, a publié, en 1824, un gros volume, sur l'attaque et la défense des places. Les bombardements n'ont pas trouvé grâce devant lui, et il se borne aux lignes suivantes, sur les opérations incendiaires :

Si l'on se contente de bombarder, on doit bien couvrir ses

canonniers avec des épaulements, des levées de terre, et l'on
s'assure contre les sorties par des réserves (1).

Quant à la défense, après quelques lignes sur les
précautions à prendre contre les incendies, pour la
sûreté des portes, des écluses, etc. :

Un bombardement, ajoute-t-il, ne portera aucun commandant qui a de l'honneur à capituler. S'effrayer d'une pareille
attaque serait folie (2). Cependant, l'incendie des magasins
réunis sur le même point, l'extrême faiblesse de la garnison,
le mécontentement de la bourgeoisie et sa grande force, la
lâcheté du gouverneur et des troupes, la discorde, etc., sont
autant de motifs qui pourront amener un pareil dénouement.
Il dépend du gouverneur d'éviter ou d'annuler une partie
de ces obstacles à une bonne défense.

Tout le reste des 1045 pages, est employé à décrire,
avec de grands détails, l'attaque et la défense régulière, la guerre souterraine, etc. Quand nous aurons
fait voir, en notre deuxième partie, quelle large

(1) Will man nur bombardiren, so decke man seine Ge-
schütze gut durch Brustwehren, Höhen, 2c., und sichere sie
durch Reserven gegen jeden Ausfall.

(2) ..... Denn ein Bombardement der Wälle wird keinen
Commandanten zur U.bergabe bringen, der voll Ehrgefühl
ist.— Ein solches Bombardement zu beantworten wäre Thorheit!

place ont prise les bombardements dans l'histoire des dernières guerres en général, et de la campagne de Prusse en particulier, on sera surpris que cet auteur n'ait consacré qu'un très petit nombre de lignes à un système qui fut si désastreux pour son pays.

PASLEY.

—

Dès 1812, le corps des artisans royaux, c'est ainsi que l'on désignait les troupes du génie en Angleterre, prit le nom de sapeurs et mineurs royaux. C'est de cette époque que datent les perfectionnements qui eurent lieu dans l'instruction des jeunes officiers et soldats de ce corps, sous l'administration de lord Mulgrave, maître général de l'ordonnance. Alors fut établie l'école de Chatham, dont un de ses derniers directeurs, C.-W. Pasley, colonel du génie, aujourd'hui général, a récemment publié un traité complet des opérations pratiques d'un siége, jusques et compris l'établissement de la seconde parallèle (1).

(1) Rules chiefly deduced from experiment for conducting the practical operations of a siege ; London, 1841.

La lecture de cet ouvrage nous a prouvé que l'ingénieur J. Jones, jouit en Angleterre de la réputation que lui méritent ses services et écrits. Le gouvernement a secondé ses vues sur l'accroissement du corps du génie. Nous savions déjà qu'en 1814, le général Wellington avait fait attacher à chaque division de son armée une brigade de ce corps, qui consistait en une compagnie de sapeurs ou de mineurs, avec des conducteurs, des attelages et des charriots en quantité suffisante pour donner du travail à cinq cents hommes (1). Par suite de l'adoption de ces mêmes idées, l'équipage de siége destiné à l'attaque de Bayonne se montait à 119 pièces de gros calibres et 20 mortiers Coéhorn. Mais, au grand chagrin des ingénieurs anglais, la guerre finit avant qu'ils eussent pu faire usage d'aussi puissantes ressources.

Le colonel Pasley, par sa position en quelque sorte officielle, nous semblait devoir formuler dans son ouvrage, d'une manière plus ou moins directe, la pensée actuelle du gouvernement britannique sur les bombardements ; aussi n'est-ce pas sans quelque curiosité que nous en avons abordé la lecture. Nous y avons vainement cherché des doléances analogues à celles du colonel Jones contre ce système d'attaque, et quelque chose qui annonçât un parti pris par l'An-

(1) Dupin : Voyage dans la Grande-Bretagne, force militaire.

gleterre, d'y renoncer pour toujours. Le peu de
lignes qui suivent, nous donnent à peu près tout ce
que dit l'auteur sur ce sujet :

Quand un siége a été résolu, l'un des objets les plus dignes
de considération est de décider quelle sera la quantité d'artillerie et de munitions dont on fera usage, et les moyens que
l'on emploiera pour les faire parvenir de la côte ou de la place
qui sert de principal dépôt jusqu'au lieu de l'action ; si l'on
se servira de transport par terre ou par eau, ou de tous deux
à la fois. *Quand les moyens de transport abondent, il peut quelquefois être convenable d'écraser une forteresse importante sous
un excès d'artillerie* (1). Si ces moyens sont, au contraire, fort
restreints, comme on en a vu toujours l'exemple dans les
siéges de terre entrepris par l'armée anglaise dans les guerres
de la Péninsule, il peut souvent être tout-à-fait indispensable d'agir avec une beaucoup moindre quantité d'artillerie
qu'on ne pourrait le désirer sous d'autres rapports.

Il nous semble évident, d'après cet article, que les
Anglais n'ont point renoncé pour l'avenir aux bombardements ; et en effet, ils ont trop souvent employé
ce système avec succès, pour vouloir en croire
le colonel Jones sur son inefficacité, ou se laisser attendrir sur les maux qui en pourraient résulter pour
l'espèce humaine.

(1) When the means of transport abound, it may sometimes
be proper to overwhelm an important fortress by excess of artillery.

Avant de quitter cet auteur, nous allons citer un passage de Carnot relatif à un genre de bombardement particulier à cette nation, ou du moins dont elle s'est servie beaucoup plus fréquemment que les autres.

Les Anglais ont souvent bombardé plusieurs de nos places maritimes, sans jamais y faire de grands dégâts. Le Havre notamment a été différentes fois bombardé par eux, particulièrement à deux reprises en 1759 ; et quoiqu'il y eût beaucoup de maisons en bois, l'exacte surveillance qu'on y a mise a prévenu tous les accidents.

Nous devons établir une distinction entre les bombardements par terre et par mer. On affecte quelquefois de les confondre, et l'on produit des exemples de ces derniers, comme preuve contre le système en général. Carnot n'y a pas manqué dans son traité sur la défense, auquel nous avons emprunté cette citation. Remarquons toutefois avec d'Arçon (1), qu'il n'y a aucun fonds à faire sur le tir de mortiers installés dans des galiotes soumises aux oscillations des moindres vagues, et qui ne peuvent agir avec quelque justesse, que dans les circonstances rares où la mer est aussi calme que la surface d'un étang. L'incertitude du tir devient encore bien plus grande, quand il s'a-

_____

(1) Conseil de guerre privé sur l'évènement de Gibraltar, 1785

git de projeter des bombes sur un terrain spacieux
et peu couvert d'ouvrages et d'édifices, comme étaient
Gibraltar et Weichselmünde, près Dantzig.

En 1782, le feu des batteries flottantes de d'Arçon
sous Gibraltar, et qui était pourtant un tir horizontal,
ne tua aux Anglais que seize hommes et ne leur en
blessa que soixante-huit. Le nombre de coups tirés peut
s'évaluer à cinq mille, et la distance des batteries
était d'environ neuf cents mètres.

                                        (DRINKWATER.)

Les ouvrages de Weichselmünde, nous dit le capitaine d'Artois, furent cinq fois bombardés en 1813 par la flotte anglo-
russe, et l'on a estimé qu'elle a tiré 35,000 coups de toute
espèce dans ces différentes affaires. On a calculé que chaque
coup de canon devait coûter à l'ennemi 30 francs, et chaque
bombe lancée 100 francs. La dépense serait de 870,000 francs
pour les boulets et 600,000 francs pour les bombes; en tout
1,470,000 francs. Il faut ajouter, en outre, les canonnières
qui ont sauté et coulé à fond; celles qui ont été maltraitées, etc., pour avoir une idée des sacrifices que fit inutilement
l'amiral russe.

Les Français n'éprouvèrent que de très légères
pertes matérielles, et n'eurent dans ces attaques que
six hommes de tués et *douze* de blessés

Nous pouvons ajouter à ses exemples celui de Cagliari, vainement attaqué en 1793 par l'amiral Tru-

guet : celui d'Ancône en 1799, où les navires russes et turcs ne firent aucun mal à la ville, et s'atteignirent quelquefois entre eux ; le feu des vaisseaux anglais sous les murs de Tarragone, en juin 1811 ; enfin, celui de la flotte française sur Alger, en juillet 1830.

Ce genre d'attaque contre une place, se bornant d'ailleurs presque toujours à inquiéter une partie de l'enceinte, entre dans la classe des opérations que nous considérons comme vicieuses. Nous donnons donc, sur ce point, toute raison à nos adversaires, et nous ne nous occuperons plus de ce cas particulier, qui du reste est une affaire de marine. Nous reconnaîtrons pourtant volontiers, que dans ces derniers temps, le tir incendiaire des vaisseaux a beaucoup gagné sous le rapport de la justesse et de l'efficacité, par la substitution des platines aux boutefeux, et par l'adoption des obusiers Paixhans. Les bombardements heureux de Saint-Jean-d'Ulloa, Tanger et Mogador, en sont la preuve.

LE GÉNÉRAL DUVIVIER.

—

Un homme dont nous honorons les sentiments et le caractère, et qui doit à son mérite personnel bien plus qu'à la fortune, la haute position à laquelle il

est parvenu, depuis qu'il a quitté le corps du génie,
le général Duvivier nous semble dans une profonde
erreur, quand il s'exprime en ces termes sur le système des bombardements :

L'histoire offre fréquemment l'exemple d'armées puissantes
en hommes et en artillerie qui tentèrent de se rendre prompt-
tement maîtresses de places de toutes grandeurs, en versant
sur celles-ci des tourmentes de projectiles ; ou bien qui, aux
travaux méthodiques des siéges, ajoutèrent le même emploi
d'un immense nombre de projectiles contre les maisons et les
édifices, — Les résultats obtenus dans toutes ces circonstances, ont amené depuis bien longtemps les hommes de guerre
les plus habiles à en tirer comme conséquence la maxime suivante : Qu'un bombardement (ce mot s'applique à l'emploi de
tous projectiles quelconques, dans le but d'incendier ou de
détruire les maisons mêmes) peut être essayé le premier jour
pour tâter les habitants ; mais que si dans les vingt-quatre
premières heures, il n'amène pas la reddition, il faut le discontinuer et ne s'occuper que de la conduite même du siége,
car il n'accélèrerait en rien la chûte de la place. — C'est
qu'en réalité tous ces bombardements produisent peu de mal,
quand toutes les précautions sont bien prises. Au lieu de
transcrire ici l'histoire de tant de siéges à bombardement,
que chacun peut se procurer, je rapporterai un fait que j'ai
vu.....

Si l'on en croit le même auteur, le général Haxo
avait l'idée la plus défavorable de ce système : « Ce
n'est pas lui, » est-il dit dans le discours au peuple sur

les fortifications de Paris « qui aurait pensé à un bombardement en grand par l'ennemi, lui, surtout, qui savait mieux qu'un autre que *bombardement* et *absurdité* sont synonymes ! »

Nous mettrons bientôt nos lecteurs à même d'en juger.

LES PROFESSEURS DE FORTIFICATION AUX ÉCOLES MILITAIRES.

Tous les cours qui se rattachent à la fortification sont naturellement confiés à des officiers qui appartiennent au corps du génie. Ces officiers portent trop de respect à leurs illustres prédécesseurs. pour oser contredire leurs opinions, et d'ailleurs ont les mains liées par leurs programmes. On chercherait en vain dans leurs leçons la moindre donnée sur les bombardements : si ce mot est prononcé une seule fois devant leurs élèves, ce ne peut être que pour réprouver le système comme atroce, impuissant et tombé dans l'oubli.

Quand on réfléchit à la manière dont se forment en nous les convictions, on ne doit pas s'étonner qu'une opinion qui nous est présentée dès notre jeune âge, sous l'autorité d'un habile professeur, s'infiltre profondément dans toutes nos têtes, et soit classée parmi nous au rang de ces principes à l'abri de toute contestation. Mais une idée fausse, doit à la longue produire de fâcheuses conséquences.

Supposons qu'un officier général, élevé dans une de ces écoles, se trouve à la tête d'une armée au moment où elle entre en campagne. Ne serait-il pas possible que la crainte chimérique de ternir sa réputation, d'encourir le reproche de cruauté, de consommer inutilement son temps et ses projectiles, l'empêchât de bombarder une ou plusieurs places qu'il eût ainsi très facilement emportées, et fît perdre à la France une occasion de succès pour ses armes et d'accroissement pour son territoire ?

Le gouverneur d'une place française, se rappelant les enseignements de sa jeunesse, ne pourrait-il pas prendre en trop vive compassion le sort de ces bourgeois, qu'un *barbare* ennemi menace d'écraser, et se rendre avant le dernier moment, pour leur éviter des calamités qui faisaient si douloureusement gémir ses maîtres, et que ceux-ci voulaient leur épargner à tout prix, même en proscrivant les bombardements ?

Si la lecture de ce traité pouvait exercer quelque influence sur des officiers placés dans d'aussi graves circonstances et leur faire mieux comprendre leurs devoirs, combien nous nous estimerions heureux de l'avoir écrit !

TRAITÉ DES BOMBARDEMENTS.

DEUXIÈME PARTIE.

C'est une tâche bien difficile que celle que nous nous sommes imposée : il s'agit de lutter contre des doctrines professées dans nos écoles depuis qu'elles existent, et d'ébranler des convictions que nous avons acquises, tous tant que nous sommes, dès nos premiers pas dans la carrière militaire.

Nous croyons être déjà parvenus à retirer au système des bombardements ce caractère exclusif de barbarie qu'on lui attribue ; et pour cela, nous avons reconnu que d'autres opérations militaires de ce genre, et contre l'emploi desquelles on ne s'est jamais élevé, amenaient presque inévitablement des souffrances plus grandes et surtout plus générales.

On peut, à notre avis, reprocher à l'enseignement des écoles militaires, d'être trop dogmatique et trop avare d'exemples empruntés aux guerres de nos jours. Il est vrai que ces guerres nous offrent une foule d'histoires de places, emportées en dépit de toutes les règles. Le colonel Jones compare sous ce point de vue nos armées à un torrent dévastateur, et c'est bien en effet le caractère spécial des guerres de la république et de l'empire. Est-il vrai maintenant que ces mêmes circonstances ne se reproduiraient plus à l'avenir? Ce que les étrangers appellent la *furia francese*, est-elle donc éteinte dans toutes nos têtes; et devons-nous systématiquement renoncer à de puissants moyens, qui nous ont valu tant de triomphes, pour l'ancienne et classique méthode, très sûre à la vérité (grâce au talent de nos ingénieurs, quand l'ennemi veut bien leur laisser le temps de poursuivre leurs travaux sans trouble), mais que la grandeur et la mobilité des armées actuelles doivent nous faire considérer comme rarement applicable.

Si les Français, renfermés plus tard dans ces mêmes places qu'ils avaient si facilement conquises, y ont soutenu des siéges mémorables et ont forcé leurs ennemis à développer d'immenses ressources pour les réduire; cela tient non seulement à la bravoure nationale, au sentiment du devoir profondément gravé dans nos cœurs, mais encore à ce que nos soldats s'y trouvaient face à face avec des populations étrangères, dont le sort les préoccupait bien moins que s'ils eussent été forcés de tenir en présence de leurs compatriotes. Cette circonstance est très favorable à l'énergie de la défense et à une résistance prolongée contre les bombardements.

Mais au commencement d'une guerre d'invasion, nous n'aurions pas à lutter avec des garnisons placées dans une position aussi avantageuse pour résister, et les forteresses que nous rencontrerions sur notre route, étant défendues par des soldats de même origine que leurs habitants, se laisseraient plus facilement intimider. C'est surtout alors que nous nous trouverions bien de quelques entreprises audacieuses secondées par des moyens assez considérables, pour pouvoir, à défaut de succès immédiats, se transformer, sans perte de temps, en opérations plus méthodiques.

Voici le moment d'accomplir notre promesse et d'appuyer nos opinions d'un grand nombre de faits. Mais avant d'entrer en matière, nous devons répéter que nous ne nous préoccupons pas de la manière dont on se battait et dont on s'assiégeait du temps des Turenne, des Chamilly, des Villars : c'est pour nos contemporains que nous écrivons ; et nous croyons, avec Gouvion Saint-Cyr, que chaque guerre se modèle sur celle qui l'a immédiatement précédée.

Afin d'éviter le reproche de partialité, de mieux éclairer nos lecteurs et de produire sur eux une impression plus profonde, nous choisirons de préférence nos citations dans les ouvrages écrits par les officiers du génie ; et nous tirerons fort souvent de ces travaux la conséquence que les bombardements ne sont rien moins qu'inefficaces.

GUERRES DE LA RÉPUBLIQUE

BOMBARDEMENT DE LILLE

Par les Autrichiens, en 1792.

Nous possédons sur cet événement un journal officiel rédigé sous les yeux du conseil de guerre, et de plus une relation du capitaine du génie, depuis général, Marescot : ces documents ne diffèrent essentiellement en rien. Nous laisserons successivement parler les deux narrateurs pour acquérir une idée précise des faits.

La place de Lille, qui n'est fortifiée d'une manière régulière que dans les points accessibles de son enceinte, doit être considérée comme ayant au moins vingt bastions, ce qui donne pour sa garnison un chiffre minimum de dix mille soldats. Il eût fallu pour cerner complètement la ville et entreprendre un siége régulier, que les Autrichiens possédassent une armée de cinquante à soixante mille hommes et six mille chevaux, avec un équipage qui ne pouvait être moindre que cent bouches à feu. Au lieu de cela, le corps

qui vint assiéger Lille en 1792 , n'était que de vingt-
cinq mille hommes d'infanterie et sept mille chevaux.
Aussi ne suffit-il pas à investir la place ; et les portes
de Béthune et de Dunkerque furent-elles constamment libres, avantage inappréciable pour une population en cas de bombardement ; car toutes les personnes effrayées ont jusqu'au dernier moment la faculté de se soustraire aux dangers qui les menacent.

D'un autre côté, les deux récits nous apprennent
que les Autrichiens, loin d'avoir les 100 bouches à
feu nécessaires pour un siége, n'ont fait agir contre la
place que 24 canons de gros calibre, 12 mortiers et
un petit nombre d'obusiers. On voit combien les
moyens en artillerie étaient insuffisants ; et l'on
aurait grand tort de conclure du mauvais succès de
cette attaque, qu'un bombardement exécuté avec un
plus grand nombre de bouches à feu n'eût point
réussi.

Le 26 octobre, on reconnut que l'ennemi avait ouvert la tranchée pendant la nuit, par une communication très éloignée partant du village d'*Hellèmes*. L'extrémité de son travail semblait annoncer le développement de sa parallèle à environ 700 mètres des ouvrages extérieurs du front de la *Noble-Tour*.

Les 27, 28 et 29, les travaux de l'ennemi se bornèrent à faire des dispositions de batteries formidables.

Le 27 septembre, le capitaine du génie Marescot propose à ses chefs de se servir avantageusement du *faubourg des Malades*, comme d'une ligne de contre-approche toute faite, en le joignant avec la place par une tranchée debout, et en fortifiant ses deux têtes et toutes ses issues. Ce travail devait prendre à revers les cheminements de l'ennemi vers la porte de *Fives*, et l'obliger à une diversion sur le *faubourg des Malades*. Ce projet est approuvé, et des ordres sont donnés en conséquence. Environ trois cents Lillois s'offrent pour exécuter ce travail, qui est entamé dans l'après-midi; mais à peine est-il commencé, que quelques coups de canon partis d'une batterie masquée, derrière la parallèle, dispersent les travailleurs; et depuis lors il n'a plus été question de cette ligne de contre-approche.

MARESCOT.

Cette pensée révèle le grand ingénieur: c'est en effet hors de la place qu'il faut en général combattre les préparatifs d'un bombardement. A quoi bon, quand on est menacé d'une pareille attaque, réserver ses soldats pour les dernières opérations d'un siége qui n'aura peut-être pas lieu? Il importe beaucoup au contraire à un gouverneur qui sait que des moyens incendiaires vont être employés contre sa place, de disputer la tête des faubourgs à l'ennemi, si la ville n'est pas entourée de forts détachés qui l'arrêtent, de le forcer à établir ses premiers travaux aussi loin que possible de l'enceinte, et de retarder l'ouverture du feu. Nous verrons dans la suite que

c'est ainsi que furent très vaillamment défendus
Mayence en 1793 et Dantzig et 1813. Il est vrai que
les garnisons de ces deux places étaient très fortes :
on avait moins à exiger de Lille, qui ne renfermait
que trois mille hommes de troupes régulières ; mais
si l'on considère l'issue de l'attaque, le gouverneur
eût bien fait de charger les soldats de l'exécution du
projet du capitaine Marescot , et d'entreprendre ce
travail la nuit. On eût peut-être épargné à Lille un jour
de bombardement; et si l'on fût parvenu à combler les
tranchées de l'ennemi , peut-être eût-il rétabli plus
loin sa parallèle, et la ville eût moins souffert.

Le 29 septembre, le capitaine général, Albert de
Saxe, fit sommer le général Duhoux, commandant la
place, de rendre la ville et la citadelle à l'empereur et
roi. Il prévenait en même temps la municipalité des
désastres qui la menaçaient. Les réponses furent né-
gatives et le feu commença le jour même. Nous allons
ici laisser parler Marescot :

Cependant le conseil de guerre avait pris les précautions
nécessitées par les circonstances. Les pompes de la ville sont
prêtes: chaque citoyen tient un grand baquet plein d'eau
devant sa porte ; on a évacué des maisons les matières les
plus combustibles, comme foin, paille, bois de chauffage, etc.;
de nombreuses patrouilles à pied et à cheval circulent dans
les rues.

Remarquons d'abord ici qu'il existe une contradiction positive entre ce récit et ce que nous a dit d'Arcon au sujet de cette attaque (première partie, page 18.) Il semblerait, d'après ce dernier ingénieur, que les incendies ne furent fréquents et terribles que parce que l'on avait oublié les plus simples précautions, et qu'une fois ces mesures prises, les accidents cessèrent comme par enchantement. Obligés de choisir entre ces deux versions, nous préférerons naturellement celle du témoin oculaire qui n'a aucune raison de dénaturer les faits, tandis que le but de d'Arçon est évidemment de nous persuader qu'avec les moindres soins, il est facile de paralyser l'action des bombes.

Enfin, à trois heures, une décharge de **24** canons de gros calibre, de **12** mortiers et quelques obusiers, part des tranchées ennemies. Cette décharge est suivie de plusieurs autres qui se succèdent avec rapidité, et qui bientôt dégénèrent en un feu réglé extrêmement vif qui couvre la ville d'une grêle de bombes, d'obus et de boulets rouges. A ce signal, l'artillerie de la place redouble d'ardeur... Les habitants effrayés fuient de leurs maisons. Soudain, les rues, les places publiques sont désertes. Bien plus efficacement que les patrouilles, les bombes et les boulets bondissants, dispersent les groupes nombreux, qu'une curiosité inquiète et la gravité des circonstances ont rassemblés çà et là, et parmi lesquels la malveillance et la faiblesse hasardaient déjà des propos sinistres.

MARESCOT.

Ainsi, malgré toute la liberté laissée aux habitants de sortir et aux secours d'entrer, quelques personnes parlaient déjà de se rendre. Si la place eût été cernée et le tir plus énergique, ces rumeurs se fussent sans doute montrées plus violentes.

Bientôt le feu se manifeste aux casernes de *Fives*, à l'église de *Saint-Etienne* et dans différents quartiers de la ville. Des secours prompts et abondants, tantôt efficaces. tantôt inutiles, conduits par les officiers municipaux et les chefs militaires sont partout portés avec rapidité. La mort vole sur cette ville populeuse. Une terreur muette est peinte sur tous les visages. La nuit vient encore ajouter à l'horreur de cette situation. Le quartier de *Saint-Sauveur* plus immédiatement exposé aux coups, devient le foyer de l'incendie le plus violent. Une pluie extraordinaire de bombes et de boulets, le rend inaccessible aux secours les plus intrépides... Ne pouvant pas y éteindre les flammes, on se borne à mettre un terme à leurs progrès et à les empêcher de franchir les rues qu'on leur a fixées pour limites. Plusieurs familles qui s'étaient réfugiées pêle-mêle dans des caves, se croyant en sûreté sous de faibles voûtes, y trouvent une mort cruelle, étouffées par le feu et la fumée, écrasées par les bombes ou par les débris de leurs maisons embrasées.

Les flammes se déploient avec une telle abondance, elles s'élèvent à une hauteur telle, que dans les quartiers les plus éloignés, à la citadelle, on y voit assez clair pour y lire. Les nuages en sont colorés. Dans cet instant critique, des voix perfides annoncent que l'ennemi donne l'assaut à la porte *Notre-Dame*. Cette nouvelle absurde trouve des oreilles et augmente encore l'alarme générale. Ce n'est pas sans peine que l'on parvient à dissiper l'idée d'un danger chimérique.

MARESCOT.

Le 30 septembre, l'ennemi soutint tout le jour, comme il l'avait fait dans la nuit, le feu étonnant de la veille. L'incendie continua autour de l'église *Saint-Etienne*. Un autre plus considérable s'était manifesté dans la paroisse *Saint-Sauveur*. Ce ne fut pas sans des soins infinis, que les citoyens des divers quartiers, veillant jour et nuit à travers tous les dangers à suivre la direction des boulets rouges dans la toiture des maisons, parvinrent à en arrêter les effets les jours suivants.

La familiarité que le citoyen et le soldat avait prise, dès le premier jour du bombardement avec l'essaim des boulets rouges lancés par l'ennemi, les avait rendus ingénieux sur les moyens d'en parer les ravages. Chaque rue avait, sur divers points de son étendue, des guetteurs qui, jour et nuit, observaient la direction des boulets. Ils suivaient à la piste au moment de leur chute, volaient promptement à leur découverte, et les éconduisaient, après les avoir noyés à outrance dans des vases plein d'eau.

(Relation officielle.)

On reconnaît aussi, d'après ce journal, que le service d'observation a été organisé dès le premier jour du bombardement.

Les coups dévastateurs des Autrichiens partent de trois grandes batteries placées à la droite, à la gauche et vers le centre de leur parallèle. Il faut que leurs bouches à feu, dont le nombre n'est pas très considérable, soient servies avec une prodigieuse activité.

L'hôpital militaire est considérab'ement endommagé. On en transporte les malades dans des quartiers plus tranquilles.

MARESCOT.

On voit qu'il y avait des parties de la ville que les projectiles n'atteignaient pas; et où par conséquent toutes les maisons, depuis les caves jusques et non compris les greniers, devaient être considérés comme d'excellents abris. Nous en excluons les greniers, parce que les toits de certains édifices pouvaient, malgré leur distance, recevoir des boulets rouges tirés sous un angle très élevé.

Le 1ᵉʳ octobre, le feu d'artillerie se soutient de part et d'autre. Les mêmes incendies, les mêmes malheurs se perpétuent. Les boulets incendiaires sifflent avec la même violence et volent dans toutes les parties de la ville. Les bombes continuent à faire jaillir en éclats les portes, les croisées, les toitures des maisons, les pavés des rues. La portée de ces projectiles ne s'étend pas au-delà du *Marché aux Poulets* et de la *place Rihour*.

Le général Lamarlière arrive avec six bataillons de volontaires nationaux et quelques canonniers de la garde nationale de Béthune.

Le 2 octobre, les batteries ennemies perdent un peu de leur activité.

On fait travailler aux fortifications et aux blindages, moins par nécessité, que pour occuper une foule de malheureux que le feu a mis sans pain et à qui les autres citoyens s'empressent d'offrir un asile.

Un bataillon de volontaires fédérés arrive dans la place.

Marescot.

Si les bombes, au lieu de venir seulement du côté de la *Noble-Tour*, fussent tombées de toutes parts dans la ville, nul citoyen n'eût pu faire de sa maison un refuge assuré. Alors seulement la mort eût plané sur toutes les têtes ; et cette nombreuse et turbulente population eût bientôt contraint son gouverneur à capituler, comme le général Ferrand fut forcé de le faire l'année suivante à Valenciennes.

Le 3 octobre, dès la pointe du jour, le feu de l'ennemi et le nôtre furent très vifs : les pompiers de la ville suffisaient à peine. Ce fut donc dans les transports d'une joie universelle que l'on vit arriver à la fois les pompes des villes de Béthune, Aire, Saint-Omer et Dunkerque.

Des secours en vivres et en défenseurs s'annonçaient de toutes parts, tant la courageuse résistance de Lille à un genre d'attaque aussi révoltant, donnait d'énergie aux habitants des villes contre l'oppresseur barbare du sol de la liberté !

(Relation officielle.)

La manœuvre ingénieuse des citoyens pour noyer les boulets rouges, a contribué plus que toute autre à en diminuer considérablement les ravages. Les bombes seules continuent d'avoir leur plein effet sur les quartiers qu'elles peuvent atteindre; heureusement elles commencent à manquer aux Autrichiens.

MARESCOT.

Le 4, l'ennemi avait moins tiré dans la nuit ; mais depuis huit heures du matin jusqu'à onze, il fit à la fois le feu le plus vif et le mieux soutenu de bombes, de boulets rouges et de boulets froids.

(Journal officiel.)

Deux bataillons de volontaires et un de troupes de ligne entrent dans la place.

MARESCOT.

Contre l'ordinaire des siéges, la garnison de Lille qui, dans les premiers jours des hostilités, n'était que de 6,000 hommes et 600 chevaux, s'élevait à 14,000 hommes au moment du départ des Autrichiens.

Quoique la place conserve deux portes libres, la cherté des subsistances commence à se faire sentir.

MARESCOT.

C'est un inconvénient dont souffriraient les villes bombardées si l'attaque se prolongeait; mais elle y sera généralement de peu de durée, et la famine n'y exercera pas de grands ravages.

Le 5, le feu de l'ennemi qui avait continué pendant la nuit, mais avec quelques intervalles de repos, parut moins vif dans la matinée. Il s'affaiblit sensiblement dans le reste de la journée, et l'on ne tirait plus que de quatre ou cinq pièces, toujours à boulets rouges, sans qu'il en résultât d'autres incendies graves.

(Relation officielle.)

Le conseil de guerre délibérait, à huit heures du matin, sur un projet de grande sortie qui fut repoussé. Les Autrichiens étaient trop bien retranchés pour qu'on pût les attaquer avec avantage. Le peu de succès des sorties précédentes n'était pas encourageant ; et d'ailleurs on craignait que la malveillance ne profitât du désordre d'une retraite, pour livrer une porte de la ville.

MARESCOT.

Le 6, l'ennemi qui n'avait tiré que par intervalles dans la nuit, répondit encore moins le jour à la vivacité de notre feu, il ne tirait plus que de quatre pièces à boulets rouges, et cessa entièrement après midi. L'armée autrichienne était en pleine retraite.

(Relation officielle.)

Le faubourg de Fives est incendié et rasé ; plus de sept cents maisons de la ville sont dévorées par les flammes ; un grand nombre d'autres sont criblées de coups, chancelantes et hors de service. Les incendies fument encore dans plusieurs quartiers ; celui de Saint-Sauveur n'est plus qu'un amas confus de décombres, où l'œil découvre à peine les formes des habitations.

MARESCOT.

Et quand on considère qu'une dévastation aussi terrible n'a été produite que par le tir pendant 140 heures de 12 mortiers et de 24 canons, que penser de ceux qui prétendent conclure de cet exemple même que les bombardements sont inefficaces?

Marescot nous apprend que l'on a été forcé de renoncer à secourir le quartier Saint-Sauveur, à cause de la grêle de bombes et de boulets que l'assiégeant y dirigeait pendant l'incendie (page 92) ; nous avons déjà vu (page 62) que le même motif obligea les braves soldats, défenseurs de Landau en 1702, à laisser brûler leurs propres casernes. Concluons-en que si les bombes n'eussent épargné aucun des quartiers de Lille, et eussent combiné leurs effets avec ceux des boulets rouges, il eût été impossible de s'opposer aux progrès des flammes ; et que les tenailles et baquets des Lillois, qui ne servirent que dans les quartiers situés en dehors de la portée des projectiles creux, se fussent trouvés sans emploi. La puissance destructive d'un bombardement bien fait, est donc irrésistible ; et il est de toute fausseté que les précautions les plus simples suffisent pour en atténuer les effets. Cela ne nous empêchera pas de conseiller l'emploi des mesures préservatrices dans une ville menacée. Seulement, nous ne compterons pas trop sur leur efficacité. Mais les pompes et les tenailles pourront toujours servir, comme à Lille, dans les parties de la ville où les bombes ne parviendraient pas

Le bombardement dont nous venons de rendre compte, n'a dû faire de victimes que les personnes qui s'étaient renfermées dans les caves, et d'autres imprudents qui traversèrent les rues balayées par les obus. D'Arçon en conclut d'une manière absolue, que les bombes ne nuisent qu'aux maisons et non pas aux personnes. Pour nous, qui savons que dès les premiers projectiles, le quartier Saint-Sauveur fut complète- ment évacué, et que les habitants se réfugièrent dans d'autres quartiers, où l'on circulait avec presque au- tant de sécurité que le lendemain du départ des Au- trichiens, nous ne tirerons pas de ce fait la même conséquence ; et nous dirons que les catastrophes se seraient multipliées, si les bombes eussent pénétré partout.

L'attaque ayant eu lieu au sud-est de la place, douze autres mortiers et une vingtaine de canons installés dans la région nord-ouest eussent produit ce résultat, et consommé la ruine de presque toute la ville ; mais le gouverneur eût évidemment cédé avant ce terme : ce supplément d'une trentaine de bouches à feu eût donc assuré le succès de l'ennemi.

Cette observation nous prouve que pour écraser
une forteresse, il n'est pas besoin d'accroître le
nombre des mortiers qui entrent dans un équipage
ordinaire de siége ; quoique le colonel Jones nous affirme qu'une opération de ce genre exige d'immenses
moyens en artillerie.

Nous avons donné quelques développements au récit de cette attaque, à cause du bruit qu'en ont fait
nos adversaires, et de l'importance qu'ils ont donnée à
la résistance des Lillois, qui fut glorifiée outre mesure par les journaux de l'époque. Mais ce n'est pas
à pareilles sources que les militaires doivent puiser
leurs convictions.

Le capitaine Marescot termine son récit par la
réflexion suivante pleine de vérité :

Dans les circonstances actuelles, la conduite exemplaire
des habitants de Lille a peut-être été décisive. Il est possible
qu'un moment de faiblesse eût entraîné le démembrement de
la France ; si cette grande ville eût ouvert ses portes, il eût
été à craindre que cet exemple donné par la plus forte place
de la frontière du nord, n'eût été que trop imité par les
autres.

Combien, en effet, les Autrichiens ont eu à se repentir d'avoir entrepris ce bombardement avec d'aussi
faibles ressources, et de l'avoir si maladroitement
poursuivi ! Cette gaucherie eut pour eux de très
graves conséquences. Elle a, comme nous le verrons

bientôt, servi de prétexte aux Français pour bombarder toutes leurs places dans les Pays-Bas, et les leur ravir avec une extrême facilité. Elle a prodigieusement contribué à exalter chez nous la fièvre révolutionnaire, et à nous inspirer de l'horreur pour les étrangers, que l'on nous dépeignait comme des cannibales. On peut dire que cette malencontreuse attaque ne deviendrait avantageuse à ceux qui l'ont entreprise, que dans le cas où nous nous laisserions persuader, par cet exemple, qu'il ne faut pas bombarder les villes de nos ennemis.

BOMBARDEMENT DE THIONVILLE

Par l'armée coalisée, en 1792.

A défaut de renseignements fournis sur cette opération par un militaire, nous empruntons textuellement les détails que l'on va lire, à l'*Histoire de Thionville par G.-S. Teissier, sous-préfet de l'arrondissement, Metz,* 1828.

Le siège de Thionville en 1792, a été, si l'on en croit la plupart des écrivains des guerres de la révolution, d'une part une attaque longue, acharnée et dans laquelle les lois de la guerre n'ont pas même été respectées ; d'autre part une défense opiniâtre, où l'on voit se développer dans une population irritée de ses désastres, les sentiments si vantés des guerriers de l'antiquité.

L'histoire de cette ville, écrite sous la dictée de témoins oculaires, ne peut copier les bulletins révolutionnaires dont on se servait pour exalter l'imagination du peuple. C'est assez que le prétendu incendie de Thionville, la destruction de ses remparts, la ruine de ses habitants aient été peints pour les Parisiens dans les bruyantes scènes des boulevarts; que des gravures aient fixé sur le papier ses épouvantables désastres; u'enfin une foule de compilateurs aient fait passer ces rêveries dans leurs écrits.

La vérité toute simple et tout entière est, qu'à la suite de ce siége, la ville n'avait pas une dégradation de cinquante francs; il n'y eut ni incendie, ni commencement d'incendie...

Au moment où l'armée coalisée opéra son mouvement pour envahir la France, le duc de Brunswick avait décidé de commencer par le siége de Thionville.

La reddition immédiate de Longwy et de Verdun fut, pour les alliés, le présage de celle de Thionville; et ce fut probablement cette opinion qui fit juger superflue une attaque dans les règles.

Après avoir complété l'investissement le 23 août, le général assiégeant attendit jusqu'au 5 septembre pour faire sommer la place; le conseil de guerre réuni aux corps administratifs, répondit *qu'à part toute opinion, un ensemble de gens d'honneur ne pouvait poser les armes sur des invitations qui n'étaient que des menaces.* Cette dernière phrase parut renfermer un sens profond; on l'interpréta, et l'on jugea au quartier général d'*Hettange-la-Grande*, que pour mettre à couvert la responsabilité des chefs militaires et civils, il fallait simuler une attaque de vive force, à la suite de laquelle ils pussent capituler. Dans la soirée du mercredi 5 septembre, *des bat-*

teries à découvert furent placées d'une part sur la hauteur qui domine le village de *Haute-Yütz* près de la chapelle *Hennequin*, de l'autre, près du hameau de *la Briquerie*. On commença à tirer à minuit vingt minutes; le feu cessa à la naissance du jour : l'artillerie des remparts rendit coup pour coup et démonta plusieurs pièces. Cette attaque si bruyante qui fit cacher les femmes et les enfants dans les plus profonds caveaux, ne coûta la vie à personne chez les assiégés; elle ne mit le feu nulle part. Néanmoins, si l'on en croit le général Wimpfen, gouverneur, dans ses premiers rapports officiels, la ville était foudroyée par une artillerie formidable de gros canons, d'obusiers et de mortiers; et les alliés entremêlaient leurs batteries de manière à envelopper la place de tous les genres de feu. Si l'on en croit nos historiens, les Thionvillois voyaient arriver les projectiles sans plus d'émotion que les joueurs ne reçoivent les balles de paume. *Le sang-froid des habitants était extrême au milieu d'une pluie de bombes et de feu; aucun incendie n'éclata malgré les nombreux artifices qui furent lancés sur Thionville; les habitants savaient éteindre si à-propos les mèches des bombes et des obus, qu'ils couraient peu de dangers.* (1).

L'aurore du 6 septembre arriva, alors cessa l'attaque.

Voilà ce siége exalté par M. de Jouy dans l'*Hermite en province*, et par tant d'autres qui ont puisé leurs matériaux dans les déclamations officielles dont la tribune de la convention retentissait. M. de Wimpfen, lui-même, avait aidé à cette renommée; plus tard il s'en repentit et il réduisit les évènements à ce qu'ils étaient en effet. *La ville a été bombardée*, disait-il, dans une lettre imprimée, adressée le 5 février 1793,

(1) Nouveau dictionnaire des siéges et batailles.

à Pache, ministre de la guerre, *mais durant deux heures et demie ; et pas une toise de toiture n'a été brûlée, pas un dégât de dix écus n'a affligé aucun propriétaire.*

On voit qu'il n'était pas rigoureusement nécessaire d'être du métier pour rendre compte de l'attaque de Thionville; il suffisait d'être homme de conscience; et tel était M. Teissier, connu personnellement de l'auteur de ce traité, lorsque cet administrateur exerçait les fonctions de sous-préfet à Saint-Etienne, avant d'être nommé à la préfecture de l'Aude. Il aimait les Thionvillois, au milieu desquels il a vécu longtemps; et leur en a donné la preuve en écrivant l'histoire de leur ville. Si ses anciens administrés eussent été des héros en 1792, il se serait plu à leur rendre cette justice: l'amour seul de la vérité l'a porté à tenir un autre langage.

Les folliculaires et les compilateurs ne sont pas les seuls qui aient présenté cet événement sous les plus fausses apparences. Des ingénieurs qui sont les oracles de la science, des officiers du plus grand mérite, qui ont le droit d'être crus sur parole, et qui, par cette raison, ne devraient jamais se permettre d'altérer la vérité dans l'intérêt d'un système, les d'Arçon, les Carnot, nous citent à l'envi l'affaire de Thionville comme exemple d'une résistance obstinée à un bombardement à outrance ; et ne manquent pas d'en conclure qu'il faut mépriser ce genre d'attaque. Nous demandons à nos lecteurs quel cas on doit faire d'une doctrine qui se base sur de pareilles erreurs. Nous voudrions croire qu'elles sont involontaires ; mais la haute position qu'occupaient ces ingénieurs, nous en fait sérieusement douter ; et il est bien difficile d'admettre qu'ils n'aient pas su la vérité sur le bombardement de Thionville.

ATTAQUE ET PRISE DE BREDA

Par les Français, en 1793.

Les détails suivants sont extraits d'une *note* relative à ce fait d'armes, par le colonel du génie Sénermont.

Le général Dumouriez supposa que la place de Breda, quoique bien armée, bien approvisionnée et bien défendue par une forte garnison, ne ferait pas une longue résistance. La faiblesse des moyens dont on pouvait disposer et le grand développement des fortifications, obligèrent les Français de réduire leurs batteries au nombre de deux, dont l'une d'obusiers, près du moulin de *Teringen,* pouvait porter les obus de plein fouet dans l'intérieur ; l'autre, assez près de la queue des glacis, était destinée à recevoir des mortiers qui projetteraient leurs bombes au centre même de la ville. Des maisons, des haies, des broussailles permettaient de communiquer avec ces points et d'y travailler sans y être aperçu.

Le 23 février, le général d'Arçon fit sommer la place; et sur son refus de capituler, donna l'ordre de commencer le feu. Comme l'approvisionnement en bombes et en mortiers n'était pas grand, on le régla de manière à le prolonger le plus possible.

Les deux batteries étant isolées, et exposées aux décharges de tout ce qu'une place d'une aussi vaste étendue peut réunir de pièces contre elles, essuyèrent un feu des plus terribles; cependant, comme elles avaient été construites avec des précautions et une solidité analogues à la circonstance, on fut assez heureux pour n'avoir que trois volontaires tués et un canonnier blessé : mais, entre quatre et cinq heures du soir, un obus de l'ennemi ayant mis le feu à une voiture de bombes chargées, les projectiles sautèrent, et la batterie cessa de tirer.

Afin de profiter du peu de munitions qui restaient, le général d'Arçon régla que le feu commencerait à deux heures après minuit; et que l'on mettrait assez d'intervalle entre les coups pour le faire durer jusqu'au jour, époque à laquelle on devait faire de nouvelles sommations à la place.

Les pourparlers s'établirent en effet dès le 24, et la capitulation fut signée le 25. Une quarantaine de maisons avaient été incendiées ou avaient beau-

coup souffert du bombardement ; et les habitants
commençaient à murmurer de la résistance que le
commandant de place paraissait vouloir faire. Le général Dumouriez arriva le 27 ; il était dans l'enthousiasme de la réussite d'une entreprise sur laquelle il
ne pouvait compter, malgré les intelligences qu'il
avait dans la Hollande et dans la ville même de
Breda.

Observations. — Les intelligences qu'un général
d'armée peut posséder dans une place, s'établissant
presque toujours avec des personnes qui appartiennent à la bourgeoisie, dont le rôle est très actif
dans un bombardement, on conçoit que les avantages
qui en peuvent résulter pour l'assiégeant, sont plus
grands dans le cas d'une tentative de ce genre, que
s'il s'agit d'une attaque méthodique, où tout se passe
entre la garnison et les soldats de l'armée de siége.

La prise de Breda appartient à cette classe d'opérations que Noiset Saint-Paul appelle les bombardements irréguliers. Cette affaire fut menée par d'Arçon avec une grande habileté. Il est à regretter que
le colonel Sénermont ne nous ait pas donné le relevé
de ce que nous y avons dépensé en hommes et en
munitions ; et en regard, l'état des prisonniers faits
et des approvisionnements trouvés dans la place ;
nous eussions eu sans doute une excellente occasion
de constater combien un bombardement est quel-

quefois économique sous tous rapports, quand on le compare à un siége. Toutefois, nous nous consolerons de cette omission, en songeant que dans le courant de ce chapitre, nous trouverons plus d'une fois le moyen de faire ce calcul.

SIÉGE DE VALENCIENNES

Par l'armée coalisée anglaise, hanovrienne et autrichienne en 1793.

Le colonel Jones s'exprime en ces termes sur la manière dont ce siége a été conduit :

Tout le monde sait qu'en 1793, lorsque le duc d'Yorck était sur le point d'assiéger Valenciennes, le colonel Moncrief, son ingénieur en chef, proposa un plan d'attaque qui fut regardé comme supérieur à celui qu'avait présenté le général Ferrari, ingénieur en chef autrichien ; mais à peine le colonel Moncrief eut-il commencé à mettre son projet à exécution, que l'on connut que les moyens de l'armée étaient si loin d'offrir ceux qui eussent été nécessaires, que l'on n'en put exécuter aucune partie sans le secours du matériel des Autrichiens ; et ceux-ci ne consentirent à le fournir qu'à la condition que leurs ingénieurs auraient la direction de l'attaque ; en sorte, que le général Ferrari substitua son projet à celui du colonel Moncrief.

Le siége de Valenciennes est donc une opération

autrichienne, qui ne fut pas conçue avec beaucoup plus d'intelligence que le bombardement de Lille.

Les trois ouvrages que nous avons consultés sur ce sujet et dont nous donnerons des extraits, sont intitulés : 1° *Précis de la défense de Valenciennes, par le général Ferrand, gouverneur de la place,* 1834 ; 2° *Relation de la défense de Valenciennes, par le général du génie Dembarrère;* 3° *Précis historique du siége de Valenciennes, par un soldat du bataillon de la Charente, en garnison dans cette ville, an* 2 *de la république.*

L'équipage de siége employé entre la place, était ainsi composé :

Canons . . . . $\left\{\begin{array}{ll} \text{de } 24 & . \ . \ 80 \\ \text{de } 18 & . \ . \ 40 \\ \text{de } 16 & . \ . \ \ 6 \\ \text{de } 12 & . \ . \ 40 \end{array}\right.$
Obusiers . . . . . . $\left\{\begin{array}{ll} \text{de } 16 \text{ cent.} & 16 \\ \text{de } 12 \ \ \text{id.} & 24 \end{array}\right.$
Mortiers et pierriers 126
$\left.\vphantom{\begin{array}{l} a \\ b \\ c \\ d \\ e \\ f \\ g \end{array}}\right\}$ 332 bouches à feu (1).

Quand on songe que douze mortiers ont suffi pour réduire en poussière une notable partie de la ville de Lille, après six jours de tir, il semble évident qu'avec un nombre de mortiers huit fois aussi considérable, il eût dû falloir beaucoup moins de temps

(1) Extrait du *Mémorial de Cormontaigne, sur la défense des places,* préface de Bousmard, note du colonel Augoyat.   . . .

pour détruire Valenciennes de fond en comble. Mais ces bouches à feu ne furent pas convenablement répparties autour de la place.

Le 14 juin, à quatre heures du soir, le duc d'Yorck, commandant l'armée assiégeante, fit sommer le gouverneur et la municipalité de se rendre, pour éviter les malheurs d'un siége et la ruine des habitants. Le général Ferrand répondit comme il le devait.

Les menaces du duc d'Yorck ne tardèrent pas à s'effectuer, nous dit le général Dembarrère ; vers les six heures du soir, des mortiers placés derrière une maison d'Anzin, lancèrent des bombes sur la partie de la ville qui avoisine la porte de Tournai ; mais on parvint à les démonter. Ensuite, des mortiers placés près de la maison *Demeau*, dirigèrent leur feu vers la rue de Cambrai ; ce n'était encore là que des préludes. La nuit du 17 au 18 juin, des batteries établies, tant sur les hauteurs du *Rouleux*, que du côté de *Sainte-Sauve* et *Marly* et à différents points des tranchées d'attaque, par la détonation subite d'un très grand nombre de bouches à feu, portèrent l'incendie et la désolation dans presque tous les quartiers de la ville.

Laissons maintenant parler le général Ferrand :

L'ennemi dirigea tout son feu de cette partie, tant sur la ville que sur les ouvrages de fortification ; et dans la nuit du 19 juin, 80 bouches à feu furent aussi placées sur les éminences du moulin du *Rouleux* et dans sa première parallèle.

Le feu continuel de cette formidable artillerie dura sans relâche jusqu'au 26 juillet; la moitié de la ville fut réduite en cendres, l'autre fut très endommagée.

Des différents corps composant la garnison, l'artillerie paraît être celui qui a le mieux fait son devoir, sauf la part que plusieurs canonniers prirent au désordre. Le génie se distingua peu dans sa résistance. L'infanterie contenait de bonnes et de mauvaises troupes; en somme elle agit assez mollement. On ne fit aucune sortie digne d'être mentionnée; et l'ennemi s'étant emparé de vive force d'un ouvrage à cornes, la ville se rendit à la suite d'une émeute moitié militaire, moitié bourgeoise, avant que la brèche au corps de place fût praticable. Il faut rendre au gouverneur la justice de reconnaître qu'il montra de l'énergie, et qu'il tira parti de son personnel. Néanmoins, sa conduite fut blâmée, et le comité de salut public le fit incarcérer après la capitulation. On ne doit pas dès-lors s'étonner que sa relation ait quelque chose d'apologétique; et que pour mieux faire valoir sa résistance, il cherche, par des artifices de style, à exagérer l'énergie de l'attaque. Il nous dit, par exemple, que le feu dura sans relâche du 19 juin au 26 juillet : le général Dembarrère nous affirme en même temps que le bombardement s'est étendu du 14 juin à cette même époque, c'est-à-dire 42 jours; mais nous qui n'avons

pas oublié les terribles ravages exercés à Lille par
douze mortiers, nous ne concevons qu'avec peine
comment on aurait pu prolonger aussi longtemps
l'action de moyens destructeurs, employés en si
grande masse (1). Il faudrait admettre, ou que les
Autrichiens étaient des insensés, ou bien encore (ce
qui est contraire à la vérité), que de la région des
attaques on ne pouvait découvrir aucun point de la
ville, ni juger de l'effet des projectiles incendiaires.

Le soldat (2) de la Charente est plus franc dans son
précis : il n'a pas les mêmes ménagements à garder,

(1) D'ailleurs, 80 mortiers tirant seulement 50 coups par jour,
eussent consommé dans quarante jours de bombardement,
160,000 bombes, résultat peu admissible, quand on pense qu'il a
fallu ajouter à cette consommation tous les boulets et les obus.

D'après le colonel Augoyat, il n'y eut en tout que 156,000 projectiles tirés contre la place.

(2) Au temps de la république, tout le monde dans l'armée se
glorifiait du titre de soldat; il ne faut donc pas prendre ici cette
désignation au pied de la lettre. L'auteur de cet intéressant précis, était sans doute un officier du bataillon. Il présidait la société patriotique de Valenciennes; et ses sentiments républicains
n'excluent pas une vive sympathie pour les habitants de cette
ville. Sa critique est spirituelle et inoffensive ; et s'il se plaint un
peu de la faiblesse du gouverneur, on sent qu'il pardonne au fond
de l'âme à ce vieux général, sa douceur si naturelle à l'égard
d'une population, au milieu de laquelle il avait vécu pendant
vingt années consécutives.

les mêmes intérêts à soutenir ; aussi nous donne-t-il le mot de l'énigme, en nous apprenant que le feu se ralentit beaucoup sur la ville depuis le 2 juillet.

La nuit du 4 au 5, ajoute-t-il, il n'y tomba que douze à quinze bombes et une vingtaine de boulets, mais le feu fut terrible sur les palissades.

C'est en effet alors, que les Autrichiens ayant consommé ce qu'ils destinaient au bombardement, et jugeant qu'ils n'obtiendraient plus rien par cette méthode, transformèrent leur opération en un siége régulier, qu'ils poussèrent très méthodiquement jusqu'à cet ouvrage à cornes dont nous avons parlé, et qu'ils enlevèrent de vive force et sans résistance en y faisant brèche par la mine.

Ainsi, le tir sur les édifices ne dura réellement que quinze jours, et c'était encore beaucoup trop avec le nombre de mortiers que possédait l'assiégeant : passé ce terme, on ne tira plus guère que sur les défenseurs.

Cette explication toute naturelle ne donne point de démenti à l'assertion du général Ferrand. Comme il a eu soin de nous prévenir que le feu était à la fois dirigé sur les maisons et sur les remparts, il n'altère aucunement la vérité, en prolongeant dans son récit l'action de ce feu jusqu'au 26 juillet : il confond,

comme on le voit, la durée du bombardement avec
celle du siége; c'est à nous à ne pas nous y laisser
prendre. Du reste, lui-même confirme ce changement de caractère des attaques par les détails suivants :

L'ennemi s'était déterminé à bombarder la place avec
tant d'acharnement, dans l'espoir que les réfugiés et les ha-
habitants m'obligeraient à la livrer promptement. Dans la
journée du 21 juin, une troupe de réfugiés s'étant rassemblés
sur la place d'Armes, se porta à la municipalité et demanda à
grands cris une capitulation. Les représentants du peuple et
moi, nous nous transportâmes au lieu de l'attroupement que
des menaces parvinrent à dissiper. Ma proclamation imposa
tellement aux rebelles, qu'ils se tinrent tranquilles jusqu'à la
malheureuse journée du 26 juillet.

L'ennemi, voyant son projet manqué, *prit le parti de faire
usage de procédés lents* dans sa conduite d'attaque, pendant laquelle nous lui avons fait perdre beaucoup de monde (1), et
quantité de bouches à feu furent mises hors de service par
notre artillerie.

Voici maintenant ce que dit sur le même sujet
l'ingénieur Dembarrère.

Tels furent les commencements d'un bombardement, le
plus long, le plus terrible, le plus destructeur qui ait jamais

(1) Ferrand évalue à vingt-cinq mille hommes la perte des
Autrichiens.

été fait. Une grande cité, naguère florissante par sa population et son commerce, foudroyée et tombant en ruines de toutes parts ; des habitants ensevelis sous les débris de leurs maisons, des familles éplorées désertant leurs foyers, allant s'enfuir et s'entasser dans quelques caveaux humides ; les troupes de la garnison en butte à la mort jusques dans leurs casernes, pendant les courts intervalles de repos ; partout des cadavres, des blessés et des malades : voilà le triste tableau qu'a présenté pendant longtemps l'intérieur de Valenciennes.

Mais reportons-nous au dehors pour suivre la marche progressive de l'ennemi. En vain espérait-il nous réduire par les effets d'une formidable artillerie employée de la manière la plus atroce; il fallut qu'en continuant toujours le bombardement et le tir à boulets rouges, il se déterminât aux procédés lents d'un siége en règle, pendant lequel nous lui fîmes éprouver une perte d'hommes très considérable.

Suivant le général Dembarrère, le bombardement aurait continué en même temps que le siége ; mais comme il ne nous dit pas que ce fut avec la même intensité, ce passage n'implique pas contradiction avec l'assertion du soldat de la Charente. Toutefois, nous remarquerons à la fin des deux citations précédentes, un aveu dont nous pourrons profiter ; c'est que la perte de l'ennemi ne fut grande qu'à partir du moment où le siége devint régulier.

Quoique l'ingénieur nous ait dit que la ville tombait en ruine de toutes parts ; nous avons vu dans la relation du gouverneur qu'une moitié seulement de

la ville fut réduite en cendres, l'autre très endommagée. Les bombes arrivaient dans la première moitié; les
boulets seuls, dans la seconde, qui par cette raison
présentait, surtout dans les bas étages, des abris très
sûrs. Le soldat de la Charente nous la décrit de cette
manière après la capitulation :

Je ne crois pas qu'il y ait une seule maison qui n'ait été
touchée par le boulet ; les bombes ont presque anéanti la
rue *de Mons, la place Verte* et tout le voisinage de *l'hôpital* et
du *munitionnaire*. Les rues *de Cardon, de Tournai, Saint-
Géry, de Cambrai,* les quartiers *du Béguinage* et *du Marché
aux poissons,* sont aussi extrêmement maltraités : en un mot,
la ville, vue de la plaine de Mons, présente dans les deux
tiers de sa circonférence un amas de maisons ouvertes ou
démolies ; tandis qu'elle paraît intacte sur le revers, c'est-à-
dire si on la regarde de la citadelle.

C'est précisément dans cette circonstance qu'il faut
voir le secret de la résistance prolongée de la place.
Tous les moyens d'attaque de l'ennemi se trouvant
concentrés à l'est et au sud-est de la ville, les bombes
n'ont exercé leurs terribles ravages que dans les quartiers adjacents, comme à Lille ; seulement à Valenciennes, la partie écrasée était un peu plus considérable. Les habitants, dès les premiers coups, se
réfugièrent en dehors de la portée des bombes, où des
logements leur furent donnés. Les trois narrateurs

sont d'accord pour nous dire que la garnison leur fit place sous les casemates de la citadelle. Ce n'était pas pure générosité :

C'était, dit le soldat de la Charente, le seul moyen d'éviter l'explosion de la douleur désespérée du peuple ; car l'existence des bourgeois dans leurs maisons, était intolérable sous la pluie des boulets et des bombes ; et ceux qui ont observé le mouvement des esprits, savent que *la multitude se serait plutôt jetée sur nos batteries, que de continuer à vivre encore quelques jours dans un pareil état.*

Les Autrichiens n'avaient donc pas si mal calculé, en bombardant la ville dans le but d'y déterminer une sédition. Mais ce qui fit manquer cette première attaque, c'est incontestablement la réunion de leurs efforts d'un seul côté. Si, au lieu de se tenir pour battus à Anzin, quand leurs huit mortiers y furent désemparés, ils y eussent établi une nouvelle et vigoureuse batterie à feux verticaux, soutenus par des canons pour contrebattre les ouvrages de la place et et de la citadelle, (et certes les moyens en hommes et en matériel ne leur manquaient pas pour le faire), aucun point de l'enceinte ne fût resté habitable ; et la population, en se jetant sur les batteries de l'assiégé, n'eût pas attendu quarante-trois jours de siége, pour contraindre le général Ferrand à capituler.

Nous pourrions borner à ce qui précède nos détails

sur le siége de Valenciennes; mais les Français ayant
été presque constamment agresseurs dans les exemples que nous aurons désormais à reproduire, l'occasion actuelle est la meilleure qui se présente pour
observer de près les effets physiques et moraux des
bombardements. Nous ne quitterons donc pas ce
sujet, sans jeter avec le soldat de la Charente, un
coup d'œil sur l'intérieur de la ville.

Le siége de Valenciennes ne fut pas seulement un choc de
la force étrangère contre la force nationale; ce fut dès le
commencement une lutte de passions, d'intérêts et d'opinions;
où nous vîmes d'un côté, l'esprit mercantile et bourgeois,
appuyé de l'autorité municipale; et de l'autre, le génie républicain et militaire, dirigé par des vues plus élevées d'intérêt national, ayant pour objet les lois et le devoir, lorsque
les autres ne considéraient que leurs dangers person-
nels...

Quoique le bombardement n'eût été que peu désastreux
les trois premiers jours, on s'attendait de la part des malheureux habitants à tout ce que peut inspirer la consternation et
le danger de ce que l'on a de plus cher. Une explosion im-
prévue et affreuse pouvait, à chaque minute, écraser toute une
famille sous les débris de la maison qu'elle habitait. Les patriotes, malgré leur résolution inébranlable de tenir ferme,
ne pouvaient pas être insensibles à une situation aussi déplorable; ils sentaient même combien la défense de la place
devenait difficile au milieu de la fermentation d'un peuple
aigri par le désespoir. Déjà, dès le 16 juin, il y avait eu un
rassemblement considérable de femmes que la cavalerie

avait dissipé : il se forma de nouveau le soir sous les auspices
de la municipalité ; et je vis avec inquiétude parmi ces
femmes, des hommes mornes et sombres; de ces âmes fortes
et sensibles, telles qu'on en trouve dans les masses du peuple, bons, mais terribles quand ils sont exaspérés : *Va*, disait
l'un d'eux à sa femme, les lèvres tremblantes et pâles, *s'il
t'arrive quelque chose, tu ne périras pas seule.* Il fut ordonné
aux hommes de rester à la porte ; et les femmes en entrant
se précipitèrent aux pieds des municipaux, les priant avec
larmes de prendre pitié de leur sort. Ceux-ci qui avaient ar-
rangé la scène, prirent alors un autre rôle, et adressèrent
cette multitude de femmes éplorées au général et aux commissaires qui étaient présents. Cochon répondit avec la douceur et la fermeté convenable; une de ces femmes lui dit alors
avec une douleur furieuse, comme si elle se fût adressée à
une divinité terrible : *Monsieur ! quand cesserez-vous donc
votre colère sur nous?* Paroles énergiques, sublimes même,
qui sont pour ceux qui ont une âme, le trait caractéristique
de ce tableau. On jugera par là que ce représentant portait
tout l'odieux des malheurs de Valenciennes... Aussi, dès les
premiers jours, il fut exposé à des violences ; et dans un attroupement, un homme lui porta sur la poitrine la pointe
de son sabre. *Faut-il*, disait-on, *pour un étranger, laisser perdre une ville toute entière ; pour un homme qui n'a ici ni femme,
ni enfants, ni propriétés, sacrifier les femmes, les enfants,
les propriétés de tant de citoyens !..*

Je n'entrerai pas dans le détail journalier du feu de l'ennemi, et des accidents multipliés qui arrivèrent dans la ville,
ainsi que de nos pertes. Il suffira de dire qu'on ne resta pas
une seule journée sans tirer, et que le repos était au plus de
six heures par jour, tant vers deux heures du matin qu'à

dîner et avant souper. Le tonnerre de tant de bouches à feu
répété par l'écho, l'élan majestueux et terrible des bombes,
le sifflement des boulets, mille éclairs qui sillonnaient le ciel,
tout cela formait, la nuit, sur la ville, une magnifique horreur, je veux dire un mouvement aussi imposant à l'œil et à
l'imagination, qu'il était déchirant pour l'âme. L'incendie
qui se manifestait en plusieurs endroits, ajoutait encore à
l'affreux intérêt de ce tableau. Alors on dirigeait sur ce
point un grand nombre de mortiers, et la maison se consumait sous une voûte de bombes... L'ennemi contemplait avec
joie les effets destructeurs et terribles de sa vengeance ; et à
chaque fois que le feu éclatait en ville, nous l'entendions des
palissades de la citadelle crier : *vivat, victoria, victoria !...*

Les incendies ne furent pas aussi fréquents que l'on avait
lieu de le craindre dans un bombardement aussi affreux. Il est
vrai que la bombe met rarement le feu; et la roche inflam-
mable que l'on y introduit souvent ne produit cet effet que
sur des matières très-combustibles et à défaut de tout secours.
Quant aux boulets, tous n'étaient pas chauffés à fond ; et
quoique leur séjour sur un plancher commençât à en char-
bonner le bois, je doute que sans une extrême négligence, ils
eussent pu mettre le feu à un bâtiment. Quoiqu'il en soit, c'est
un grand bonheur pour la ville que ce fléau ne se soit pas
joint à tant d'autres ; elle eût été infailliblement réduite en
cendres, vu l'état d'abandon où étaient la plupart des maisons
et le peu de secours que l'on parvenait à se procurer. Les
pompiers, quoique bien payés, ne marchaient qu'à grande
peine ; les officiers municipaux qu'on voulait envoyer pour
réprimer le désordre, s'y refusaient lâchement.... On finit par
commander des soldats pour aller éteindre les incendies. Plusieurs de ma connaissance y perdirent la vie. Ainsi cette brave

jeunesse, épuisée par le service militaire, après avoir bivoua-
qué sous un feu meurtrier, venait encore se sacrifier pour sauver la propriété d'un homme qui reposait en sûreté au fond
d'un souterrain, et qui peut-être méprisait le soldat.

Cessons de nous occuper de l'intérieur pour nous porter aux
remparts et aux palissades. Ce fut pour moi un spectacle bien
extraordinaire, quand j'allai en faire le tour après la fameuse
canonnade du 18, de voir le sol des bastions et des courtines
semé de boulets et criblé de trous de bombe. Le rempart
surtout, de *Cardon* jusqu'à *Poterne*, me parut un long cimetière dans lequel on aurait creusé des milliers de fosses. Ce
ravage m'inspira un sentiment profond de la puissance des
bouches à feu, sentiment qui n'était point affaibli par la vue
de plusieurs canons et mortiers ébréchés, renversés et même
brisés.

L'auteur raconte ensuite comment le mauvais
vouloir des habitants, leur connivence avec l'ennemi,
les fatigues de la garnison, l'inactivité de l'armée
française et la terreur d'un assaut, provoquèrent l'é-
meute qui détermina la reddition de la place. Nous
n'entrerons pas dans ces tristes détails qui nous
mèneraient trop loin; l'imagination du lecteur y
suppléera. Voici un seul trait du tableau qu'offrit la
ville après la capitulation, et en attendant l'arrrivée
des ennemis.

Les habitants nous donnèrent, les cinq jours suivants, le
spectacle de la contre-révolution. Le drapeau national fut ôté

du beffroi, l'arbre de la liberté coupé; les cavaliers bourgeois voltigeaient par les rues et les places, brillants, bien braves et surtout bien frais, après un séjour de quarante jours dans les caves. — Quand nous étions en présence sur la place, un plaisant de mon bataillon me demanda si je ne trouvais pas que cette cavalerie puait le moisi. L'épigramme leur fut promptement décochée, et ils sont les seuls qui n'en voulurent point rire.

S'il est vrai que les siéges en règle ménagent les habitants, comme le prétendent nos adversaires, ils conviendront du moins qu'il y a des villes dont la bourgeoisie ne vaut pas le sang des braves soldats immolés pour elle de part et d'autre.

BOMBARDEMENT DU FORT VAUBAN

Par les Autrichiens, en 1793.

—

C'est le commandant Chambarlhiac, depuis inspecteur général, et à cette époque, chef du génie dans la place, qui nous fournit les détails suivants, extraits du *Journal des événements arrivés au fort Vauban, depuis le blocus jusqu'à la reddition.*

Les Autrichiens, qui avaient ouvert la tranchée le mardi 5 novembre, étaient arrivés le 8 jusqu'à 400 mètres des chemins couverts du fort d'Alsace; et avaient établi, dans leur deuxième parallèle à cette distance, des batteries de canons, d'obusiers et de mortiers, qui commencèrent leur feu le 10 à la pointe du jour. En même temps, deux autres batteries de mortiers, sur la rive droite du Rhin envoyaient du côté opposé leurs projectiles dans la place.

Le feu fut très vif de part et d'autre; l'hôpital militaire fut le premier bâtiment embrasé; on l'avait évacué depuis quelque temps, et ce fut en vain que l'on tenta d'y porter des secours.

Des incendies se déclarèrent ensuite dans la ville : les citoyens firent d'abord quelques efforts pour les éteindre, mais la construction des maisons bâties totalement en bois, ne permit pas d'en sauver une seule. Toutes furent abandonnées aux flammes, à quelques-unes près, situées aux environs de l'église paroissiale, que l'ennemi avait ménagée.

Plusieurs fois le feu prit aux casernes; mais le 37ᵉ régiment parvint à l'éteindre et à préserver le fort d'un incendie général qui eût fait périr tout le monde dans des souterrains dont les avenues fussent devenues impraticables. Bientôt les habitants, au nombre de douze cents, se virent sans ressources à mesure que le feu les gagnait; ils n'avaient plus de provisions; on les reçut en très grande partie dans les casemates du fort avec leurs enfants, et le conseil de guerre fut obligé de pourvoir à leur nourriture. Cela dura jusqu'à la reddition de la place.

Le 13 novembre au soir, après trois jours de feu et huit jours de tranchée ouverte; le conseil de défense prit la détermination de capituler. Il se basa sur ce que les bouches à feu des cavaliers étaient démontées par les bombes, sur l'épuisement des vivres militaires dont la consommation s'était accrue de celle des habitants, sur la crainte que l'on éprouvait d'une double escalade à laquelle la garnison ne pouvait résister, et qui eût exposé tout le monde à être passé au fil de l'épée.

Quoique l'assiégeant ait tiré douze mille coups de canons sur la place, ce n'est pas ce qui a fait le plus grand mal à notre artillerie : ce sont les bombes et obus qui ont été tirés au nombre de onze mille, qui ont démonté nos pièces ; et nous ne pouvions faire taire ces mêmes batteries qu'avec le feu de nos mortiers, dont quatre avaient été démontés et le reste tirait mal et sans produire d'effet. Nous avons donc été obligés, malgré nos efforts, de nous laisser brûler sans pouvoir l'empêcher en aucune manière.

La garnison n'était que de 3,270 hommes ; pour faire des sorties, il en eût fallu 6,000 avec deux escadrons de cavalerie.

Observations : 1° Avec des hommes, des vivres et des munitions, le fort eût certainement pu braver les coups des Autrichiens jusqu'à l'entier épuisement des projectiles destinés à l'écraser, et les obliger à continuer des approches régulières, comme à Valenciennes. C'est la plus mauvaise chance qui puisse arriver à un bombardement; et pourtant, quand cette transformation a lieu, la ville et la garnison ayant déjà beaucoup souffert, il ne serait pas exact de dire que les jours du bombardement ont été perdus pour l'attaque.

2° Dans une petite place, les habitants sont quelquefois obligés de subir un bombardement jusqu'à ses dernières conséquences; heureux quand ils peuvent trouver des abris sous les casemates. Toutefois, avant de songer à les recevoir dans les siennes, le gouverneur du fort Vauban eût dû tenir la main à ce qu'ils y portassent leurs provisions; et cette précaution eût été d'autant plus nécessaire à prendre dès les premiers travaux de l'ennemi, que les maisons en bois qui renfermaient ces vivres, ne pouvaient offrir une longue résistance aux incendies.

SIÉGE DE MAYENCE

Par les Prussiens et les Autrichiens en 1793.

———

Il n'existe malheureusement aucun renseignement

précis sur cette défense, si honorable pour les Français. Vers la fin de la Restauration, époque à laquelle le maréchal Gouvion-Saint-Cyr fit paraître ses mémoires, on ne connaissait sur cet événement militaire d'autres détails que ceux fournis par le général Doyré, et qui sont tellement incomplets, que les auteurs de la collection des siéges ont dû, pour suppléer à tout ce qui manque, recourir à la relation d'un adjudant-général prussien.

Dans son instruction aux gouverneurs des places, le ministre de la guerre, Bernadotte, cite cette défense comme un exemple de la résistance que l'on doit opposer aux bombardements. Voici les raisons qui ont dû rendre cette résistance possible, facile même aux troupes et à la bourgeoisie :

1° La garnison était de 23,000 hommes, bien plus que suffisante pour contenir une agglomération de 27,000 habitants de tout âge et de tout sexe;

2° Cette population n'était pas française.

Nous avons déjà eu l'occasion de remarquer que l'on se gêne beaucoup moins avec des étrangers qu'avec les siens; et telle plainte qui produirait sur nous une vive impression, si elle nous était adressée par l'organe d'un compatriote, ne sera seulement pas écoutée quand elle nous viendra d'un ennemi que nous traitons en vaincu, surtout quand nous nous trouvons en force chez lui. Dès l'origine, d'ailleurs, le gouverneur aura sans doute pris toutes les précautions qui sont recommandées par les auteurs de traités de fortifications, et chassé sans pitié les méchants et les vagabonds ; on peut même toujours, dans une ville ennemie, aller sur ce point au-delà de ce qu'exige la prudence.

3° Les batteries de mortiers, toutes placées dans la région des attaques, ne pouvaient agir que sur les édifices d'un seul quartier ; on était donc en sûreté dans le reste de la ville, dont les hauts étages offraient seulement quelque prise aux boulets ;

4° La ville ayant capitulé faute de vivres avant le commencement du feu de la deuxième parallèle, les coups partaient de la première, qui avait été tracée à mille mètres environ de la crète du glacis du camp retranché; sans doute à cause de la terreur que les sorties multipliées de la garnison avaient inspirée aux assiégeants. La distance entre cette crète et les premières maisons de la ville se rapprochant aussi de mille mètres, on peut considérer la presque totalité des édifices comme à peu près en dehors de la portée des bombes, et croire que les ennemis avaient choisi ce point d'attaque avec le dessein bien arrêté de ménager leurs compatriotes ; cette conjecture est d'autant plus probable, qu'il n'est point question, dans

les récits, de boulets rouges tirés contre la place (1).
Le bombardement se serait donc restreint aux défenses, comme dans le cas d'un siége régulier: et les
souffrances des Mayençais n'auraient été, dans cette
circonstance, que celles qui accompagnent le blocus;
mais qui pèsent sur tous et n'en sont que plus cruelles.

Le maréchal Gouvion-Saint-Cyr fait les réflexions
suivantes sur la reddition de la place :

La garnison de Mayence manquait d'une partie des provisions de bouche qui lui étaient nécessaires ; mais elle avait
encore du pain, et à la rigueur, elle pouvait se défendre quelque temps de plus. Il n'y a pas de doute qu'elle l'eût fait,
pour peu qu'elle eût eu l'espoir d'être secourue ; mais elle ne
fut point prévenue de la marche des armées françaises pour la
délivrer ; elle craignit d'être obligée de se rendre quelque
temps plus tard à discrétion. L'ennemi, qui connaissait les
mouvements des Français, en fut effrayé ; il s'empressa d'accepter les conditions que la garnison lui proposait, dans la
la persuasion qu'elle ne serait jamais secourue; et la capitulation fut signée le 24 juillet.

(1)« On comptait, dit l'historien Manso, jusqu'à quarante maisons détruites de fond en comble, une vingtaine entièrement rui-
nées dans leur intérieur; et il n'en resta en général qu'un petit
nombre d'intactes. »

Ces soixante maisons écrasées dans un si long siége prouvent
suffisamment que les bombes ne tombaient pas sur toute la
ville.

Je ne puis m'empêcher d'observer que nos lois actuelles interdisent aux commandants des places de céder à de semblables considérations; et que la crainte de s'exposer à se rendre à discrétion ou seulement prisonniers de guerre, n'est plus pour eux un motif suffisant de capituler, tant qu'ils n'éprouvent pas le manque absolu de vivres et de munitions. On a vu, par un grand nombre d'exemples, combien il était nécessaire d'imposer aux commandants ce devoir rigoureux, de la stricte observation duquel a dépendu souvent le sort d'une campagne.

C'est par cette dernière raison que les moyens les plus rapides de réduction pour les places nous paraissent devoir être pris en très sérieuse considération par les généraux en chef.

BLOCUS ET BOMBARDEMENT DE LANDAU

Par les Autrichiens et les Prussiens, en 1793.

—

Lille, Thionville et Landau; voilà les trois exemples que nous mettent sans cesse en avant ceux qui veulent nous prouver qu'avec un peu d'énergie, la garnison et les habitants d'une ville pourront toujours annuler l'effet des bombes. Les personnes qui ont admis ces faits comme preuves, sans les vérifier,

n'ont pas assez remarqué qu'ils datent d'une époque
de troubles, dans laquelle les partis extrêmes, pour
se maintenir au pouvoir et soulever les passions populaires, ne se faisaient souvent aucun scrupule d'appeler à leur aide le mensonge et l'exagération. Déjà
nous avons réduit à sa juste valeur le terrible bombardement de Thionville ; celui de Lille nous a fait
voir des hommes dévoués, observant et noyant les
boulets rouges lancés par vingt-quatre canons ; mais
seulement toutes les fois que ces boulets tombaient
en dehors de la portée des bombes ; ce qui ne prouve
pas le moins du monde que les bombardements soient
inoffensifs. Malheureusement, nous ne possédons sur
Landau aucun renseignement assez précis pour pouvoir affirmer, avec une égale conviction, que le bombardement de cette place ne fut pas aussi furieux que
l'on a bien voulu nous le dire. Les officiers du génie
ne valaient pas alors ceux que plus tard l'expérience
de la guerre a formés ; mais quand bien même la
place de Landau eût été favorisée sous ce rapport,
quand même elle eût possédé dans ses murs un ingénieur très habile et capable de diriger la défense, il
n'est pas certain qu'il eût pu faire entendre sa voix
au milieu de l'indiscipline qui régnait parmi les troupes, et des divisions intérieures qui, plus que le feu
de l'ennemi, mirent la place à deux doigts de sa
perte.

Le témoin oculaire auquel nous empruntons le peu de détails que nous allons donner, est auteur d'un *Précis historique du blocus de Landau*, imprimé à Gertruydemberg en 1802. Il ne se nomme pas; mais il prend si bien la défense de tout ce qu'a fait le représentant Dentzel d'un bout à l'autre du blocus, qu'il est difficile de croire que ce ne soit pas le représentant lui-même. Quoi qu'il en soit, ce Dentzel avait son parti dans la ville; et luttait, comme membre de la Convention, d'influence et d'autorité avec le général Laubadère, commandant de la place.

Landau fut investie le 25 juillet, aussitôt après la reddition de Mayence; le blocus n'en fut levé que le 26 décembre. La discorde éclata dès les premiers jours entre les chefs, et dut évidemment nuire aux mesures nécessaires pour une bonne défense. Nous n'entrerons pas dans ces misérables détails, qui ne prouvent que trop le peu de valeur morale et la grossièreté des hommes de cette époque. Instruit de ces intrigues, l'ennemi bombarda la place pendant toute la journée du 13 octobre. Le *Précis* affirme qu'aucune précaution n'avait été prise pour obvier aux accidents trop ordinaires en pareil cas, et qui probablement ne furent pas très graves en cette circonstance, puisqu'il n'en est pas question. Le commandant voulut faire sortir les bouches inutiles; mais une émeute de femmes l'obligea de révoquer cette mesure.

Dans la nuit du 27 au 28 octobre, le bombardement recommença. Il dura cette fois quatre jours et quatre nuits, presque sans discontinuité et avec une violence sans exemple. On a évalué à 25,000 bombes, obus, grenades, pots à feu et boulets le nombre de ceux qui tombèrent dans la place et dans les fortifications. Le feu de l'ennemi commit de grands ravages ; et outre beaucoup de maisons détruites et endommagées, plusieurs magasins de la république furent la proie des flammes.

Comme nous ignorons la position et la distance des batteries, nous ne pouvons dire si les projectiles couvraient la ville ou s'ils ne tombaient que sur un des quartiers. Ce qui nous rend cette dernière conjecture plus probable, c'est l'anecdote suivante que rapporte l'auteur du *Précis*, sur un des chefs de la place.

Peu de jours après la seconde attaque, Treich étant entré dans le bureau de l'état-major de Laubadère, et ayant su par un écrivain dont il s'était approché qu'il faisait l'état des habitants tués et blessés dans le bombardement, lui demanda combien il y en avait. *Pas beaucoup*, répond l'écrivain. — *On voit qu'il n'y en aura jamais assez*, réplique l'atroce interlocuteur. Ce trait, digne de Néron, peint à lui seul l'âme et le caractère du patriote Treich.

Nous ne mentionnons ce fait que pour prouver que le feu de l'ennemi avait fait peu de victimes (1); mais

(1) D'Arçon le reconnaît de son côté dans l'article que nous avons cité, page 18.

comme beaucoup de maisons furent détruites, il est probable que les bombes n'écrasèrent qu'une partie de la ville, et que les habitants s'empressèrent de fuir les quartiers endommagés. Il n'y a donc dans tout cela rien qui doive couvrir de gloire la population de Landau; et si l'on en croit l'auteur du *Précis*, le rôle de la garnison fut à peu près nul dans la défense; en sorte que, malgré tous les éloges des journalistes et des ingénieurs, elle n'a point fait oublier la belle résistance de 1702.

SIÉGE DE LYON

Par les Français, en 1793.

—

L'auteur de l'ouvrage (1) auquel nous empruntons les détails que l'on va lire, écrivait sous l'influence de l'indignation que lui inspiraient les crimes impunis des jacobins dans sa ville natale, et de l'admiration pour l'héroïsme de ses défenseurs. On ne trouvera peut-être pas qu'il réunit toutes les conditions d'impartialité nécessaires pour être cru sans réserve. Quoi qu'il en soit, nous en extrayons divers passages relatifs au sujet qui nous occupe.

(1) *Histoire du siége de Lyon, Paris an* 5.

L'investissement de la place s'opéra sans aucune résistance de la part des habitants, qui ne voulaient pas faire feu les premiers. Cette opération était terminée vers le 8 août. La première sommation fut faite le 14. Les représentants, Dubois-Crancé et Gauthier, firent venir leur artillerie de Grenoble, et comme le bombardement essayé de *la Pape* ne pouvait franchir les distances, on fit passer dans la plaine *des Brotteaux* (1) quatre mortiers et quatre pièce de 16. Suivant l'ordre donné, les mortiers furent placés vers *la Guillotière*, en face des deux hôpitaux, et les canons furent braqués près des deux autres déjà établis en face du beau quartier *Saint-Clair*, pour le cribler de boulets rouges.

Le 21, la ville fut sommée de nouveau et prévenue du sort qui la menaçait; et le 22, à onze heures du soir, les batteries ouvrirent leur feu, qui se continua dans la nuit : l'incendie s'y manifesta en plusieurs endroits, mais l'activité des assiégés en arrêta les progrès, et ils ripostèrent contre la Guillotière par plus de 1,500 coups de canon, qui y mirent le feu.

Ce n'est pas, ajoute l'auteur, que les premiers ins-

(1) Le pont de la Guillotière qui séparait les batteries des édifices a plus de 500 mètres de longueur.

Les mortiers devaient donc être à 600 mètres environ des premières maisons.

tants de cet affreux spectacle, si nouveau pour Lyon, n'y eussent causé quelque impression de tristesse et d'effroi, mais ces sentiments furent bientôt dissipés dans l'agitation qu'exigeait la nécessité de se préserver du feu ennemi. L'habitude qu'en donnèrent les assiégeants finit par être si hardie parmi les assiégés, que les femmes elles-mêmes se chargèrent d'observer la projection des bombes et d'en annoncer la direction et la chûte.

Observation. Dans leur empressement de dévaster cette grande ville, les représentants n'eurent pas la patience d'attendre l'arrivée de tout leur matériel, et commencèrent à agir d'un seul côté de la ville et avec un trop petit nombre de bouches à feu pour produire un effet décisif. Les incendies ne pouvaient pas se multiplier, et l'on n'avait pas assez de bombes pour y rendre les secours impossibles. Dans ces circonstances, une population déterminée peut se familiariser avec leurs effets. Nous croyons donc pouvoir conclure que le bombardement de Lyon fut très maladroitement entamé.

Les effets de ce premier bombardement restèrent si fort au-dessous des désirs de Dubois et Gauthier, qu'ils n'osèrent pas tenter en même temps l'attaque projetée sur *la Croix-Rousse.* Ils résolurent de recommencer le 24 avec plus de chaleur; et dès quatre heures de l'après-midi, les canons se remirent à vomir le fer embrasé contre le superbe quartier *Saint-Clair*;

et vers dix heures les bombes volèrent de nouveau sur les plus beaux édifices publics et particuliers, vers lesquels elles étaient appelées par les signaux nocturnes que faisaient les traîtres restés dans la ville. Malgré ces indices et la chaleur des batteries ennemies, les suites du bombardement eussent été peu funestes, si ces traîtres n'avaient eux-mêmes mis le feu aux bâtiments qu'elles ne parvenaient point à incendier. Ce fut par eux que s'embrasa l'arsenal où se trouvaient des munitions de toute espèce et quantité de fusils. Les bombes l'atteignaient à peine, lorsque tout à coup une terrible explosion fit sauter les quatre immenses magasins dont il était composé. Des mèches furent mises en même temps par les incendiaires aux maisons d'alentour, ainsi qu'à des entrepôts énormes de fourrages qui se trouvaient aux environs. Cent dix-sept corps de logis étaient la proie des flammes. Cette nuit fatale était éclairée par des tourbillons de feu qui la transformaient en un jour épouvantable. Les représentants évaluent la perte à 200 millions, *parce qu'un tiers de la ville est déjà la proie des flammes. Deux mille personnes,* ajoutent-ils, *ont péri par le feu et les décombres.* (Lettre à la Convention du 25). Non seulement les Lyonnais ne purent arrêter les progrès de l'incendie de l'arsenal et de ses environs; mais ils ne réussirent point, dans une trop faible sortie, à renverser les batteries du bombardement, et ils furent forcés dans leur retranchement de *la Croix-Rousse.*

Dubois et Gauthier adressèrent au peuple une troisième sommation ; et les présidents des sections, effrayés des dégâts du siége, leur répondirent en proposant une nomination respective de commissaires pour traiter de la paix. Mais les représentants refusèrent de traiter avec des autorités qu'ils appelaient illégales, et le bombardement reprit avec plus de fureur qu'auparavant.

Déjà les boulets rouges avaient été lancés en telle quantité contre les maisons, que les canons n'étaient plus en état de continuer ce service ; et ce fut parce qu'ils en avaient trop souffert, que l'ennemi en revint aux boulets froids. Mais il ne cessa jour et nuit d'en cribler la ville : à peine sur vingt-quatre heures en prenait-il trois de relâche ; ses mortiers et ses obusiers tiraient aussi sans interruption, On se vantait auprès de la Convention *d'avoir déjà fait brûler trois cents maisons.* Le feu prit quarante-sept fois dans une nuit au grand hôpital bâti par Soufflot, et le peuple lyonnais éteignit constamment la flamme, malgré les décharges à mitraille par lesquelles on s'efforçait de l'en empêcher.

Observation. Ces décharges devaient être inefficaces à une aussi grande distance.

Les bombes et les boulets y étaient jetés avec encore plus d'acharnement que dans aucun autre endroit de la ville : les rangs de malades en étaient renversés, écrasés. Il fallut les transporter ailleurs, pour les soustraire à la mort qui pleuvait sur eux ou les moissonnait dans tous les sens. Cette rage inexplicable contre un asile aussi précieux au peuple, contribua plus que toute autre cause à l'exaspérer. L'acharnement à ravir à l'indigence souffrante cette dernière ressource, encouragea le plébéien le plus pauvre à combattre avec ardeur aux côtés du plus riche patricien. Tous défendaient leur propriété, car le peuple voyait la sienne dans la maison des malheureux et des pauvres.

Observation. Cette réflexion nous paraît être juste, et nous avons déjà eu occasion de la présenter en ré-

futant le principe émis sur les bombardements par
Noiset-Saint-Paul. Les assiégeants eussent sans doute
mieux fait de disposer ailleurs leurs mortiers, dont
les projectiles tombaient principalement sur l'hôpital,
parce que c'était le point le plus rapproché de la
batterie.

Les moyens en artillerie augmentaient. Vaubois, qui commandait l'armée, recevait encore seize pièces de gros calibre
et dix nouveaux mortiers ; et bientôt les Lyonnais se virent
obligés d'abandonner tous leurs postes éloignés et de se concentrer dans la ville.

Malgré cette chaleur de leurs batteries, qui avait fait éclater
même des mortiers, les assiégeants n'avaient encore pu réali-
ser leur vœu de réduire Lyon en cendres. Malgré le plus affreux bombardement qui y faisait pleuvoir neuf bombes à la
fois, en même temps que vingt canons le criblaient sans relâche de toutes parts, les assiégés n'étaient point ébranlés.
Cinq cents bombes et mille boulets rouges lancés dans la seule
nuit du 7 au 8 septembre laissaient encore à Dubois et à Gauthier le regret de n'avoir pas occasionné d'assez grands ravar-
ges. *Les quartiers exposés au bombardement,* disaient-ils, *sont
démeublés; les boiseries même et les fenêtres en ont été enlevées ; il
ne reste que les charpentes, sur lesquelles cinq à six mille pompiers
travaillent constamment.* Et dans une autre lettre ils s'écriaient:
*Le feu de l'artillerie a beau ne discontinuer ni jour ni nuit, il ne
brûle pas, il écrase seulement ; dès que l'incendie se manifeste, il
est éteint aussitôt.*

Nous lisons, dans ces aveux, la preuve que les

moyens des assiégeants, en artillerie, étaient insuffisants et mal combinés, puisqu'il existait des quartiers
qui n'avaient pas à redouter les projectiles : la population s'y était réfugiée et avait complétement abandonné les autres, où elle ne se tenait que pour éteindre les incendies. Ce travail ne pouvait être entravé
par le peu de mortiers que possédait l'armée de la
Convention; et par cette double raison, le bombardement devait traîner en longueur. Aussi, l'épuisement, la fatigue, le désespoir, furent les causes qui
déterminèrent la capitulation de la ville le 9 octobre,
avant l'ouverture de la brèche et aucune tentative
d'escalade des remparts.

La défense de Lyon est un bel exemple à citer ;
mais, dans notre siècle, on aurait tort de compter, en
général, sur un pareil degré d'énergie. Les chefs de la
ville connaissaient bien assez le gouvernement de la
terreur pour croire qu'ils n'en devaient attendre aucune
indulgence; aussi leur résistance fut désespérée; et l'on
sait qu'au moment de la capitulation, une colonne de
quinze cents Lyonnais, commandée par Précy, sortit
par la porte de *Vaise* avec l'intention de gagner la frontière ; mais, traqués par les soldats et les paysans des
environs, ils furent presque tous massacrés.

Lyon a reçu, pendant le siège, 27,691 bombes,
11,674 boulets, 4,641 obus. On a consommé contre
la ville 5,377 cartouches à balles et 826,136 cartou-

ches à fusil. Malgré tout cela, le marteau de Couthon a démoli encore plus de maisons que les projectiles, dont l'action se bornait à certains quartiers.

SIÉGE DE TOULON

Par les Français en 1793.

Nous allons ici donner quelques détails sur la prise d'une place qui fut réduite, non par des moyens incendiaires, mais par la crainte de l'emploi de ces moyens. Il est vrai que l'armée qui la défendait devait en sortir par mer; et l'on sait combien les vaisseaux redoutent les bombes et les obus.

La rade intérieure de Toulon, dite *petite rade*, est un bassin à peu-près elliptique dont le grand arc s'étendant de l'est à l'ouest a quatre kilomètres de longueur, et le petit arc est d'un kilomètre seulement : au nord-est de ce bassin, la ville de Toulon s'étend en amphitéâtre. La *grande rade*, au sud de la petite, est le canal qui la met en communication avec la mer; et ces deux rades sont séparées par un détroit de six cents mètres de large, compris entre les points de la *grosse tour* à l'est et de l'*Éguillette* au couchant. Les

forts construits en ces points, croisent leur feu, pour
défendre la passe.

Indépendamment de son enceinte continue, la place
de Toulon est, comme nos autres grands ports militaires, entourée d'une ceinture de forts qui la mettent
à l'abri des bombardements immédiats. On a occupé,
pour cet objet, le sommet de plusieurs collines qui
l'environnent, et les ressauts du *Faron*, âpre montagne qui domine la ville au nord. Le principal fort
de droite est le fort *Lamalgue* protégeant toutes les
batteries de la grande rade jusqu'au *cap Brun*, puis les
forts d'*Artigues*, de *Ste.-Catherine*, le fort *Faron* au
nord, le fort des *Pomets* et les deux redoutes *St.-An-
toine*; à l'ouest, la redoute importante de *Malbousquet*
et ses dépendances.

La mort de Louis XVI et la proscription des Giron-
dins, avaient rallié les royalistes et les fédérés du midi
dans une haine commune contre le parti jacobin qui
régnait alors en France. Ils appelèrent les Anglais à
leur secours, et leur livrèrent la place. Le drapeau
blanc flotta sur tous les forts occupés par une armée
étrangère composée d'Anglais, d'Espagnols et de Napolitains qui s'etendaient jusqu'au village de *Saint-
Nizaire*.

Après avoir rétabli l'autorité de la Convention à
Marseille, le général républicain Carteaux se dirigea
sur Toulon. Il parvint à repousser les ennemis au-delà

des gorges d'*Ollioules*. Dans un combat qui eut lieu
sur ce point, le chef de bataillon Dommartin ayant été
grièvement blessé, ne put prendre aucune part à l'o-
pération du siége ; il commandait l'artillerie. Ce corps
se trouvait alors dans un grand état de désorganisation.
Presque tous ses chefs ayant émigré, il avait fallu
nommer officiers supérieurs et capitaines les sergents
et caporaux, qui n'étaient généralement pas à la hauteur de leur position; et qui avaient un rôle d'autant
plus difficile à remplir, que la discipline était naturellement fort relâchée dans une armée où l'insubor-
dination était en honneur, et qui entendait sans
cesse glorifier la défection des Gardes françaises en
1789. (1)

Auprès du général Carteaux, se trouvaient, dit le maréchal duc de Bellune, les deux représentants Gasparin et Sali-
cetti qui étant loin de partager la présomption du chef,
regrettaient d'autant plus l'absence de Dommartin , qu'ils ne
savaient par qui le remplacer ; leur embarras était cruel... La

(1) Cependant l'autorité despotique ne tenait aucun compte
aux officiers des difficultés avec lesquels ils se trouvaient aux
prises. Le représentant Saint-Just fit fusiller dans la tranchée ,
devant Charleroi, un capitaine d'artillerie nommé Méras, que
l'on accusait de quelque négligence dans la construction d'une
batterie. C'était pourtant, ajoute Marescot , un excellent sujet.

providence, à laquelle ils ne croyaient point, leur vint en aide. (1)

Le chef de bataillon d'artillerie Bonaparte arriva au camp porteur d'un ordre du comité de salut public, qui le nommait commandant de l'artillerie du siége. Ce fut là l'origine de la fortune militaire de ce grand homme. Il n'entre pas dans notre plan de raconter tout ce qu'il eut à souffrir de l'ignorance et de la lâcheté des généraux républicains Carteaux et Doppet; et nous ne remonterons qu'à l'arrivée de Dugommier. Mais nous allons voir le jeune Bonaparte luttant, avec toute la persistance du génie, contre un projet de siége méthodique envoyé de Paris. Voici ce que nous en dit le maréchal Victor, qui commandait alors un bataillon de volontaires.

Un ingénieur de réputation, Michaud d'Arçon, consulté sur les moyens qu'il faudrait réunir contre cette place, avait déclaré qu'un siége pareil exigerait 150,000 hommes de troupes, 150 pièces de 24, 40 mortiers, etc. Le calcul était passablement exagéré; mais il n'en était pas moins vrai que sans renforts considérables et de toute espèce, il serait impossible de réduire Toulon.

Ecoutons maintenant les détails que nous donne sur ce point Napoléon lui-même, dans les *mémoires*

(1) Extraits de mémoires inédits, Paris, 1846.

écrits à Sainte-Hélène, sous sa dictée, par les généraux Gourgaud et Montholon.

Le comité de salut public envoya des plans et des instructions relatifs à la conduite du siége. Ils avaient été rédigés au comité des fortifications par le général du génie d'Arçon, officier d'un grand mérite. Un conseil fut réuni le 15 octobre sous la présidence de Gasparin, représentant, homme sage, éclairé et qui avait servi ; on y lut les instructions envoyées de Paris.

Le général d'Arçon supposait l'armée forte de 60,000 hommes et abondamment fournie de tout le matériel nécessaire. Il voulait qu'elle s'emparât d'abord de la montagne et du fort *Faron*, des forts *Rouge* et *Blanc*, de celui de *Ste-Catherine;* et qu'ensuite elle ouvrît la tranchée sur les fronts du milieu de l'enceinte de Toulon, négligeant également les forts de *la Malgue* et de *Malbousquet*.

Le commandant d'artillerie qui depuis un mois avait reconnu exactement le terrain, qui en connaissait parfaitement tous les détails, proposa le plan d'attaque auquel on dut Toulon. Il regardait toutes les propositions du comité des fortifications comme inutiles, d'après les circonstances où l'on se trouvait : *il pensait qu'un siége en règle n'était pas nécessaire.* En effet, en supposant qu'il y eût un emplacement tel, qu'en y plaçant quinze à vingt mortiers, trente à quarante pièces de canons et des grils à boulets rouges, on pût battre tous les points de la petite et de la grande rade, il était évident que l'escadre combinée abandonnerait ces rades; et dès lors la garnison serait bloquée, ne pouvant communiquer avec l'escadre qui serait dans la haute mer. Dans cette hypothèse, le commandant d'artillerie mettait en principe que les coalisés préféreraient retirer la garnison, brûler les vaisseaux français, les établissements, plutôt que de laisser dans la place 15 à 20,000 hommes, qui, tôt ou tard, seraient pris sans pouvoir alors rien détruire, afin de se ménager une capitulation.

Enfin, il déclara que ce n'était pas contre la place qu'il fallait marcher; mais bien qu'il fallait marcher à la position supposée ; que cette position existait à l'extrémité du promontoire de *Balagnier* et de l'*Eguillette*, (pointe qui borne à l'ouest la séparation des rades); que depuis un mois qu'il avait reconnu ce point, il l'avait indiqué au général en chef, en lui disant que s'il l'occupait avec quatre bataillons, il aurait Toulon en quatre jours; que depuis ce temps, les Anglais en avaient tellement senti l'importance, qu'ils y avaient débarqué 4,000 hommes, avaient coupé tous les bois qui couronnaient le promontoire du *Caire* qui domine la position, et avaient employé toutes les ressources de Toulon, les forçats même, pour s'y retrancher; ils en avaient fait ainsi qu'ils l'appelaient *un petit Gibraltar*; que ce qui pouvait être occupé sans combat il y a un mois, exigeait actuellement une attaque sérieuse; qu'il ne fallait point en risquer une de vive force, mais établir en batterie des pièces de 24 et des mortiers, afin de briser les épaulements qui étaient en bois, rompre les palissades et couvrir de bombes l'intérieur du fort; qu'alors après un feu très vif pendant quarante-huit heures, des troupes d'élite s'empareraient de l'ouvrage; que deux jours après la prise de ce fort, Toulon serait à la république. Ce plan d'attaque fut longuement discuté; mais les officiers du génie, présents au conseil, ayant émis l'avis que le projet du commandant d'artillerie était un préliminaire indispensable aux siéges en règle, le premier principe de tout siége étant de bloquer étroitement la place, les opinions devinrent unanimes.

Pendant les deux mois qui s'écoulèrent entre l'adoption de ce projet et l'attaque du *Petit Gibraltar*, mille obstacles, mille réclamations s'élevaient contre la direction des travaux. On n'en est encore qu'à assiéger un fort qui n'entre pas dans le système permanent de la défense de la place, disait-on dans le pays, ensuite il faudra prendre *Malbousquet* et ouvrir la tranchée contre la ville. Toutes les sociétés populaires faisaient dénonciation sur dénonciation à ce sujet. La Provence se plaignait de la longueur du siége. La disette s'y faisait vivement sentir : elle devint même telle, qu'ayant perdu l'espoir de la prompte reddition de Toulon, Fréron et Barras, saisis de terreur, écrivirent de Marseille à la Convention, pour l'engager à délibérer s'il ne vaudrait pas mieux que l'armée levât le siége et repassât la Durance.

Les représentants disaient que si l'on évacuait la Provence, les Anglais seraient obligés de la nourrir, et qu'après la récolte on reprendrait avantageusement l'offensive avec une armée bien entière et bien reposée. C'était même indispensable, disaient-ils, car enfin, après quatre mois, Toulon n'est pas encore attaqué ; et l'ennemi recevant toujours des renforts, il est à craindre que nous ne soyons obligés de fuir précipitamment et en déroute, ce que nous pouvons en ce moment opérer en règle et avec ordre.

Mais peu de jours après que la lettre fut parvenue à la Convention, Toulon fut pris. Elle fut alors désavouée par ces représentants comme apocryphe. Ce fût à tort, car cette lettre était vraie et donnait une juste idée de l'opinion que l'on avait de la mauvaise issue du siége, et des embarras qui existaient en Provence.

Dès le lendemain du jour où le Petit Gibraltar fût tombé en possession des Français, l'amiral anglais, justifiant toutes les prévisions du chef de bataillon Bonaparte, donna l'ordre de lever l'ancre et de quitter les rades, après avoir incendié les magasins du port et une partie de l'escadre française.

Les procès-verbaux de l'évacuation tombèrent dans les mains de Dugommier, qui les compara à ceux du conseil français tenu le 15 octobre; il trouva que Napoléon avait tout prévu : ce vieux et brave général se plaisait à le raconter. En effet, ces procès-verbaux disaient : « Que le conseil avait demandé aux officiers d'artillerie et du génie s'il y avait un point de la grande et de la petite rade où l'escadre pût mouiller sans être exposée aux bombes et aux boulets rouges des batteries de l'*Eguillette* et de *Balagnier*, que ces deux corps avaient répondu que non. Si l'escadre quitte la rade, combien faut-il qu'elle laisse de garnison à Toulon ? Combien de temps cette garnison pourra-t-elle se défendre ? Réponse : 18,000 hommes qui pourront se défendre au plus quarante jours, s'ils ont des vivres. Troisième question : N'est-il pas conforme aux intérêts des alliés d'abandonner de suite la ville en mettant le feu à tout ce qu'on ne peut emporter ? Le conseil de guerre opine unanimement pour l'évacution. La garnison qu'on laisserait dans Toulon serait sans retraite, elle ne pourrait plus recevoir de secours, elle manquerait de plusieurs approvisionnements indispensables; d'ailleurs, quinze jours plus tôt ou plus tard, elle serait obligée de capituler, et alors forcée de restituer l'arsenal, la flotte et les établissements intacts. »

Marescot, chef de bataillon du génie à ce siége,

nous a laissé une relation de la prise de Toulon , il
s'exprime ainsi sur le plan adopté par les assiégeants.

« Le général Dugommier déclara n'avoir que 25,000 hommes au plus en état de combattre, et qu'il savait que nos
ennemis étaient dans Toulon au nombre de 17,000 hommes ,
non compris les garnisons des vaisseaux. D'un autre côté, le
commandant de l'artillerie annonça n'avoir pour le moment
que 180 milliers de poudre ; que de plus grandes quantités
étaient annoncées, mais que leur arrivée était encore incer-
taine. Cette faiblesse de moyens fit décider avec raison qu'un
siége régulier était impossible pour le moment. Alors le général en chef lut un projet d'attaque pour les forts extérieurs,
qui fut suivi de la lecture d'un autre plan prescrit par le comité de salut public. (1) Ces deux plans différaient fort peu
l'un de l'autre. Après une discussion approfondie, il fut résolu
que le plutôt possible, la grande redoute , dite la *Redoute
Anglaise*, située sur la hauteur dominante à l'ouest de l'*Eguillette*, la montagne de *Faron*, et ensuite, si la fortune nous sou-
riait, le fort de *Malbousquet* seraient insultés. Une fausse
attaque fut résolue sur le *cap Brun*. On espérait que la prise de
la pointe de l'*Eguillette* nous mènerait à chasser les vaisseaux
ennemis de la petite rade, et même des ports ; et à les y brûler si le vent contrariait leur fuite. La place devait être ainsi
privée des secours qu'elle recevait incessamment par la mer.
Le bombardement devait suivre de près ces diverses expéditions ; et chacun paraissait persuadé que ces mesures couron-
nées de succès seraient suffisantes pour déterminer la reddition de la place , sans être obligé de déployer l'appareil des
attaques ordinaires.

(1) Ce second projet était celui de Bonaparte.

Cependant, malgré ces apparences flatteuses et pour prévoir toutes les chances, le commandant du génie fit tous les
préparatifs nécessaires pour se procurer les matériaux dont
on aurait besoin, dans le cas où l'on serait obligé de cheminer
par tranchées. A cet égard , rien n'était fait ; tout était à
faire. »

A quatre pages plus loin , après avoir raconté la
sortie des Anglais contre la hauteur des arènes ,
Marescot ajoute :

« Le commandant du génie pressa la fourniture demandée
aux communes circonvoisines, des objets nécessaires au siége.
Immédiatement après, il arriva à *St.-Nizaire* quatre-vingt
bateaux chargés de ces divers objets. Ainsi, l'on se trouvait
en mesure pour ouvrir la tranchée aussitôt après la prise des
forts extérieurs. Chacun paraissait persuadé que ces mesures
étaient superflues, et qu'il ne serait pas nécessaire de déployer des attaques régulières pour réduire Toulon ; mais
enfin les règles de la prudence exigeaient toutes ces précautions ; afin que dans tous les cas , toutes les chances fussent
prévues et que nous ne fussions pas pris au dépourvu. »

Cette relation est datée du 9 janvier 1794 , trois
semaines après l'évacuation de la place. Neuf mois
plus tard, Marescot proposait luî-mème l'emploi des
moyens incendiaires pour hâter la reddition d'une des
plus formidables places de l'Europe. N'est-il pas permis de supposer que les souvenirs de Toulon eurent

quelque influence sur le projet contre Maëstricht? En nous prononçant pour l'affirmative, nous croyons rendre à la fois hommage à l'intelligence élevée de ce grand ingénieur qui sait profiter des leçons du passé; et de son patriotisme qui n'hésite pas à braver l'opinion de ses maîtres, quand il s'agit d'accroître la puissance et la gloire de son pays.

Napoléon nous a laissé, dans le siége de Toulon, un admirable exemple de la conduite à suivre, pour chasser l'ennemi qui se serait emparé d'un de nos grands ports.

Il est vrai que, depuis ce moment, les Anglais dont les escadres croisaient sans cesse le long de nos côtes, n'ont jamais tenté une seule entreprise de ce genre.

BOMBARDEMENT D'YPRES

par les Français, en 1794.

—

Cette opération fut entamée avec beaucoup d'hésitation par des troupes peu aguerries et presque dépourvues de matériel. La première parallèle fut ouverte à mille mètres environ des glacis, et les travaux languirent. Seize bouches à feu commencèrent à tirer le 8 juin, en avant de cette parallèle, et ne produisirent quelque effet dans la place que pendant les nuits des 9 et 10. Enfin, le 19 au matin, seize canons, obusiers et mortiers, ayant fait un feu bien nourri en avant de la seconde parallèle, les assiégés arborèrent le drapeau blanc sur les onze heures.

La garnison, forte de six mille hommes, se rendit prisonnière de guerre. Ce nombre était pourtant bien suffisant pour surveiller une population de quinze mille ; mais le gouverneur manquait d'énergie et les Français en profitèrent.

Me trouvant jusqu'ici trompé dans mon attente de secours, écrit-il au général Moreau qui le sommait de se rendre, toute défense ultérieure de ma part pourrait paraître une espèce de témérité ou une insouciance pour les suites qui en pourraient résulter ; ce qui me paraîtrait contraire aux principes d'honneur et de probité, qui doivent pourtant être plus chers que la vie.

Le malheur déplorable des habitants de cette ville, dont une grande partie de leurs maisons est écrasée, tandis que tout le reste est endommagé, ne parle que trop en faveur des bourgeois à tout cœur sensible...

Nous trouvâmes dans la place plus de cent bouches à feu, dont une partie en bronze; plus de quarante milliers de poudre, des fusils, des boulets, des bombes et des obus en grand nombre ; et surtout une grande abondance de grains, tant dans les magasins publics que dans les greniers des particuliers.

La ville a en général peu souffert, à l'exception des quartiers contigus au front d'attaque, où plusieurs maisons ont été incendiées et plusieurs autres presque entièrement détruites par nos boulets. (*Relation du siége d'Ypres, par le chef de bataillon Dejean, depuis général du génie.*

Observations. Quand on songe au petit nombre de bouches à feu qui ont tiré sur la place, et au peu de durée de ce feu, on ne peut s'empêcher de reconnaître que cette opération militaire a été excellente, tant par l'économie des moyens que par les avantages que l'on en a retirés.

Dans la position du général Salis, gouverneur, la sensibilité devient faiblesse.

SIÉGE DE CHARLEROI

par les Français, en 1794.

—

Ce siége eut trois actes : il fut deux fois levé par l'intervention d'une armée autrichienne accourue au secours de la place.

A la première reprise, les généraux Desjardins et

Charbonnier envoyèrent le commandant Marescot reconnaître la fortification. Celui-ci s'assure que les ouvrages sont parfaitement à l'abri d'un coup de main; la garnison qui les défend est de trois mille hommes.

Le lendemain, 31 mai, les généraux persistent dans leur projet d'escalade; mais ils veulent le faire précéder par un bombardement, dans le dessein d'intimider les habitants et la garnison. Comme il ne se présente aucun officier d'artillerie, le commandant du génie détermine l'emplacement de deux petites batteries situées, l'une sur la rive droite, l'autre sur la rive gauche de la Sambre, dans des chemins creux, et qui n'exigent qu'un léger travail pour y recevoir les pièces. La première est armée de deux mortiers et de deux pièces de 16 avec leurs grils; la seconde de six obusiers de campagne et de deux pièces de 12. Tels sont tous nos moyens d'artillerie.

Dès le 1er juin, les deux batteries commencent à tirer et produisent tout l'effet que l'on doit attendre de moyens aussi faibles. Quelques incendies se manifestent dans la ville, qui répond par un feu assez vif; mais l'emplacement de nos batteries est assez heureusement choisi, pour qu'aucune de nos pièces ne soit démontée et qu'il n'y ait personne de blessé.

Observation. Marescot, dont la relation nous fournit ce détail, nous apprend dans une note que ce petit bombardement de sa façon a causé un dommage infini à la ville de Charleroi. Nous le croyons sans la moindre peine, puisque les bombes et obus arrivaient de deux côtés opposés de l'enceinte; et pouvaient ainsi tomber sur des quartiers différents, et troubler des personnes qui se croyaient en sûreté.

Passons maintenant à la troisième et dernière reprise des opérations.

Le 24 juin, après onze jours de tranchée, l'artillerie, qui avait été retardée par l'inexpérience de ses canonniers, déploie enfin, avec 25 bouches à feu, toute son action contre les ouvrages de la place. Les canons des remparts ne peuvent résister à une attaque aussi vive ; ils sont réduits au silence, et les épaulements sont mis dans le plus grand désordre. Les officiers du génie profitent de cet avantage pour pousser la sape avec activité.

Le général Jourdan envoie sommer le gouverneur de lui remettre la place. Celui-ci répond en demandant trois heures pour assembler son conseil : on lui donne un quart d'heure de délai, au bout duquel nos batteries, qui avaient interrompu leur feu, le recommencent. Le commandant envoie un billet pour demander un certain temps, au-delà duquel il consent à se rendre. On ne lui fait aucune réponse et les attaques sont poursuivies.

Le 25 juin, le feu de l'artillerie continue toute la nuit et pendant la matinée. Les sapeurs gagnent beau-

coup de terrain ; on se trouve à distance de troisième
parallèle.

Vers dix heures, le commandant écrit que n'étant
pas secouru, il demande à entrer en arrangement ; le
feu cesse et la capitulation est signée.

Observations. Tâchons de découvrir la vérité sous
les réticences de l'auteur, qui paraît n'aimer les bombardements que quand il les fait lui-même.

Il ne nous dit pas sur quoi tiraient les batteries assiégeantes après la reprise du feu. L'artillerie de la
place était désemparée : on ne pouvait ouvrir la brèche
de loin contre une double enceinte très régulière
et dont la chemise extérieure était entourée de chemins couverts. Le seul objet que l'on eût à remplir
était évidemment de tirer contre les édifices de la
ville (1) ; et les effets de ce feu, joints au souvenir du
bombardement très efficace qu'avait organisé trois
semaines auparavant le commandant Marescot, furent
sans doute les motifs qui déterminèrent la reddition
de la place avant la construction de la troisième parallèle. Quels que pussent être le courage et l'activité
de ceux qui dirigaient les sapes, il n'y avait, dans l'é-
tat présent de ces cheminements, rien qui dût terri-

---

(1) Il est même très probable que la sommation que fit le général Jourdan, après l'extinction du feu des remparts, contenait
une menace de bombardement.

fier l'assiégé au point de le porter à se rendre à l'instant même; surtout après avoir été deux fois secouru, et quand il devait croire que l'armée autrichienne ne tarderait pas à reparaître.

Il était en effet très urgent d'obtenir la capitulation.

A peine avions-nous pris possession de la place, dit **Mares-cot**, que le canon se fit entendre dans le lointain. Ce bruit qui annonce à Charleroi un secours désormais inutile, répand la joie dans l'armée, en même temps qu'il inspire le désespoir à la garnison prisonnière.

Si, pour ne pas faire trop de peur aux bourgeois, l'artillerie eût gardé le silence après l'extinction du feu de la place, et se fût abstenue de bombarder, en laissant le génie s'engager dans des disputes de terrain pied à pied le long du glacis, on eût sans doute été forcé de lever une troisième fois le siége.

Remarquons aussi que si la brèche eût été ouverte au corps de place, l'ennemi se présentant aussitôt après la capitulation, les Français, faute de temps pour réparer la brèche et détruire les travaux d'attaque, eussent laissé aux Autrichiens un système de cheminements tout faits, dont ceux-ci eussent pu profiter à leur tour pour leur ravir immédiatement leur conquête. Cela prouve que, dans certains cas, il peut être très utile de prendre une place sans en endommager l'enceinte; les bombardements nous offrent un moyen tout naturel d'y parvenir, et c'est encore un avantage de cette méthode sur les siéges réguliers.

Marescot termine par cette observation :

La victoire obtenue le lendemain à Fleurus eut des suites incalculables, qui furent, comme chacun sait, la reprise de Landrecies, du Quesnoi, de Valenciennes, de Condé, la conquête de Maëstricht et la retraite des ennemis jusqu'au-delà du Rhin. Jourdan eût-il gagné cette victoire, s'il eût été privé du secours de l'armée de siége ?

PRISES DE LANDRECIES, DU QUESNOI, DE VALENCIENNES ET DE CONDÉ

par les Français, en 1794.

Par suite de la bataille de Fleurus, les armées coalisées avaient été contraintes d'évacuer le sol français, laissant à découvert, dans leur rapide retraite, les places de Condé, Valenciennes, le Quesnoi et Landrecies. La Convention nationale rendit un décret portant que les quatre places françaises seraient sommées de se rendre à discrétion; et que dans le cas de refus, après un délai de vingt-quatre heures, les garnisons ennemies seraient passées au fil de l'épée.

Ce décret, dit Carnot, avait pour but de frapper l'ennemi d'épouvante, et de le forcer à abandonner sur le champ les possessions françaises : il n'y faut voir qu'une mesure pour épargner le sang. On voulait agir promptement, sans qu'il en coûtât, ni travaux, ni temps, ni munitions,

L'inflexibilité bien connue de cette assemblée, détermina en effet les gouverneurs de trois de ces places à se rendre, lors de la notification qui leur fut faite du décret. Un seul, celui du Quesnoi, osa répondre : *Une nation n'a pas le droit de décréter le déshonneur de l'autre. Quels que soient les succès des armées françaises, mon intention est de défendre mon poste, de manière à mériter l'estime de celui qui me l'a confié, et même celle de la nation française.*

En conséquence, les opérations du siége, commencées depuis neuf jours, se poursuivent encore avec vigueur pendant dix autres jours, jusqu'au couronnement du chemin couvert de la demi-lune, première opération de ce genre que le génie ait eu l'occasion d'entreprendre depuis le commencement de la guerre. Alors le gouverneur demande à capituler. On en réfère à la Convention, qui accorde la vie au gouverneur et aux troupes, en les recevant à discrétion.

Le siége fut conduit régulièrement, comme ce devait être en cette circonstance , puisque les habitants

de la ville étaient français. Cependant, ce fut alors
que le représentant Duquesnoy, ayant donné l'ordre
de tirer à boulets rouges, mit le feu au grand clocher,
au beffroi et aux maisons voisines, cruauté d'autant
plus inutile que la sommation faite par l'assemblée
despotique qui gouvernait la France, était bien suffisante pour intimider les défenseurs. Le commandant, qui voulait tenir encore, fut en effet obligé de
cacher cette sommation à ses soldats.

Un seul équipage de siége servit pour les quatre
places.

Tel est le résumé des relations de Marescot sur les
reprises de ces forteresses, et Carnot fait à ce sujet les
observations qui suivent :

Après la bataille de Fleurus, l'ennemi étant repoussé au
loin, nous formâmes sur le champ le blocus des quatre places
tombées au pouvoir de l'ennemi, et qui faisaient la trouée; celles
de Landrecies et du Quesnoi furent bientôt enlevées par des
attaques régulières. Mais il restait les plus importantes, Valenciennes surtout, qui avait été parfaitement réparée par
l'ennemi, complétement approvisionnée, renfermant une
forte garnison et une immense quantité d'artillerie. Nous n'a-
vions de notre côté aucun des moyens nécessaires pour former un siége régulier; à peine pouvions-nous maintenir le
blocus; le matériel nous manquait absolument; et cependant
il était de la plus haute importance pour nous de reprendre
ces places au plus vite, pour renforcer de ces troupes l'armée
active qui faisait tête aux ennemis et qui avait grand besoin

de secours. C'est dans ces circonstances que nous nous déterminâmes à sommer les garnisons de se rendre à discrétion : les menaces étaient d'autant plus violentes, que nous étions moins en mesure de rien exécuter. Ces places se rendirent ; les garnisons furent faites prisonnières ; tout le fruit des campagnes employées par l'ennemi pour s'en emparer fut perdu en un moment ; la trouée fut rebouchée ; nos détachements rejoignirent l'armée, et nous eûmes dès lors sur les puissances coalisées un ascendant qui s'est constamment maintenu.

SIÉGE DU FORT L'ÉCLUSE

par les Français, en 1794.

—

Le bombardement réussit avec très peu de moyens ; l'équipage était ainsi composé :

Canons. . . $\left\{\begin{array}{l}\text{de 24.} \quad . \quad . \quad . \quad 4 \\ \text{de 16.} \quad . \quad . \quad . \quad 4 \\ \text{de 8.} \quad . \quad . \quad . \quad 2\end{array}\right.$

Obusiers de 22 centimètres. . . 2 } 18 bouches à feu.

Mortiers. . . $\left\{\begin{array}{l}\text{de 32 cent.} \quad . \quad 1 \\ \text{de 22 cent.} \quad . \quad 5\end{array}\right.$

Après vingt jours de tir, la garnison capitula le 25 août. La ville était ruinée de fond en comble, mais ses fortifications avaient peu souffert.

Le génie parvint, malgré de grands obstacles, à

pousser, jusqu'à la queue des glacis, un cheminement
le long d'une chaussée très étroite, car le fort était
presque entièrement entouré d'eau. Cette opération
n'eût pas réussi, si nos projectiles, en même temps
qu'ils incendiaient la place, n'eussent démonté à l'assiégé les bouches à feu qui pouvaient écraser la tête
de sape.

Le général du génie Dejean, auquel nous empruntons ces détails, ajoute qu'aucune pièce n'a tiré quatre
cents coups. Si cette observation s'étend aux obusiers
et aux mortiers, on peut dire qu'il a été consommé
dans ce bombardement moins de 7,200 charges. On
a trouvé dans la place 126 bouches à feu, dont la
moitié en bronze; plus de 100 milliers de poudre,
5,000 fusils neufs, non compris ceux de la garnison;
un grand nombre de projectiles et d'outils à pion-
niers et tranchants; 1,700 prisonniers et 200 chevaux. Ces approvisionnements furent conquis à peu de
frais; toutefois nous y perdîmes beaucoup d'hommes,
principalement par les maladies; mais nos pertes
eussent été encore plus grandes, s'il eût fallu entrer
dans la place par la brèche.

Les Hollandais se défendirent avec courage : ils
eurent aussi leurs malades, et cette cause paraît avoir
hâté la capitulation. La nécessité dans laquelle ils se
trouvèrent de s'enfermer dans des casemates et sous
des blindages pour se dérober aux projectiles, dut

singulièrement contribuer à favoriser le développement des fièvres qui décimèrent la garnison.

BOMBARDEMENT DE NIEUPORT

par les Français, en 1794.

—

A cette affaire, comme à la précédente, l'artillerie
était commandée par le général Éblé. Voici la composition de l'équipage :

Canons. . . .	de 24.	. . .	4		
	de 16.	. . .	5		
	de 12.	. . .	4		
Obusiers de de 22 centimètres.		.	4	25 bouches à feu.	
Mortiers. . . .	de 32 cent.	.			
	de 27 cent.	.	3		
	de 22 cent.	.	4		

Le 17 juillet, à la pointe du jour, les bouches à feu
commencèrent à tirer sur la ville et sur ses défenses.
Vers les sept heures du soir, les assiégés arborèrent le
drapeau blanc.

Si l'on s'en rapporte à la planche qui accompagne
la relation du général Dejean, une distance de 800
mètres séparait les batteries du mur d'enceinte.

BOMBARDEMENT DE MAESTRICHT

Par les Français, en 1794.

—

Le chef de bataillon Marescot fut l'âme de cette belle opération. Il proposa d'attaquer par trois côtés la place de Maëstricht, réputée l'une des plus fortes de l'Europe. La première et principale attaque devait être dirigée sur la porte de *Bois-le-Duc*, la seconde sur le faubourg de *Wick*, la troisième sur le fort *Saint-Pierre*.

En outre, dit-il, nos ennemis nous ayant donné à Lille, à Thionville, à Landau, l'exemple cruel de joindre les incendies aux procédés ordinaires d'attaque, on proposait de mettre en jeu trois batteries incendiaires, dont deux placées vis-à-vis les portes de Bois-le-Duc et de Bruxelles, devaient enfiler les rues qui y aboutissent; la troisième devait porter le feu dans Wick. L'effet de ces trois batteries devait être de couvrir Maëstricht d'une pluie de feu, d'y multiplier les incendies, d'en rendre tous les quartiers également inhabitables, et de déterminer par la terreur les habitants à accélérer la capitulation.

Ce plan d'attaque communiqué aux représentants du peuple, aux généraux, au commandant de l'artillerie, fut généralement adopté; et c'est celui qui a été suivi. Seulement le général Bollemont, chef de l'artillerie, réduisit à 200 le nombre de 226 bouches à feu demandées, se fondant sur l'insuffisance des moyens.

Ainsi , Marescot définissait le bombardement comme nous l'avons défini : à ses yeux comme aux nôtres, cette œuvre de destruction ne s'emploie pas pour le plaisir de tuer les hommes et de ruiner les édifices; mais bien dans un but utile, celui de hâter le moment de la reddition de la place.

Les batteries incendiaires étaient ainsi composées :

DÉSIGNATION DES BATTERIES.	Canons.	Obusiers	Mortiers
En face de la porte de Bois-le-Duc. .	8	4	4
En face de la porte de Bruxelles. .	8	4	6
Contre le faubourg de Wick. . . .	6	»	2
Totaux.	22	8	12

Elles n'employaient pas, comme on le voit, un très grand nombre de bouches à feu. Plusieurs autres batteries placées près d'elles, à hauteur de la première parallèle, agissaient contre les bouches à feu de la place qui auraient pu leur nuire.

Les ressources en personnel d'artillerie se trouvant insuffisantes, les communications difficiles, ce ne fut que le 31 octobre au soir, c'est-à-dire le septième jour après l'ouverture de la tranchée, que le feu commença, mais très mollement. Le génie avait pu, malgré ces retards, pousser ses cheminements jusqu'à la seconde parallèle, et la construire; en même temps il entreprenait à Saint-Pierre une guerre souterraine.

Le 3 novembre, le feu des batteries parvint enfin à déployer toute l'énergie dont il était susceptible. Plusieurs incendies assez violents se déclarèrent dans différents quartiers de la ville. Sur les six heures du soir, un lieutenant-colonel hollandais arriva et s'annonça comme parlementaire. Il remit plusieurs lettres au général Kléber. L'une, du magistrat de la ville au prince de Hesse, gouverneur, priait le prince de prendre en considération les maux infinis auxquels leur malheureuse ville était en proie, et l'engageait à vouloir bien faire des démarches pour y mettre fin. Une autre lettre était la réponse du prince gouverneur, qui déclarait ne pas être éloigné de rendre la place, si on lui accordait une honorable capitulation, qui suivit de près l'envoi de ces dépêches.

Ainsi fut prise, après trois jours de feux incendiaires, une ville attaquée par une armée de quinze mille hommes, et défendue par neuf mille soldats. Cette même place était célèbre par la défense qu'y firent en 1676, 4,500 Français contre une armée de 40,000 hommes sous les ordres du prince d'Orange: il fut obligé de lever le siége au bout de quarante jours de tranchée, et après une attaque des plus vigoureuses.

C'est à Marescot que nous sommes redevables des renseignements que nous produisons sur le siège de Maëstricht en 1794. D'après lui, ce siège fut déterminé par les considérations suivantes :

Les Français désiraient posséder une place forte sur la Meuse, pour appuyer la droite de leurs conquêtes, assurer leurs quartiers d'hiver, isoler le pays du Luxembourg, prévenir les tentatives de l'ennemi à la campagne suivante; enfin pour avoir une grande place d'entrepôt qui assurât les opérations ultérieures de la guerre.

Dans tout autre temps, une entreprise aussi considérable formée dans une saison aussi avancée eût paru tout au moins hasardée; mais nous sommes au temps des miracles militaires.

La bravoure française a certainement contribué à ce miracle; mais il faut convenir que les bombes y ont été pour quelque chose.

... On a trouvé dans la place 359 bouches à feu, 400 milliers de poudre, 20,000 fusils, un très grand approvisionnement de fer coulé et beaucoup de munitions de bouche. Cette importante conquête nous a coûté environ *trois cents* hommes.

Un semblable moyen de réduire les places les plus importantes est bien digne de fixer l'attention de tout général, avare du sang de ses soldats.

Nous terminons ici tous ce que nous avons à dire sur les siéges entrepris pendant les guerres de la république; et certes il y a dans ces expéditions, d'utiles enseignements à retirer si l'on était au commencement d'une guerre. Presque tous les documents que nous avons reproduits, sont extraits d'une collection intitulée : *Relation des principaux siéges faits et soutenus en Europe, par les armées françaises depuis 1792, rédigée par Messieurs les officiers du génie, et recueillie par Musset-Pathay.*

En parlant des conquêtes rapides des Français à cette époque, le colonel John Jones compare leur armée à un torrent soutenu par l'opinion et qui renversait tout dans sa course.

Les forteresses des Pays-Bas, conquises par les troupes françaises, contenaient effectivement des populations turbulentes, promptes à la révolte et impatientes du joug allemand qui pesait sur elles. Il est probable que ces dispositions d'esprit auront été favorables à la cause de la révolution, et ne seront pas restées sans influence sur nos succès et sur la reddition des villes.

Comme nous avons émis l'opinion que les intelligences qu'un assiégeant peut se procurer dans la place qu'il cherche à conquérir, lui sont en général d'un bien plus grand secours, s'il veut la bombarder ou la surprendre, que s'il compte l'attaquer dans les règles ; on pourrait nous objecter que des bombardements semblables à ceux qui précèdent, n'eussent pas si bien réussi dans une autre contrée, dont les habitants eussent été plus hostiles à la domination française, que ne le furent les Belges et les Hollandais.

C'est pour répondre à cette pensée, que nous allons reproduire des détails sur plusieurs siéges entrepris en Espagne au temps de l'Empire. Dans ce pays, la population tout entière, fanatisée par les moines, montrait un tel acharnement contre nos troupes, que pendant ces attaques, on a pu, sans violer en aucune manière le précepte de Vauban, écraser de bombes les édifices particuliers, transformés en forteresses : tirer aux maisons, c'était bien tirer aux défenses.

Malheureusement, nos généraux ne se sont pas assez servis de ce puissant moyen, qui a donné là, comme ailleurs, d'excellents résultats, quand on a bien su l'employer. Les siéges en eussent été beaucoup plus prompts, plus économiques ; les ressources acquises dans les places, plus considérables, les troupes disponibles pour tenir la campagne, plus nombreuses ; et par conséquent les événements de la guerre eussent pu prendre une tournure toute différente.

Nous possédons, sur la conduite des siéges dans la Péninsule, d'excellents ouvrages qui nous donnent sur ces opérations des détails assez étendus, pour permettre d'y voir très clair. Il faut citer en tête, les *Relations des siéges de Saragosse et de Tortose*, par le général Rogmat, les *journaux du colonel Jones* et les *journaux des siéges faits et soutenus par les Français en Espagne*, recueillis par M. le commandant du génie Belmas, aujourd'hui colonel. Ce dernier ouvrage est enrichi de pièces justificatives d'un haut intérêt.

GUERRES DE L'EMPIRE.

——⁂——

ESPAGNE.

═══

SIÉGES DE SARAGOSSE,

Par les Français en 1808, 1809.

—

Tout le monde connaît l'énergique défense de cette ville, qui ne fut prise qu'à la suite de deux siéges, dans lesquels les Français perdirent un grand nombre de soldats et des ingénieurs fort distingués.

Dom Manuel Caballero, colonel du génie espagnol, employé dans la place, nous a laissé une relation de cette défense. Les passages suivants nous donneront le moyen de reconnaître comment il a été possible d'organiser une résistance aussi désespérée.

Rien ne pouvait affaiblir le patriotisme et l'esprit de vengeance de Aragonais. Ni la perte de leur récolte, ni la destruction de leurs propriétés, ni ce qu'ils avaient à craindre de la fureur du duc de Berg, n'influait sur les inflexibles résolutions d'hommes déterminés à préférer une mort honorable à un honteux esclavage. Tout le monde pénétré de ces nobles sentiments, faisait volontiers les plus grands sacrifices, et *le moindre signe d'égoïsme était regardé comme une trahison.....*

La prise de Saint-Engrace ouvrait la ville aux colonnes ennemies; elles y pénétrèrent. Le plus grand désordre régnait dans la place; chacun commandait en chef, ralliait un petit nombre de paysans ou de soldats, se plaçait comme il le pouvait et défendait le débouché qui lui paraissait le plus convenable; encore fallait-il que les dispositions qu'il prenait fussent agréables à ceux qu'il commandait; et *si le cri de trahison se faisait entendre, une mort certaine le suivait de près.....*

Quelques agents du chef suprême abusaient de leur pouvoir. Tout était demandé au nom de la patrie et du roi; toute désobéissance était un crime de lèse-majesté; et en revanche, le dévouement à cette cause sacrée donnait l'autorité la plus illimitée, et assurait l'impunité à tous ceux qui avaient obtenu la plus légère émanation du pouvoir; aussi, *quand bien même l'unanimité des sentiments n'aurait pas été dans tous les cœurs, la crainte aurait suffi pour en donner l'apparence.....*

Les Aragonais, toujours inflexibles, avaient juré de s'ensevelir sous les ruines de leur malheureuse cité. L'infortune cependant avait abattu quelques âmes moins vigoureuses : des esprits rendus plus irritables par la vue des malheurs qui les entouraient et de ceux qu'ils redoutaient encore, étaient défiants, soupçonneux; ils voyaient dans une plainte innocente le crime de la trahison; *la peine suivait de près, non la preuve, mais l'accusation; et presque tous les matins on découvrait des personnes pendues, durant la nuit, aux fourches patibulaires dressées dans la rue du Cosso et sur la place du marché.....*

On ne saurait mieux caractériser un régime de terreur; et il faut le dire, ce n'est qu'à ce prix que l'on pourra, dans le siècle où nous vivons, obtenir une défense comme celle de Saragosse. Quelle diffé-rence entre le régime intérieur de cette ville et celui de Valenciennes pendant le siége !

Ferrand, adoré dans la place pour sa douceur et sa bonté, nous dit le soldat de la Charente, n'a pas voulu y faire les fonctions de grand-prévôt, et les députés n'étaient pas d'un caractère à lui servir de suppléants en ce genre. C'est d'après cette considération qu'on les pressa souvent d'établir un tri-bunal qui les eût déchargés de l'odieux des jugements. La loi que citait Cochon à cet égard me parut un scrupule bien mal fondé; et lorsqu'il ajouta qu'il ne trouverait personne pour composer ce tribunal, il doit se souvenir qu'on lui en désigna sur le champ le président et deux ou trois membres capables dont on avait la parole.....

Quant aux municipaux, ils sont coupables d'avoir dès le commencement sacrifié leur devoir à la peur, et cela dans un temps où la masse du peuple se montrait bien disposée. Je ne leur ai pas vu, depuis le 14 juin, un seul instant d'énergie et de bonne volonté. Leur froide et locale prudence ne considéra que le mal particulier de la ville, au lieu de calculer les inté-rêts généraux de la république dont ils étaient fonctionnaires.

On pourrait en dire autant des magistrats de Longwy, Verdun, Ypres, Maëstricht et une foule d'autres places. Le siége de Saragosse est donc un cas tout exceptionnel, et qui ne saurait se reproduire dans une grande ville, à moins que la populace, mue par les sentiments les plus violents, n'y soit parvenue à s'emparer du pouvoir.

Le premier siége eut lieu pendant l'été : l'équipage se composait comme il suit :

Canons. . .	de 12. . . . 3	
	de 8. . . . 4	
Obusiers de 22 centimètres. . . 6		18 bouches à feu.
Mortiers. . .	de 32 cent. . 3	
	de 27 cent. . 2	

Ces cinq dernières furent disposées en une seule batterie à 500 mètres de l'enceinte.

M. le commandant Belmas nous parle en ces termes de l'ouverture du feu :

Le 30 juin, à minuit, Saragosse était ensevelie dans un profond silence, lorsqu'une bombe sillonnant rapidement les airs, éclate sur les rives de l'Ebre ; c'était le signal du bombardement qui se continua toute la journée du 1er juillet et la nuit suivante. D'abord la terreur fut grande dans la ville, mais peu à peu les habitants se familiarisèrent avec le danger et le bravèrent avec un sang-froid incroyable. Une garde placée dans la tour neuve, sur la place San-Felipe, annonçait par un coup de cloche l'arrivée de chaque bombe (1). Peu de per-

(1) Une semblable précaution que le petit nombre de mortiers rendait possible à Saragosse, ne l'eût jamais été à Valenciennes. Voici ce que dit là-dessus le soldat de la Charente :

sonnes périrent; et la solidité des édifices construits presque tous en briques et voûtes préserva la ville d'un plus grand ravage.

Il n'est pas trop surprenant qu'un aussi faible bombardement, agissant sur un coin de la ville, n'inspirât pas une excessive terreur aux habitants. Toutefois, la sécurité n'était pas aussi générale que veut bien nous l'apprendre le narrateur.

Nous lisons dans les *pièces justificatives* le passage suivant, extrait des mémoires manuscrits du marquis de Lazan (frère de Palafox), relativement au combat du 4 août :

Cependant le bombardement continuait toujours, et ce jour semblait être le dernier de la ville. Plusieurs incendies la dévoraient; et les défenseurs ne savaient où porter des secours, ni ce qu'ils devaient entreprendre.....

Peu après l'armée française se retira : la joie et l'exaltation des Aragonais ne connurent plus de bornes.

Les opérations du second siége ne furent pas conduites avec tout l'ensemble désirable. Déjà la mésintelligence si fatale à nos armes dans ce pays, com-

« Je comptai une nuit, depuis onze heures jusqu'à deux,
« 723 bombes; on en voyait souvent quinze ou dix-huit en l'air,
« et j'en ai vu partir huit à la fois de la même batterie. »

mençait à régner entre les chefs. Tandis que le maréchal Moncey était engagé dans une longue et sanglante guerre de barricades à l'intérieur de la ville, le
général Gazan, qui commandait sur la rive gauche de
l'Ebre, n'ayant pas, disait-il, reçu l'ordre positif de
coopérer au siége, se bornait, suivant Rogniat, à un
blocus peu resserré du faubourg, jusqu'à ce que l'arrivée du maréchal Lannes l'eût forcé de sortir de son
inaction. Ce ne fut que le 31 janvier, le vingt-cin-
quième jour du siége, que la tranchée fut ouverte
contre le faubourg ; et le feu des batteries de cette
attaque ne commença que le 17 février, c'est-à-dire le
cinquantième jour depuis le commencement des travaux sur l'autre rive.

Rogniat ne nous dit pas s'il pense que cette opération eut de l'influence sur la demande de capitulation qui fut faite le 20. Il est permis de le croire ;
car si l'on regarde le plan joint à la relation du général, on voit que les batteries de mortiers n^{cs} 5 et 6
de la rive gauche, étaient à bonne distance pour envoyer leurs projectiles jusqu'au centre de la ville et
et frapper *Notre Dame del Pilar*, le palladium de la
cité, dont elles ne se trouvaient éloignées que de
800 mètres (1). (Additions, note I.)

(1) Le maréchal Suchet s'exprime ainsi sur ce siége dans ses
mémoires :

Le commandant Belmas attribue l'inaction du général Gazan, à ce que le voisinage des bandes inquiétait son camp ; en sorte qu'il a fallu les expulser des environs, avant de pouvoir opérer contre le faubourg. Si l'on admettait cette explication, les fautes seraient justifiées ; mais le général Rogniat, qui se trouvait sur les lieux, était assez bien placé pour connaître le véritable état des choses et les mobiles secrets de la conduite des généraux.

Quoiqu'il en soit, la prise du faubourg a été le coup de grâce de Saragosse ; mais ce ne fut pas la seule cause de reddition. Il en existait une autre bien plus grave, l'épuisement des défenseurs et les maladies qui sévissaient sur la ville infortunée. Examinons les opinions de nos auteurs sur l'origine de ces fièvres.

« Palafox avait fait prendre les armes à toute la portion ardente et vigoureuse de la population aragonaise. Renfermée dans la capitale, elle y luttait chaque jour, pied à pied, corps à corps, de maison en maison, d'un mur à un autre, contre l'adresse, la persévérance, l'audace sans cesse renaissante de nos soldats, conduits par les sapeurs et les ingénieurs les plus braves et les plus dévoués.

« Le 18 février, l'artillerie ouvrit un feu formidable et habilement combiné contre un couvent du faubourg qui couvrait l'entrée du pont. La prise de ce pont, de tout le faubourg et de sa garnison, et nos progrès d'un autre côté dans l'intérieur de la ville, ne laissèrent plus aux défenseurs de Saragosse aucun espoir de secours ni de salut. »

La malpropreté, le mauvais air, la misère, l'encombrement
de plus de cent mille âmes dans une ville qui n'en contenait
ordinairement que quarante mille, les privations inséparables
d'un long siége, tous ces fléaux réunis excitèrent, suivant
Rogniat, une épidémie affreuse qui consumait tout ce que la
guerre épargnait. Au milieu des ruines et des cadavres dont
les rues étaient jonchées, on voyait errer quelques habitants,
pâles, maigres, décharnés, qui semblaient bientôt devoir
suivre les morts qu'ils n'avaient plus la force d'enterrer.

Cependant, dit le commandant Belmas, les maladies faisaient de grands ravages dans la ville. Il y mourait de quatre
à cinq cents personnes par jour. Les vivants ne suffisaient
plus pour enterrer les morts, et les cadavres gisaient dans les
rues et dans les cimetières; ou bien ils étaient mis dans des
sacs et placés en monceaux à la porte des églises. La putré-
faction qui les dissolvait infectait la ville, quand ils n'avaient
pas été consumés par les flammes des maisons incendiées à
mesure que la défense reculait.

Le témoin Caballero donne à cette épidémie une
cause toute différente. Ecoutons-le sur le même
sujet :

Les habitants des maisons qui devenaient nécessaires pour
les travaux, et qui d'ailleurs étaient celles qui se trouvaient le
plus en prise au bombardement, refluaient dans l'intérieur
de la ville où la population se pressait davantage. On commençait à sentir l'influence de l'épidémie. Déjà, depuis huit
jours, on bombardait continuellement : la plupart des habitants s'étaient réfugiés sous les voûtes des caves, et pour se
mettre à l'abri de ces terribles projectiles, s'exposèrent à un

danger bien plus certain. Ces souterrains ne sont destinés
qu'à la conservation du vin et de l'huile. Ils n'ont que peu de
soupiraux; dans plusieurs même on les avait fermés, et l'on
se servait de la lumière des lampes pendant vingt-quatre
heures de suite. Souvent un de ces asiles, de soixante pieds
de long sur à peine sept pieds de large, recevait vingt personnes qui y mangeaient et dormaient, sans oser sortir de peur
d'un accident peu à redouter; tandis que l'humidité, l'air
vicié par la respiration et la combustion continuelle de l'huile
et du bois, les aliments peu salubres pour les personnes qui n'y
étaient point accoutumées et qui ne faisaient point d'exercice,
la crainte et les émotions violentes surtout, étaient les causes
d'une fièvre maligne à laquelle elles ne pouvaient échapper.
L'épidémie se communiqua bientôt à la garnison : (Palafox
lui-même en fut atteint). Ainsi de tous côtés se présentait la
mort; et sans effort de courage, on aimait mieux l'attendre
sur les remparts, que d'aller la respirer dans les retraites in-
fectées de la ville.

Sur la cause principale de la maladie épidémique,
nous croyons devoir nous en rapporter au témoignage
du capitaine espagnol; sans nier toutefois d'une
manière absolue l'influence de l'abandon des cadavres; quoique dans les mois de janvier et de février,
les miasmes ne paraissent pas devoir être très délé-
tères.

Il faut donc reconnaître l'influence qu'eut, sur la
reddition de la place, la chute de seize mille bombes
qui endommagèrent en outre un certain nombre de

maisons que les mines n'avaient pas encore atteintes
et en détruisirent même quelques-unes.

Ainsi tomba Saragosse, dit le commandant Belmas, après
un siége de cinquante deux jours de tranchée ouverte, dont
vingt-neuf avaient été employés à se rendre maîtres de l'enceinte, vingt-trois à cheminer de maison en maison. Les Espagnols exaltèrent beaucoup cette défense héroïque. Cependant, à bien juger les faits, on doit être moins surpris de la
défense que de l'attaque elle-même. Que voit-on en effet ?
D'un côté une armée de plus de trente mille hommes, accrue
encore de l'élite de la population du pays, et réfugiée dans
une ville considérable ; de l'autre, un corps de douze à treize
mille hommes, fournissant à peine chaque jour quatre mille
hommes de service, tant pour les attaques que pour la garde
de tranchée et des maisons conquises, pénétrer, malgré tous
les obstacles et le désavantage du nombre jusqu'au cœur de
la ville, s'y maintenir et conserver toujours l'offensive ; tandis
que l'ennemi si nombreux pouvait réunir toutes ses forces sur
un même point, et reconquérir en un moment ce qui nous
avait coûté tant d'efforts et de peines. Le grand éclat de ce
siége doit donc rejaillir plus encore sur les assiégeants que
sur les assiégés.

Ces réflexions sont très justes, et font parfaitement
ressortir les difficultés avec lesquelles nos troupes
se trouvèrent aux prises. Le corps du génie s'y
couvrit de gloire, et ne saurait être en aucune
manière responsab'e de la mauvaise direction donnée
au siége de Saragosse. La garnison ne capitulant pas

avant l'assaut, il fallait absolument s'engager dans les rues ; il fallait emporter une à une ces habitations crénelées comme des forteresses ; mais les rôles étaient changés du moment que les Français eurent franchi l'enceinte; et les Aragonais entourant de toutes parts leurs ennemis, devenaient en réalité les assiégeants. Il ne dépendait pas de l'ingénieur qui risquait chaque jour sa vie à l'attaque d'une maison, d'un couvent, d'une barricade, de hâter les opérations sur la rive gauche, dont le retard fut si préjudiciable à l'armée française.

Il eût donc fallu éviter à tout prix d'entrer dans la ville et de donner aux troupes cette position désavantageuse. La simultanéité des deux attaques eût abrégé sans doute la résistance; mais il n'est pas certain que l'on ait pu échapper ainsi à cette guerre de barricades. Nous croyons fermement que la ville eût été prise du dehors comme toutes les autres, et même dès le premier siège, si l'on eût pu en couvrir dès l'origine toute la surface, d'une grêle de ces projectiles creux, dont la chute, quoique on en dise, répandit l'épouvante, et dont les habitants conservèrent longtemps un profond souvenir (1).

(1) Le maréchal Suchet, dont l'administration bienfaisante cicatrisa les plaies de la guerre en cette province, commençait ainsi son discours d'ouverture à la société des *Amis du Pays* qu'il

Napoléon sentit de quelle importance il était pour sa cause de paralyser les premiers mouvements de révolte contre son autorité qui éclatèrent dans la capitale de l'Aragon. Il comprit que ce n'était qu'avec du feu et du souffre qu'il parviendrait à détruire ce guépier. Aussi, dès le premier siége, donna-t-il l'ordre de bombarder la ville, ordre qui fut mal exécuté avec cinq mortiers et six obusiers, ne pouvant faire

réorganisa dans la ville de Saragosse, et dont le but était l'encouragement de l'agriculture et des arts.

« Jamais, depuis son institution, votre société ne s'est trouvée « réunie à une époque plus importante. Quel bien vous allez « avoir à faire, si nous le mesurons par les maux qui ont pré- « cédé votre renaissance ! Vous étiez, il y a un an, en proie aux « horreurs d'un siége ; la religion, la justice, la liberté civile « avaient fui ou se taisaient devant les clameurs populaires ou le « bruit des bombes ; la demeure, la famille, la vie de chacun « étaient à la merci des premiers furieux ; la maladie, la dévasta- « tion, la disette habitaient votre cité… »

La première image que le maréchal présente aux yeux de ses auditeurs, c'est la terreur produite par les fureurs du peuple et le fracas des bombes. Ne faut-il pas en conclure que de tous les fléaux du siége, c'était ceux qui avaient frappé le plus vivement l'imagination des Saragossains ?

On parviendra peut-être à nous faire croire, à nous autres militaires, que le danger des bombes est chimérique ; mais jamais les bourgeois des villes ne voudront s'en laisser convaincre, et c'est ce qui importe pour le succès des bombardements.

tomber leurs projectiles que sur une portion limitée de la place. Au second siége, sa volonté resta la même ; et dans son équipage, il fit entrer 34 mortiers et obusiers sur 74 bouches à feu, chacune étant approvisionnée de mille coups. C'était la plus forte quantité de projectiles creux qui fût jamais admise dans un équipage français depuis le commencement de la guerre ; et la nature réfractaire des maisons de Saragosse, bien connue de ceux qui avaient fait le premier siége, justifiait parfaitement cette proportion : les boulets rouges ici n'avaient presque rien à faire.

Malheureusement ce projet ne fut pas mis à exécution, soit par des influences opposées au système des bombardements, soit par la difficulté des transports, qui fut telle, qu'au commencement du siége, le nombre des obusiers et mortiers ne se trouva que de 28, avec un approvisionnement total de 2,446 bombes et obus, quantité à peine suffisante pour la consommation d'un jour. Mais on eût certainement mieux fait de prendre patience en attendant l'arrivée des munitions, que d'adopter la marche qui a été suivie : l'exemple de Maëstricht avait été complètement oublié. Une forte batterie de mortiers placée dans chacune des trois attaques qui furent dirigées contre Saragosse, eût en peu de jours amené à discrétion cette agglomération confuse de cent mille personnes en-

tourées d'un cercle de feu et condamnées à l'inaction
pendant qu'on les écrasait.

L'humanité eût certainement moins eu à souffrir
d'une pareille attaque ; car la ville se fût rendue bien
avant d'avoir vu périr *cinquante-quatre mille hommes*,
chiffre auquel se monta la perte des Espagnols pendant le siége : ici, d'ailleurs, presque tous les habitants étant soldats, on devait fort peu craindre de
frapper des victimes inoffensives.

On fit donc une grande faute en ne répartissant pas,
dès le commencement du siége, les batteries de mortiers hors des limites d'une seule attaque. On les
porta en avant à mesure que la défense perdait du
terrain, il est vrai ; mais ce ne fut qu'à la longue que
les effets destructeurs purent s'étendre. Néanmoins,
malgré cette marche vicieuse, nous le répétons, l'emploi de ces bouches à feu eut une grande influence
sur la durée du siége. Sans elles, les habitants n'eussent pas éprouvé le besoin de se réfugier dans les
souterrains, les fièvres n'eussent pas sévi avec la même
intensité, peut-être même ne se fussent-elles pas développées. Palafox, conservant sa santé, n'eût pas dé-
posé son pouvoir dans les mains d'une junte qui
rendit la place (1); enfin les Aragonais, au lieu de

(1) Le chef de bataillon du génie la Beaumelle, traducteur et
ami de Caballero, assure que Saragosse ne se serait pas rendu
sitôt, sans l'épidémie et sans la maladie du général Palafox.

nous céder leur ville après la conquête du tiers de la surface, eussent accompli le vœu de leur chef, en poussant la résistance jusqu'au point où il voulait tenir : *Hasta la ultima tapia!* (1).

SIÉGE DE GIRONE,

Par les Français en 1809.

———

L'équipage d'artillerie contre Girone était ainsi composé :

Canons de 24 et de 16	49	
Obusiers —	6	81 bouches à feu.
Mortiers —	24	
Pierriers —	2	

Les opérations du siége durèrent six mois, et malgré ses efforts, le général Blake ne put réussir à le faire lever. De l'avis de M. Belmas, on commit beaucoup de fautes dans la conduite de ce siége; d'abord le mauvais choix du point d'attaque, l'assaut prématuré du fort Montjoui, celui qui fut donné plus tard à la ville dans un rentrant flanqué de toutes parts, la

(1) *Jusqu'à la dernière cloison!* ce fut le cri de Palafox en quittant le dernier conseil de guerre auquel la maladie lui permit d'assister.

dissémination des moyens d'artillerie prodigués sans effet; l'établissement des batteries à une trop grande distance des points à battre; la manière dont furent ouvertes les brèches, en tirant au sommet de la muraille au lieu d'en attaquer le pied; enfin, le désaccord qui régna longtemps entre les généraux des armées de siége et d'observation, et l'inaction absolue de cette dernière armée jusqu'au moment où le maréchal Augereau vint en prendre le commandement.

Les 24 mortiers qui tirèrent chacun 850 bombes, eussent largement suffi pour écraser la place en peu de jours; mais une grande partie de ces projectiles fut dirigée contre les forts et les défenses.

Le 13 juin, dit le commandant Belmas, la batterie de douze mortiers commença son feu contre le quartier de la ville par lequel on voulait pénétrer après la prise de Montjoui.

Voici donc encore un bombardement contre un seul coin de la place, malgré l'expérience des derniers siéges de Marescot. Il n'est pas étonnant que l'auteur ajoute ici, comme à Saragosse.

La terreur fut d'abord très grande parmi les habitants, mais ils se familiarisèrent bientôt avec le danger et finirent même par le braver.

Cette dispersion du feu des mortiers, n'empêcha

pourtant pas les projectiles de produire de grands dégâts, ainsi que l'on en peut juger par le tableau suivant de l'intérieur de la place, quand les Français y
pénétrèrent : nous le reproduisons pour donner une
nouvelle idée de l'efficacité des bombardements.

Il serait difficile de peindre l'état déplorable de cette malheureuse cité. Les rues étaient obstruées par des monceaux
de décombres et d'immondices. Plus de la moitié des maisons
étaient désertes, et toutes portaient des traces du bombardement. Celles qui longeaient l'Ogna et le Ter s'étaient écroulées
et avaient enseveli sous leurs ruines leurs malheureux habitants. Les quartiers de Saint-Pierre et de la porte de France
avaient été détruits par l'effet des batteries de brèche..... On
voyait partout des toits de maisons suspendus en l'air, près de
crouler avec les ruines des murs latéraux, des portions de
planchers qui n'étaient plus soutenues que par un côté, des
portes et des fenêtres brisées. Les voûtes des églises et des
magasins étaient enfoncées, etc.

La perte des Français dans ce siége fut de quinze
mille hommes, qui furent enlevés bien plus par les
maladies que par le feu de l'ennemi. Le blocus de
Girone était si peu resserré, que plusieurs convois
vinrent ravitailler la place, et les troupes qui les es-
cortaient purent en sortir, ce qui contribua singulièrement à prolonger la résistance.

SIÉGE DE LÉRIDA.

Par les Français en 1810.

—

Ce fut le premier siége dirigé par le maréchal Suchet ; il y fit preuve d'une haute capacité militaire. Nous reproduisons quelques passages de ses mémoires qui nous révèlent toute sa pensée :

La fortification de la place était en bon état et renfermait une artillerie et une garnison capables d'en prolonger la défense, sous le commandement du général Garcia Conde, maréchal de camp jeune et actif. Indépendamment des troupes réglées, la ville renfermait avec une population exaltée, beaucoup de paysans des campagnes voisines, qui, animés des mêmes sentiments, étaient acccourus avec des armes et des vivres. Le général Suchet jugea que dans une guerre populaire, ces moyens de défense de la place pourraient tourner à l'avantage de l'attaque, s'il parvenait à diriger les opérations du siége contre le moral des défenseurs.....

Vers le 12 mai, au soir, les deux brèches du bastion *del Carmen* paraissaient larges et accessibles ; des déserteurs suisses y passèrent dans la nuit et vinrent dans nos tranchées. On apprit par eux que des coupures et des batteries dans l'intérieur de la ville étaient établies pour nous combattre au moment de l'assaut.

Cette circonstance attira l'attention du général en chef. Comme il l'avait espéré dès le commencement du siége, il voyait le gouverneur, au lieu d'isoler et de préparer la défense du château, persévérer dans celle de la ville, quoique le moment de capituler pour elle fût arrivé. C'était sans doute un effet de l'influence qu'avait sur ses conseils la population armée qui, avec plus d'ardeur que de prudence, servait d'auxiliaire à la garnison. Le général français résolut en conséquence, d'enlever sans plus de retard, les deux redoutes sur le plateau de *Garden* et l'ouvrage à cornes. Le vaste terrain qu'ils couvraient aurait pu, au moment de l'assaut de la ville, devenir un asile pour ses habitants; son intention au contraire était de les forcer à se réfugier au château, précisément dans l'espoir d'en abréger le siége et d'en diminuer les malheurs.

Vient ensuite le récit de la prise de ces ouvrages, et de l'assaut donné aux brèches qui furent promptement escaladées.

Le général en chef aspirait à un résultat beaucoup plus important que celui dont la valeur des troupes venait de couronner ses efforts Eviter, s'il était possible, le siége du château, était un succès incomparablement plus utile. Il fit entrer par le pont le colonel Robert du 117ᵉ et le dirigea vers la porte Saint–Antoine. Alors toutes les troupes, par un mouvement concentrique, s'attachèrent à pousser la garnison et les habitants à coups de fusils, de rue en rue, de maison en maison, vers la partie haute et vers le château, afin de les forcer à s'y réfugier. Le feu du château sur la ville, en augmentant le dan-

ger et la frayeur des habitants, contribua à les précipiter
pêle-mêle avec la troupe, vers les fossés et les pont-levis.
Poursuivis par nos soldats, ils se hâtèrent de pénétrer dans
l'enceinte et de s'y renfermer, sans que le gouverneur eût le
temps d'ordonner qu'on les repoussât, ou la force d'exécuter
cet ordre. Nos mortiers et nos obusiers ne cessèrent de tirer
toute la nuit et le lendemain pendant la matinée. Chaque
bombe dirigée sur l'espace étroit qui contenait cette multitude, tombait sur des groupes entassés de combattants et de
non-combattants, et portait la destruction et le désordre. On
sent que les efforts du gouverneur et des militaires les plus
déterminés, devaient être enchaînés par la présence de ces
femmes, de ces enfants, de ces vieillards et de ces paysans
sans armes, qui de la fureur populaire, tombaient tout-à-
coup dans le découragement et la crainte de la mort. Comme
le général Suchet s'en était flatté, ces dispositions eurent un
effet prompt et décisif. Le 14 à midi, un drapeau blanc flotta
sur le donjon ; et bientôt après un parlementaire vint proposer de se rendre et demander des conditions.

Ce serait bien ici l'occasion de fulminer avec Bousmard, le colonel Jones et autres de la même école
contre un pareil raffinement de barbarie; et de s'in-
digner de la conduite d'un général qui, se disposant
à bombarder un château, prend soin d'avance d'y
agglomérer une foule tellement compacte d'habitants
de tout âge et de tout sexe, que chaque éclat de ses
projectiles ne peut manquer d'en exterminer plusieurs. Loin de songer à s'en faire un crime, le ma-

réchal Suchet, ce brave et loyal militaire, cet administrateur sage et modéré dont le nom est resté cher
aux vaincus, est le premier à s'applaudir du succès de
son plan. « Sans cette circonstance, dit-il, nous eussions, malgré tous nos efforts, passé deux mois sous ce
château justement renommé, dont l'armement est
du double plus considérable qu'en 1707 (1) et la garnison plus du triple. »

Quant à nous, nous sommes trop profondément
convaincus, que le maréchal, en opérant comme il
l'a fait, a diminué les malheurs du siége, pour ne pas
admirer sans réserve sa conduite qui ne présente que
l'apparence de la cruauté, et dont personne n'eut jamais la pensée de lui faire un reproche. Grâce à l'habileté du général en chef, quinze jours de tranchée
ouverte suffirent pour nous assurer cette place; et
nos troupes, renfermées dans ses murs, cessèrent d'a-
voir à craindre les incursions des bandes armées de la
Catalogne, qui étaient déjà venues sous le commandement d'O Donnel les harceler à *Margalef*; et qu'un
siége prolongé leur eût encore infailliblement atti-
rées sur les bras.

Le général Valée commandait l'artillerie, et le colonel Haxo était chef du génie au siége de Lérida.

_____

(1) Époque à laquelle le château soutint un long siége.

SIÉGE DE CIUDAD-RODRIGO

Par les Français en 1810.

—

Deux couvents occupés par les Espagnols génèren considérablement nos approches. On ne songea pas d'abord à s'en emparer. « Le 25 juin, à 4 heures du « matin, l'artillerie ouvrit son feu contre la place, et « continua le 26, sans avoir un avantage décidé sur « l'ennemi ; parce qu'elle cherchait moins à contre- « battre les pièces de la place, qu'à faire brèche et à « *chauffer* la ville . »

Cette observation est de M. le colonel du génie Augoyat, dans son résumé de l'ouvrage de M. Belmas.

Des discussions s'élevèrent bientôt entre l'artillerie et le génie : il fallut en changer les chefs, et remplacer le général Ruty et le commandant Couche, par les généraux Eblé et Valazé. Ce dernier fit adopter son projet. Le couvent de *Saint-François* qui enfilait toute la gauche des attaques ne fut enlevé qu'à la dix-septième nuit.

Onze mortiers et huit obusiers firent feu sur l'intérieur de la place. On se ferait difficilement une idée, dit le C. Belmas, de l'état déplorable où elle était réduite. La partie exposée à l'attaque n'était plus qu'un vaste monceau de décombres. Les autres quartiers étaient ruinés par les bombes, les boulets et par l'incendie.

Don Andrès de Herrasti, commandant, nous dépeint en ces termes la triste situation de l'intérieur de la ville :

La plus grande partie des édifices, dit-il, ont été ruinés ou réduits en cendres. Pas une seule maison n'est restée intacte, et plusieurs rues sont obstruées par les décombres. Les dommages que la ville a éprouvés sont en raison du feu terrible des Français; et elle est si complètement ruinée, que l'on peut dire que toutes les maisons sont à reconstruire... Les maréchaux et généraux français ont été frappés, en y entrant, du spectacle horrible qu'elle présentait.

M. le colonel Augoyat pense que ce mal fut sans nécessité; nous ne sommes point de son avis, car, lorsque l'exaltation des habitants d'une petite ville d'Espagne était assez grande pour pouvoir résister à un bombardement, l'emploi des bombes n'en était pas moins utile pour empêcher la construction des barricades à l'intérieur, et forcer la place à se rendre au moment de l'assaut: sans les projectiles creux du général Eblé, il eût fallu peut-être recommencer la guerre des maisons, comme à Saragosse.

Nous perdîmes à ce siége 182 hommes et nous eûmes 1082 blessés. La perte des Espagnols fut de 1800 hommes, et l'on y fit 3,500 prisonniers.

SIÉGE D'ALMEIDA

Par les Français en 1810.

—

Ce fait militaire nous offre un mémorable exemple de l'utilité des bombardements, et de l'économie que ce genre d'attaque peut produire.

Une garnison de six mille hommes défendait la ville. L'artillerie et le génie des assiégeants étaient commandés par les généraux Eblé et Lazowsky, et l'équipage se composait comme il suit :

Canons.	de 24 — 15	
	de 16 — 10	
	de 12 — 12	62 bouches à feu.
Obusiers de 16 centimètres.	12	
Mortiers	— 9	
Pierriers. . . .	— 4	

Voici les détails que nous lisons sur ce siége dans l'ouvrage de M. Belmas :

Toutes les batteries françaises commencèrent leur feu le

26 août, à six heures du matin, et obtinrent bientôt une supériorité marquée sur celui de la place. Quelques maisons de la
ville furent incendiées, et plusieurs dépôts de poudre firent
explosion sur le rempart du front d'attaque. A quatre heures
du soir, la place ne tirait presque plus; alors les projectiles
furent particulièrement dirigés dans la ville. A sept heures,
une détonnation épouvantable se fit entendre : la terre trem-
bla tout-à-coup, et l'on vit s'élever du centre de la ville un
immense tourbillon de feu et de fumée. Deux bombes lancées
de la première batterie, étaient tombées à la fois sur le grand
magasin à poudre du château qui renfermait cent cinquante
mille livres de poudre, et y avaient mis le feu. Ce fut l'érup-
tion d'un volcan. La cathédrale et les trois quarts des maisons
furent détruites. Cinq cents habitants et un grand nombre de
soldats de la garnison, parmi lesquels cent vingt canonniers,
furent ensevelis sous les ruines. Le reste des troupes ne fut
préservé que par les casemates qu'elles habitaient. Nous-
mêmes, nous perdîmes quelques hommes. Les tranchées
furent remplies de décombres; et des blocs énormes de pierres
et des pièces du plus gros calibre furent projetés dans la campagne par-dessus les remparts. A la suite de cette explosion,
un violent incendie se manifesta dans la ville et dura toute la
nuit. Nos batteries d'obusiers et de mortiers continuèrent le
bombardement.

La ville capitula le lendemain : cette conquête était
importante. On y trouva 174 bouches à feu, peu de
poudre, 500,000 cartouches d'infanterie. « On y re-
« cueillit aussi, ajoute M. Augoyat, 300,000 rations
« de biscuit, 100,000 rations de viande et un ap-

« provisionnement considérable de riz et de vin ;
« parce que le gouverneur sir W. Cox, qui passait
« pour un homme obstiné, avait promis une résistance
« de quatre-vingt dix jours. »

M. le colonel Augoyat qui a blâmé l'emploi des
bombes contre les maisons de Ciudad-Rodrigo, et qui,
pour déprécier ce genre d'attaque, insiste sur les con-
sommations de l'artillerie à ce siége (1), n'indique pas
la dépense de munitions faite par les Français à
Almeïda. Elle ne fut que de 10,000 coups de toute
espèce, et nous n'eûmes que 58 hommes de tués et
320 de blessés.

SIÉGE DE TORTOSE

Par les Français en 1810.

———

Dès la septième nuit, le chemin couvert du corps
de place fut couronné, avant que les batteries françaises eussent tiré un seul coup de canon. Ce fait
unique dans l'histoire des siéges, doit être attribué
au temps obscur qui favorisa les approches, au vent
violent qui empêchait l'assiégé d'entendre le bruit des

(1) Elles s'élevèrent à 18,226 boulets, 11,859 bombes ou
obus et 61,000 kilogrammes de poudre.

travailleurs ennemis; et surtout à la disposition vicieuse des défenses, et notamment du fort d'Orléans,
qui flanquait tellement mal le front à sa droite, que
l'on put négliger l'effet de ce fort et attaquer un rentrant mal fortifié.

Le général Rogniat, après avoir donné la répartition des bouches à feu contre les défenses de la place,
ajoute : « L'artillerie a lancé toute la onzième nuit des
« projectiles creux sur les maisons de la ville, sans
« produire beaucoup d'effet. »

Le maréchal Suchet s'exprime ainsi sur le résultat
de ce feu :

Pendant cette nuit. (la onzième), nos batteries de mortiers
et d'obusiers tirèrent sur le château et sur la partie de la
ville qui l'entoure : le feu fut mis en plusieurs endroits.

C'est bien en effet tout ce que l'on a le droit d'attendre d'une douzaine de bouches à feu, tirant pendant la durée d'une seule nuit ; car on ne peut, en
bonne conscience, s'attendre toujours à un succès pareil à celui d'Almeïda.

Quelle que pût être son opinion à cet égard, le maréchal Valée dirigea le feu de toutes ses pièces et mortiers contre les ouvrages de Tortose, dont le siége fut
conduit dans les règles. Notre ancien chef, honoré
plus tard de la dignité de maréchal de France, com-

prit sans doute, que dans l'état des fortifications de la
place, une attaque méthodique était un moyen sûr et
prompt de s'en rendre maître ; et les évènements ont
confirmé cette opinion.

Ce siége fit un grand honneur au génie, auquel on n'a
peut-être qu'un seul reproche à faire dans cette circonstance, c'est d'avoir voulu, pendant cette onzième
nuit, et tandis que l'on construisait les batteries de
brèche, tenter une descente et un passage de fossé
pour attacher le mineur au pied de l'escarpe de la
face droite du demi-bastion. Mais l'entreprise ne réussit pas. L'ennemi la contraria par le moyen de deux
pièces de flanc qui défendaient le fossé, et en faisant
rouler des bombes sur la tête des sapeurs. Plus tard,
quand ces pièces furent démontées, le passage put
s'exécuter, et le mineur fut attaché à l'escarpe ; mais
ce travail coûta la vie à plusieurs de ces soldats, qui se
trouvèrent aux prises avec une maçonnerie antique,
plus dure que le roc.

Le colonel Pasley, dans les *Règles pratiques sur les
opérations d'un siége*, nous fait à ce sujet une singulière révélation :

Le général du génie Valazé qui était employé aux mémorables siéges de Saragosse et de Tortose, étant venu me faire
une visite, il y a quelques années, avec l'intention de voir
notre établissement de Chatham, je lui fis remarquer, dans la

conversation que nous eûmes sur l'un de ces siéges, que ce passage du fossé du corps de place et cet établissement du mineur au pied de l'escarpe pour y faire brèche, était une entreprise de nature à faire beaucoup d'honneur aux officiers du génie, mais totalement inusitée dans les temps modernes. Il me répondit que l'artillerie française était occupée dans ce moment à faire ses batteries de brèche, et que les ingénieurs n'ayant rien à faire et ne voulant pourtant pas rester dans l'inaction, avaient eu recours à la mine, comme l'indiquait le journal que j'avais en ma possession. Il en concluait que le système anglais qui charge le génie de tous les travaux du siége (batteries comprises), est préférable au système français qui divise les travaux en deux départements (1).

Nous serions tout-à-fait de l'avis du général, s'il nous était positivement démontré que l'objet princi-

(1) I remarked, in conversation with him in reference to the last of these sieges, upon the circumstance of the french engineers having effected the passage of the main ditch and established mine in the body of the place, for the purpose of breaching it, as a thing highly creditable to them, but very unusual in recent times. He explained that the french artillery were at that period employed in making the breaching batteries; and that the engineers having nothing to do, and yet being unwilling to stand still, had recourse to mining in the manner described in the journal of the siege which was in my possession ; and he stated his opinion at the same time, that he considered the british system of employing the engineer department in all the works of a siege , as being preferable to the french system of dividing these works between two departments.

pal d'un siége doit être de donner un travail continu
aux troupes du génie.

L'effet des batteries contre les remparts de Tortose
fut prodigieux ; et les brèches étant devenues prati-
cables au bout de quelques heures, la garnison capitula.

Ce siége, quoique conduit suivant les règles, fut
aussi rapide qu'économique : l'artillerie n'y consomma
que douze mille coups, c'est-à-dire le tiers de ses approvisionnements. C'est un de ces cas assez rares où
une attaque régulière peut s'exécuter avec autant
d'avantages qu'un bombardement.

SIÉGE DE BADAJOS

Par les Français en 1811.

———

Le maréchal Soult ayant l'intention de bombarder la ville,
on commença sur un mamelon situé à gauche de la tranchée,
une batterie pour deux mortiers ; on fit aussi construire dans
la même intention une batterie de deux obusiers de 16 centimètres.

Le 3 février, à onze heures du soir, ces deux batteries commencèrent le bombardement, et mirent le feu dans plusieurs
endroits de la ville. Les habitants effrayés poussèrent des
cris qui se firent entendre jusques dans nos camps. Une par-

tie de la population sortit de la ville par la porte de *las Palmas*, pour se réfugier sur la rive droite de *la Guadiana*.

Le c. BELMAS.

Quelques jours plus tard, dans un moment où les communications devinrent libres, une foule d'habitants en profita pour abandonner la place, en y laissant des provisions qui furent très utiles aux défenseurs. Il est encore plus important dans un bombardement que dans un siége de clore parfaitement le blocus.

L'attaque prit ensuite une tournure méthodique; et la garnison capitula, lorsque les Français allaient escalader une brèche de trente mètres de largeur faite à une courtine de corps de place. Toutefois les opérations éprouvèrent du retard par suite de contestations entre les chefs de l'artillerie et du génie (1);

(1) M. le colonel du génie (depuis général) Lamarre, qui nous a laissé une relation de ce siége, critique ce bombardement, qui a eu le tort en effet d'être entrepris avec de trop faibles ressources :

« Il est surprenant, s'écrie-t-il, que, malgré l'opinion qu'ont « généralement les militaires sur l'inefficacité de ce moyen, « puisqu'il n'a jamais contraint une place bien défendue à se « rendre, on ait pu l'employer devant Badajos, où nous man- « quions de projectiles creux pour remplir l'objet qu'on de- « vait avoir principalement en vue, celui de chasser l'assiégé des

on ne prit Badajos qu'après quarante-deux jours
de tranchée ouverte. La garnison était de neuf mille
hommes.

« fortifications et d'éteindre le feu de ses batteries, afin de facili-
« ter les approches et déterminer la reddition de la place. Nous
« faisons cette remarque, pour faire sentir que tous les efforts de
« l'artillerie doivent, à moins de circonstances accidentelles, être
« dirigés exclusivement contre les fortifications et les établisse-
« ments militaires qui servent à la défense ; et qu'il faut aban-
« donner l'usage *barbare* de bombarder les villes, dans l'unique
« but de les détruire avec fracas et de ruiner les habitants ; at-
« tendu qu'outre les dépenses onéreuses que cette méthode occa-
« sionne, elle devient préjudiciable aux assiégeants après la prise
« de la place ; et si, contre toute attente, ils sont obligés de lever
« le siége et de se retirer, il ne leur reste que *la honte* d'avoir
« employé vainement d'affreux moyens faits pour souiller les
« annales militaires, comme nos ennemis en donnèrent l'exemple
« à Lille, à Dunkerque. »

Cet article ne nous porte aucune raison nouvelle ; c'est une
redite de Vauban et de Bousmard. Nous savons combien il est
peu exact de croire que *l'unique but de ce système soit de détruire
les villes avec fracas et de ruiner les habitants.* Mais la plus forte
erreur de M. le colonel Lamarre, est de prétendre que les Autrichiens, les Prussiens et les Anglais se sont couverts de honte par
leurs tentatives contre Lille, Thionville et Dunkerque. Admettre
une pareille hérésie, serait reconnaître que Marescot s'est désho-
noré en bombardant Maëstricht, Suchet, en bombardant Valence, et Napoléon en faisant bombarder Magdebourg, Breslau et
bien d'autres villes. Le succès, en bonne morale, ne saurait jamais justifier l'emploi d'un moyen honteux.

SIÉGE DÉ TARRAGONE.

Par les Français.

—

Cette place qui communiquait librement avec la mer, put recevoir des secours pendant toute la durée de son siége; aussi fallut-il des prodiges de valeur pour s'en rendre maître : les troupes françaises n'en vinrent à bout qu'après quarante-cinq jours de tranchée, et avec une perte de 4,300 hommes.

Tarragone fut prise d'assaut. Le rapport du général Contreras, gouverneur de la place, donne les détails qui suivent sur cet évènement.

Les Français occupèrent les murailles de la vieille et nouvelle enceinte et se répandirent dans les rues, où furent tués,

---

C'est la première fois que la ville de Dunkerque nous est citée comme un exemple de bombardement. Parmi les raisons que nous avons de croire que cette attaque ne fut pas plus sérieuse que celle de Thionville, nous citerons la note suivante extraite des journaux des siéges de la Péninsule par le colonel Jones :

« On sait généralement que le retard occasionné dans les opérations militaires par l'impossibilité où se trouvait le duc d'Yorck de réduire Dunkerque, faute d'approvisionnement et *d'artillerie*, fut la première cause qui nuisit au succès de cette campagne. »

blessés ou au moins pillés sans distinction, hommes, femmes,
enfants. Néanmoins la tragédie fut moins sanglante qu'elle
aurait pu l'être, parce que les officiers français, pleins de générosité, sauvèrent tous ceux qu'ils purent(1), s'exposant eux-
mêmes à être victimes de leurs propres soldats, qui altérés de
pillage, ne songeaient qu'à voler et à tuer.

Le maréchal Suchet me fit porter sur un brancard à son
quartier général; et là, en présence des officiers principaux de
son armée et de la nôtre, il m'apostropha en me disant que
j'étais la cause des horreurs commises par ses troupes dans
Tarragone, pour m'être défendu au-delà de ce que com-
mandent les lois de la guerre ; que ces lois me prescrivaient
de me punir de mort, pour ne lui avoir point demandé une
capitulation dès que la brèche avait été ouverte ; qu'en prenant la place d'assaut, il avait le droit de tout mettre à feu et
à sang; et que c'est pour cela que l'assiégé doit arborer le
drapeau blanc, et se rendre, dès que la brèche est ouverte.

Je lui répondis que quoique la loi prescrive que tout assaillant, s'il pénètre, puisse livrer au sac et au glaive la garnison et les habitants, et qu'elle admette pour capituler le
moment qui précède l'assaut, elle n'empêche pas néanmoins
la garnison de se défendre : que j'avais résisté, parce que
j'avais des forces suffisantes pour repousser les assaillants (2),
et que j'en serais venu à bout, si l'on avait exécuté mes
ordres ; que d'ailleurs j'attendais, le jour suivant, des secours
du marquis de Campo-Verde et des Anglais : qu'après avoir

(1) Contreras blessé d'un coup de bayonnette et menacé de la
mort, en fut préservé par un officier du génie. (Mémoires du maréchal Suchet).

(2) La place contenait alors huit mille hommes.

résisté jusqu'au moment où la brèche fut ouverte, j'aurais passé pour un lâche, si je n'avais eu la hardiesse de me défendre; et qu'aucune loi ne s'oppose à ce que l'on repousse l'assaut...

Cette noble réponse valut au malheureux Contreras un accueil honorable; mais elle fait voir à quelles terribles conséquences l'opiniâtreté d'un gouverneur peut exposer tous les habitants d'une ville, à la suite d'un siége mené dans les formes.

SIÉGE DE VALENCE.

Par les Français en 1812.

Le maréchal Suchet venait de renfermer dans cette ville le général Blake et son armée, et avait résolu de faire cette armée prisonnière dans le camp retranché. Craignant une nouvelle Saragosse, l'Empereur dont les vues se portaient déjà sur la Russie, voulut terminer la guerre d'Espagne par un coup d'éclat, et mit de grandes ressources à la disposition du maréchal. L'équipage de siége se composait de 86 pièces de 24 et de 16, et de 24 mortiers et obusiers.

Cette grande ville de commerce, encombrée de

seize mille soldats de même nation que ses soixante
mille habitants, et démoralisés par de nombreux
revers, se trouvait ainsi dans des circonstances très
favorables pour qu'un bombardement pût y réussir.
Celui de Valence eut d'autant plus de succès, que
l'on y divisa, comme à Maëstricht, les obusiers et mortiers en plusieurs batteries qui pouvaient répandre
leurs feux sur toute la superficie de la place. Ici même
l'enceinte de la ville était si faible, que l'on put s'abstenir de contrebattre l'artillerie des Espagnols; en
sorte que Valence fut prise sans que l'on tirât un seul
coup de canon. Trois jours de feu ont suffi pour la
réduire.

Voici quelle était la disposition des batteries incendiaires :

Batterie des Capucins. . . .	8 mort. de 32 cent.	
Redoute	{ 1 obus. de 16 id.	
	{ 2 mort. de 22 id.	
Batterie de Ruzaffa. . . .	{ 4 obus. de 22 id.	
	{ 2 obus. de 15 id.	} 24 bouches à feu.
	{ 2 mort. de 27 id.	
Batteries à la droite de St-Vincent	{ 3 obus. de 22 id.	
	{ 2 mort. de 27 id.	

Ces batteries n'envoyèrent dans la place que
2,700 projectiles. Le maréchal se rendit ainsi maître
en moins de huit jours et à bien peu de frais d'une
grande ville fortifiée, d'une armée de 16,000 hommes
et 1,800 chevaux, de 374 bouches à feu, 26,800 pro-

jectiles, 12,000 fusils, 180,000 livres de poudre et trois millions de cartouches.

Pendant le tir des obusiers et mortiers, le génie poussa ses cheminements vers l'enceinte ; c'est ce qui fait dire à M. Augoyat que la crainte d'éprouver le sort de Tarragone détermina la capitulation. de Valence. La terreur des évènements futurs put bien exercer quelque influence sur le sort de la place ; mais certes la première et la plus puissante des raisons qui en entraînèrent la chûte, fut le sentiment des maux présents, maux terribles que chaque minute augmentait, et qui menaçaient toutes les existences. La fureur du peuple eût fini par se tourner contre Blake et ses troupes, s'ils n'eussent prêté l'oreille à ses clameurs.

Extrait du rapport du général Blake au conseil de guerre sur la reddition de Valence.

Dans la journée, vers deux heures de l'après-midi, le bombardement commença, et fut continué nuit et jour, les 6, 7 et 8 janvier. Ses ravages sur les édifices et parmi les habitants furent terribles ; la dévastation s'étendit de toutes parts, et les gémissements du peuple allaient toujours croissants : sa situation était en effet d'autant plus cruelle, que la ville de Valence n'avait aucun abri à l'épreuve de la bombe.

On trouve dans la délibération des autorités militaires sur le même objet, la phrase suivante :

Tous les membres ci-dessus désignés s'étant réunis, Son Excellence leur a fait connaître la sommation du général ennemi, et elle a témoigné son désir d'avoir l'avis de chacun d'eux sur ce qu'il fallait faire dans les circonstances critiques où se trouvait la place. Le conseil a pris en considération tout ce que les habitants ont souffert depuis trois jours par le bombardement, les cris du peuple qui demande la fin de ses maux...

Il ne faudrait cependant pas croire que l'esprit des habitants nous fût plus favorable à Valence que dans les autres villes d'Espagne. A son entrée, le maréchal Suchet, malgré sa douceur habituelle pour les vaincus, se vit obligé de sévir contre un grand nombre de personnes. Cinq cents moines furent dirigés sur la France ; cent quarante-huit, trop vieux, furent renfermés dans un couvent à huit lieues de la ville ; et cinq des plus coupables qui promenaient dans les rues la bannière de la foi, et prêchaient sur les places publiques au moment de la capitulation, pour exciter encore le peuple, durent être fusillés.

Sur trois mille paysans des environs de Valence qui avaient pris les armes, écrit le maréchal Suchet au prince Berthier, j'en ai fait arrêter 480 comme suspects ; ils partent liés pour la France. Parmi eux se trouve un assez grand nombre de chefs de guérillas; plusieurs ont été fusillés ou vont l'être. Dans sa fureur, le marquis de Palacio était parvenu à organiser en milices 10,000 habitants, et les hommes de 70 à

80 ans avaient des postes assignés dans la défense de la ville. Je les ai tous fait réunir aujourd'hui : toute la ville tremblait de voir les chefs de famille enlevés. Le général Robert a eu de la peine à obtenir des officiers qu'ils fassent connaître les plus coupables; j'espère cependant finir par les découvrir; trois des plus furieux sont au château et seront fusillés. Trois cent cinquante étudiants servant d'auxiliaires à l'artillerie et tous fort exaltés, ont été enlevés et seront conduits en France. J'ai ordonné la dissolution de tous ces corps. Tous les assassins des Français seront recherchés et punis : déjà plus de six cents ont été exécutés par la fermeté du juge espagnol Marescot.

Les détails qui précèdent, prouvent que la chute des bombes sur les édifices est le calmant le plus énergique que l'on puisse opposer à l'exaltation des habitants d'une ville. Il faut à la fureur, du mouvement, de l'agitation, pour qu'elle puisse se soutenir; et nous lui avons maladroitement fourni ces aliments à Saragosse. En frappant, au contraire, des gens irrités que l'on tient dans l'impuissance de nuire, on voit leur rage s'apaiser tout-à-coup, comme au château de Lérida, comme à Valence.

SIÉGE DE CIUDAD-RODRIGO.

Par les Anglais en 1812

Les Anglais n'employèrent que du canon contre

cette place, et s'abstinrent de la bombarder, par égard, nous dit le capitaine John May, pour leurs alliés, les Espagnols (1). La difficulté des transports dut bien aussi entrer pour quelque chose dans cette détermination. Mais les malheureux habitants n'eurent guère à se louer de cette attention que l'on eut pour eux.

La ville ayant été prise d'assaut, devint le théâtre du plus affreux désordre. Les vainqueurs se livrèrent au pillage, et aucune maison ne fut épargnée; ils mirent le feu en plusieurs endroits, et le sac dura toute la nuit.

Le jour vint éclairer les horreurs de cette scène. Lord Wellington ne parvint à faire cesser le désordre qu'en faisant évacuer la ville, où il ne laissa que quelques postes pour rétablir la tranquillité, et arrêter les progrès de l'incendie qui dura six jours et menaça de consumer toute la ville.

Le c. BELMAS.

SIÉGE DE BADAJOS

Par les Anglais en 1812.

—

Cette ville fut encore plus maltraitée que la précé-

(1) The reason why mortars were not allowed to be made use at Ciudad-Rodrigo and Badajos, was from a motive of humanity, these towns being inhabited by the Spaniards, our allies.

dente, malgré le soin que prit l'assiégeant de n'y pas envoyer de bombes. Le maréchal Suchet nous donne d'après un témoin oculaire, l'idée suivante de ce qui se passa dans la place, quand elle eût eu le malheur d'être enlevée d'assaut.

Les scènes qui suivirent sont trop horribles et trop dégoûtantes pour être racontées. Que l'on se représente tous les excès que peuvent commettre trois ou quatre mille hommes armés, la plupart complètement ivres, et beaucoup sans aucune idée de morale, courant, çà et là, dans une ville livrée à leur merci. Il est juste cependant de déclarer que cette conduite ne fut pas universelle. Plusieurs d'entre nous risquèrent leur vie pour sauver des femmes sans défense ; et quoiqu'il fût alors très dangereux pour les officiers de se produire, j'en vis quelques-uns, dans ce jour d'horreurs, déployer autant de courage dans l'intérêt de l'humanité, qu'ils en avaient fait voir la veille en montant à l'assaut (1).

Le général anglais Napier, nous présente en ces termes le tableau de la désolation de la ville :

Maintenant se développe une série hideuse de crimes où vient se ternir le lustre de l'héroïsme de nos soldats. Tous, il est vrai, ne se montrèrent pas les mêmes ; car des cen-

(1) Voyez *la Vie d'un soldat*, ouvrage imprimé à Gloscow, publié par extraits dans le *London Magasine* et traduit dans *la Revue britannique*, page 55, tôme vii, numéro de septembre 1826.

taines risquèrent et plusieurs perdirent la vie, en s'efforçant
d'arrêter une licence effrénée : mais la démence prévalait
généralement, il faut le dire; et comme en pareil cas la pire
espèce d'hommes dirige les autres, toutes les passions les plus
détestables de la nature humaine, s'assouvirent au grand
jour. Une rapacité sans pudeur, une brutale intempérance,
une luxure sauvage, la cruauté, le meurtre, des cris de douleur et de pitoyables lamentations, des gémissements, des
cris de joie, des imprécations, le rugissement des flammes
qui dévoraient les maisons, le fracas des portes et des fenêtres brisées, le bruit des fusils qui servaient d'instruments
à la violence, voilà le spectacle qu'offrirent les rues de Badajos pendant deux jours et deux nuits ! Enfin, le troisième
jour, quand le sac de la ville fut consommé, quand les soldats eurent été mis à bout par leurs propres excès, le tumulte
s'éteignit de lui-même avant d'avoir pu être maîtrisé : on
songea alors à visiter les blessés et les morts...

On frémit à la pensée que toutes ces horreurs re-
tombaient sur un peuple ami de la Grande-Bretagne !
Quels excès ces barbares n'eussent-ils donc pas commis dans nos villes, s'il leur eût été donné de s'en
emparer à la suite d'un assaut. Tels sont pourtant les
maux auxquels on expose les habitants des forteresses,
que par un sentiment bien irréfléchi d'humanité,
l'on a cru devoir s'abstenir de bombarder.

SIÉGE DES FORTS DE SALAMANQUE

par les Anglais, en 1812.

—

Nous ne mentionnons ce fait militaire que pour constater l'action des boulets rouges comme moyen incendiaire. Le fort Saint-Vincent très énergiquement défendu par le chef de bataillon Duchemin, eût certainement tenu quelques jours encore, si les flammes qui dévoraient le couvent, n'eussent forcé le commandant à parlementer. Il avait éteint le feu dix-huit fois avant le dernier incendie.

Extrait du rapport du maréchal Marmont au duc de Feltre, ministre de la guerre.

Dans la nuit du 27, le feu des batteries redoubla d'intensité; et l'ennemi fatigué d'une résistance qui lui paraissait exagérée, tira à boulets rouges sur les établissements du fort. Malheureusement les magasins renfermaient une grande quantité de bois de démolition; ils s'enflammèrent, et bientôt le fort devint la proie d'un vaste incendie. Il fut impossible à la brave garnison qui le défendait, de supporter à la fois l'attaque de l'ennemi et l'incendie qui détruisait ses défenses, ses magasins et ses vivres, et mettait les soldats eux-mêmes dans la position la plus épouvantable. Elle dut donc se rendre

à discrétion, après avoir eu la gloire de repousser deux assauts et de faire perdre à l'ennemi au-delà de treize cents
hommes, c'est-à-dire plus du double des défenseurs.

SIÉGE DE SAINT-SÉBASTIEN.

par les Anglais, en 1813.

—

Un obus de l'assiégeant qui communiqua le feu à
un amas de projectiles creux et de cartouches, en ar-
rière et près des défenseurs de la brèche de la courtine, causa du trouble parmi les Français et détermina le succès de l'assaut et la retraite de la garnison dans la citadelle. Ces événements eurent lieu
le 31 août.

Les Anglais perdirent 5,069 hommes dans ce siége,
et les 3,185 soldats qui défendaient la ville furent
réduits à 1,858, dont 1,377 présents sous les armes,
le reste hors de combat.

Maîtres de la ville, les assiégeants y commirent
leurs excès accoutumés, comme le prouve cet extrait
du manifeste de la junte de Saint-Sébastien :

La ville de Saint-Sébastien a été incendiée par les troupes
anglaises, après avoir éprouvé de la part de ces troupes un
sac horrible et tel que l'on n'en a pas d'idée dans l'Europe ci-

vilisée... A l'entrée des alliés, la joie, l'affection et le patriotisme des loyaux habitants, longtemps comprimés par la sévérité des Français, éclatèrent de toutes les manières ; mais insensibles à des démonstrations aussi sincères, aussi pathétiques, ils y répondaient par des coups de fusil tirés contre ces mêmes croisées et balcons d'où partaient les félicitations, et sur lesquels périrent un grand nombre d'habitants victimes de l'expression de leur amour pour la patrie; présage terrible de ce qui allait suivre .. O jour à jamais malheureux! ô nuit cruelle ! on négligea jusqu'aux précautions que semblaient indiquer la prudence et l'art militaire dans une place dont l'ennemi occupait le château, pour se livrer à des excès inouïs et tels que la plume se refuse à les décrire. Le pillage, l'assassinat, le viol furent poussés à un point incroyable; et le feu que l'on découvrit pour la première fois à l'entrée de la nuit après la retraite des Français, vint mettre le comble à cette scène d'horreur. On n'entendait de toutes parts que des cris de détresse, des femmes que l'on violait sans avoir égard à leur vieillesse respectable, des épouses outragées sous les yeux de leurs époux, des filles déshonorées en présence de leurs parents...Ces excès durèrent plusieurs jours, sans qu'on prît aucun moyen pour les arrêter. Ils paraissaient autorisés par les chefs, puisque les effets volés dans la ville étaient vendus publiquement à la vue et dans le voisinage du quartier général... Lorsque, le 25 juillet, nous avions vu arriver des prisonniers anglais et portugais, nous avions volé à leurs secours ; les femmes les plus délicates couraient à l'hopital pour leur prodiguer des soins, et leur chercher du linge et des vivres. La récompense de tant de fidélité et de dévouement a été la destruction de la ville !

Nous répondons sur notre tête de l'exacte vérité de cette relation que nous avons tous signée.

L'explosion qui eut lieu derrière la brèche rendit inutile le retranchement intérieur, ce qui prouve qu'il ne faut pas toujours compter sur une pareille défense contre un assaut. Au surplus, Saint-Sébastien devait fatalement tomber au pouvoir des Anglais par suite d'escalade : les Français n'étaient pas gens à leur céder d'emblée le mont *Orgullo,* sur lequel ils se défendirent encore pendant huit jours; ayant forcé l'ennemi à ouvrir contre le château le feu de cinquante-neuf pièces, dont vingt-huit mortiers et obusiers.

Dans nos sociétés modernes, chaque état confie le soin de sa défense à une armée permanente ; et sous cette puissante égide, le reste de la population peut librement et paisiblemeut vaquer à toute espèce de travaux. Un conquérant qui vient porter la guerre chez ses voisins, n'a donc à lutter d'ordinaire que contre une classe d'hommes qui est armée pour conserver l'indépendance du peuple envahi.

La guerre de la Péninsule nous offre à cet égard un caractère tout particulier. Nos ennemis les plus acharnés dans ce royaume n'étaient point les soldats. De toutes les nations de l'Europe, aucune ne devait être plus odieuse aux Espagnols que la nôtre , au sortir d'une terrible révolution dans laquelle elle avait abjuré ses croyances , et se présentait aux yeux de l'Europe encore toute souillée du sang des ministres de la religion. Aussi le clergé catholique, si puissant chez nos voisins, parvint-il sans peine à soulever contre nous ces masses haîneuses et cruelles, au sein desquelles l'intolérance avait jadis immolé tant de victimes sur les bûchers de l'inquisition.

De tous les ressorts qui portent les hommes à mépriser la vie, à braver la mort, nous dit le général Rogniat (1) le plus

(1) Considérations sur l'art de la guerre. Chap. XII.

puissant sans doute est le fanatisme. Il place les récompenses dans un autre monde, au delà de cette courte vie qu'il nous habitue à regarder avec indifférence ; il nous les représente grandes, parfaites, sublimes, éternelles, et nous les figure en un mot au gré de nos désirs; enfin, il nous persuade que c'est pour la plus juste des causes, celle du ciel, que nous combattons contre des hommes pervers, soumis à l'injustice et à l'erreur.

Telles étaient les dispositions des Espagnols à l'égard des Français ; néanmoins, quand ces derniers ont eu convenablement recours aux moyens incendiaires, cette ardeur, cette surexcitation religieuse, source abondante de courage, nous l'avons vue constamment paralysée et remplacée dans tous les cœurs par la crainte de la mort. Est-il besoin de dire que partout où ce zèle n'existera pas, où une civilisation plus raffinée sera venue adoucir les mœurs, où l'amour des richesses et du luxe aura trop attaché les hommes à la vie, les bombardements éprouveront une bien plus faible résistance ?

Les guerres de l'empire nous en offriraient de nombreux exemples, qu'il ne saurait entrer dans notre plan de reproduire. Toutefois, parmi les peuples qu'il fut donné à Napoléon de soumettre à ses armes, il en est un dont nous voulons retracer en partie les revers, pour prouver ce que peut la terreur des bombardements sur une armée et une population d'une bravoure incontestable, mais abattues par une défaite. Nous y trouverons l'occasion de connaître le sentiment de l'empereur sur cette manière d'enlever les places.

La rapide conquête de la Prusse en 1806-1807 offrit au corps du génie militaire français trop peu d'occasions de se signaler, pour que les officiers de ce corps nous aient laissé des détails sur l'attaque des forteresses prussiennes (1). Malgré cela, les moyens employés pour réduire ces places ont réussi d'une manière si complète, que nous ne devons pas en perdre le souvenir. Nous empruntons au *Précis des évènements militaires du général Mathieu Dumas* les renseignements abrégés que nous allons reproduire sur cette guerre. Nous consulterons en même temps l'*Histoire des guerres de la Prusse par le professeur Manso*, ouvrage fort estimé en Allemagne. Nous pouvons dire d'avance qu'il n'existe pas sur les faits le moindre désaccord entre les deux écrivains, ce qui prouve l'impartialité historique de l'un et de l'autre, et doit nous inspirer de la confiance dans leurs travaux.

(1) Il faut en excepter la relation du siége de Dantzig par le général Kirgener.

CAMPAGNE DE PRUSSE.

PRISE D'ERFURTH.

—

Les deux défaites d'Iéna et d'Auerstaëdt venaient de porter un coup terrible à la grande armée prussienne, et l'avaient refoulée dans une direction à peu près perpendiculaire à la route de l'Elbe. Napoléon profita de cette circonstance pour diriger son aile droite vers ce fleuve. Le principal obstacle à la marche des généraux français était l'armée de réserve commandée par le duc de Wurtemberg. Mais le premier corps aux ordres du maréchal Bernadotte l'ayant battue à Hall, les Français traversèrent l'Elbe à Wittemberg qu'ils fortifièrent pour en faire une place de dépôt. Ainsi Napoléon atteignit le but qu'il s'était proposé, en ne laissant pas à l'ennemi le temps de se rallier sur la rive droite pour couvrir Berlin.

Pendant ce temps, les troupes formant le centre et l'aile gauche de l'armée française poursuivaient les fuyards auxquels le roi de Prusse avait donné rendezvous vers Magdebourg. La place d'Erfurth, située sur leur chemin, était déjà cernée dès le 15 octobre, lendemain des deux batailles, par le corps du maréchal Ney et une partie de la cavalerie du grand duc de Berg. C'était un lieu de dépôt de munitions, où se trouvait le grand parc de l'artillerie prussienne. « Cette place, dit Mathieu Dumas, qui par elle-même « n'était pas susceptible d'une bonne défense, l'était « bien moins encore par l'encombrement et la con-« fusion qui y régnaient. » Une simple menace en rendit maîtres les assiégeants dans les vingt-quatre heures ; on leur remit la ville et la citadelle ainsi que le fort de *Cyriaxbourg* : ils y trouvèrent quatorze mille hommes, dont huit mille blessés, cent vingt pièces d'artillerie et d'immenses magasins.

Le maréchal Ney y laissa pour garnison les soldats qui avaient le plus souffert dans la bataille, et se remit avec son corps à la poursuite des débris de l'armée prussienne.

BOMBARDEMENT DE MAGDEBOURG.

Chassant devant lui des milliers de fuyards, le maréchal Soult arriva le 21 octobre devant cette forteresse, dont il commença l'investissement. Le corps du maréchal Ney ne tarda pas à l'y rejoindre , et le général Kleist, gouverneur, fut sommé de se rendre. On le menaça d'un bombardement, que les trente mille habitants de cette grande ville redoutaient au plus haut degré; et on lui offrit une honorable capitulation, s'il voulait livrer la place. Il répondit qu'il espérait mériter l'estime de ses ennemis par une belle défense.

Les quinze jours qui suivirent l'arrivée des Français furent employés aux préparatifs de l'attaque. Cette opération fut dirigée par le maréchal Ney, tout seul, le corps du maréchal Soult s'étant mis à la poursuite des troupes commandées par le duc de Weimar.

Le maréchal Ney reçut à cette occasion la lettre suivante du major général de la grande armée.

Berlin, le 5 novembre.

L'empereur, monsieur le maréchal , approuve fort vos idées relativement au bombardement que vous proposez de faire de la ville de Magdebourg. J'écris au général Lemarrois à Wittemberg, j'écris à M. de Thiars à Dresde, pour que l'on vous fasse passer encore huit à dix mortiers et les munitions nécessaires; j'écris également pour que l'on vous fasse passer six pièces de 24. L'empereur trouve qu'il serait néces-

saire que vous envoyassiez un de vos officiers d'artillerie à Wittemberg, et de là à Dresde, pour faire
hâter l'arrivée des objets dont vous avez besoin pour
votre bombardement : même cet officier pourrait
vous procurer de Dresde un équipage de siége, si
cela devenait nécessaire.

Les pièces de 24 vous serviraient à tirer à boulets
rouges. J'écris aux généraux Lemarrois et Songis
qu'ils vous fassent passer un grand nombre d'obus, de
manière que vous puissiez en jeter avec les obusiers
que vous avez, une très grande quantité....

PRINCE DE NEUCHATEL.

Il paraît que l'envoi de cet attirail de bombardement ne se fit pas attendre; car, trois jours plus tard,
le 8 novembre, la capitulation fut signée, quoique la
place contînt une garnison nombreuse et bien pourvue.

Mais, ajoute Mathieu Dumas, on peut croire que le souvenir du désastre qu'éprouva cette ville pendant la guerre de
trente ans, contribua à abattre le courage des assiégés. L'au-
dacieux maréchal Ney, pressant le bombardement et pré-
parant une attaque de vive force, n'était pas moins redoutable
pour eux que l'implacable Tilly l'avait été pour leurs ancê-

tres, lorsque après le furieux assaut du 10 mai 1631, il livra la population au pillage, au meurtre et à l'incendie. La ville entière l'une des plus riches et des plus florissantes de l'Allemagne, fut, à l'exception de deux églises et de quelques masures, réduite en cendres. Le temps n'efface pas les traces de ces épouvantables calamités : leur tradition, écrite sur les ruines, se transmet d'âge en âge.

A peine les projectiles lancés par les Français eurent-ils incendié quelques maisons, que les habitants effrayés se plaignirent hautement d'avoir été sacrifiés, eux et leurs propriétés, pour prolonger une résistance qui n'avait plus d'autre objet que l'honneur des armes. Le gouverneur Kleist, moins heureux que le brave Falkemberg, qui, dans le premier siége, périt glorieusement en combattant, se détermina à rendre la place.. La garnison défila le 11 au matin avec les honneurs de la guerre; et déposa, avec ses armes, cinquante-quatre drapeaux et cinq étendards. Le nombre des prisonniers, en y comprenant les malades et les blessés, s'élevait à vingt-deux mille , parmi lesquels étaient vingt généraux et huit cents officiers. On trouva dans la place huit cents pièces de canon , un million de poudre, un grand équipage de pont et un immense matériel d'autres objets d'artillerie.

Ainsi, quelques bouches à feu dirigées contre les édifices, ont suffi pour faire tomber dans peu d'heures au pouvoir des Français, la formidable ville de Magdebourg, gardée et approvisionnée comme on vient de le dire.

Cet exemple est une nouvelle preuve de la fausseté

des principes suivants que nous avons déjà refutés dans la première partie.

Les coups tirés aux maisons ne contribuent en rien à la prise de la place.

VAUBAN.

Landau ayant supporté quatre-vingts jours et Audaye soixante-huit jours de bombardement, une grande forteresse pourvue de casemates ferait une résistance presque indéfinie.

JONES.

Une attaque de ce genre n'a de chances de succès que contre une petite place sans abris, et contre une place dont le gouverneur ne peut tenir les habitants en respect, à cause de la faiblesse de la garnison.

JONES.

Ce dernier principe recevra un nouveau démenti, quand nous examinerons la défense de Dantzig par les Français en 1813. On a prétendu que la garnison de Magdebourg, quoique nombreuse, était en réalité très faible, les soldats se montrant complètement abattus par les désastres de l'armée prussienne. Mais le gouverneur avait eu plus de quinze jours pour leur remonter le moral, et les préparer à défendre une cause qui n'était pas encore perdue. Ses vingt mille soldats étaient certes plus que suffisants pour contenir une population de trente mille âmes.

Le général Kleist avait fait espérer une vigoureuse résistance : il n'a point tenu parole. Sans prétendre le justifier d'une manière absolue, on pourrait expliquer de la manière suivante la différence qui existe entre son langage et sa conduite.

Le parti qui avait entraîné la cour de Berlin et rendu la guerre inévitable, dit le général Mathieu Dumas, fondait tout son espoir sur la prétendue supériorité de la tactique prussienne. Les victoires remportées par les Français, le succès de leurs vastes plans de guerre, les belles opérations stratégiques de Napoléon, n'avaient point ébranlé cette confiance : c'était chez les militaires prussiens une opinion commune que la fortune avait eu plus de part que le génie à ces prodiges si vantés; que les armes françaises n'avaient point encore subi la véritable épreuve, celle d'avoir à combattre contre la seule armée qui eût conservé la tradition des vrais principes du nouvel art de la guerre, et le glorieux héritage du grand Frédéric.

Imbu comme tous ses collègues de pareilles idées, le général Kleist ne se sera-t-il pas persuadé à l'avance que les menaces du maréchal étaient vaines; que le général français ne méprisait pas assez la garnison pour bombarder la place, et qu'il n'attendait qu'un

équipage de siége pour entreprendre une série d'opérations régulières, absolument comme dans les temps
anciens. Le gouverneur, secondé par de bons officiers,
se complaisait peut-être dans la pensée d'opposer à
ses ennemis une guerre de chicanes, et de leur disputer ses approches; et si les Français eussent adopté ce
genre d'attaque, le nombre des ingénieurs habiles se
serait probablement accru de quelques noms prussiens. Dans cette préoccupation, le général aura porté
tous ses soins sur les préparatifs d'une défense méthodique, sans songer que ses ennemis connaissaient une
marche plus rapide pour enlever les places. Napoléon
avait besoin du maréchal et de tout son corps d'armée
pour les opérations ultérieures de la guerre : il lui fallait la ville en peu de jours; et dès lors, un siége en
règle qui ne la lui eût pas donnée avant six semaines
et qui lui eût coûté bien des hommes, ne pouvait être
pour lui qu'un pis aller; il approuva donc l'emploi
des moyens expéditifs. Mais aussitôt que les bouches
à feu de Wittemberg et de Dresde eurent répandu la
terreur dans la place, l'infortuné Kleist, qui, malgré
la menace de l'assiégeant, n'avait pas compté sur les
bombes et les boulets rouges, ou qui ne croyait pas à
l'effet de ces projectiles, se trouva sans force pour résister aux clameurs du peuple, aux supplications des
magistrats et des notables, parmi lesquels il comptait
peut-être des parents, des amis...

En considérant les choses sous ce point de vue, le
général prussien ne serait pas justifié du reproche de
faiblesse, d'imprévoyance; mais du moins il pourrait
repousser à la rigueur l'accusation de lâcheté. Peut-
être possédait-il le courage militaire : sa condescen-
dance envers les bourgeois prouve qu'il était dépourvu
du courage civil; or un parfait gouverneur doit avoir
l'un et l'autre, quand son autorité s'exerce dans son
pays.

Ces conjectures sur les véritables causes de la reddition de Magdebourg sont confirmées par l'auteur de
l'*Histoire des guerres de Prusse* qui s'exprime ainsi sur
ce fait militaire :

On comptait principalement sur Magdebourg. A la vérité ,
cette place se ressentait de l'extrême négligence du gouvernement, et la guerre avait interrompu les travaux ordonnés
pour sa réparation. Mais bien qu'elle ne se trouvât pas dans
un état complet de défense, c'était toujours un boulevart formidable. Elle contenait des provisions de blé et de farine suffisantes pour plusieurs mois. Les remparts et les arsenaux
étaient garnis de huit cents pièces de canon. Les magasins
contenaient plus de dix mille quintaux de poudre, et la garnison que le prince de Hohenlohe avait renforcée à son passage se composait de vingt-deux mille hommes. De plus, les
grands souvenirs de la guerre de trente ans se rattachaient à
Magdebourg; et *l'on se tranquillisait, dans l'espoir que l'ennemi
n'était point en mesure de l'assiéger avec succès.*

Cette phrase est claire : Magdebourg ayant soutenu un long et terrible siége régulier contre l'armée de Tilly en 1630, on se flattait que l'armée française, en employant des moyens analogues, aurait perdu beaucoup de temps devant cette place; et ce qu'ajoute l'auteur nous explique combien la sécurité des défenseurs devait être grande :

En effet, le maréchal Ney, qui depuis le 25 octobre en avait formé le blocus avec un corps d'environ dix mille hommes, *se trouvant dépourvu de grosse artillerie, demeurait dans l'inaction devant ses murs.* Quelques attaques insignifiantes avaient été repoussées; et de plus sérieuses n'auraient pas mieux réussi, si le soin de la défense n'avait pas été confié, comme partout ailleurs, à un chef incapable.

Nous savons que ces attaques sérieuses ne furent autres que le bombardement ordonné par l'Empereur.

L'historien est du nombre de ceux qui s'en prenant uniquement aux hommes des malheurs du pays, attribue les nombreuses chutes des places prussiennes à la faiblesse et à la trahison de ceux qui les commandaient. Etranger à l'état militaire, Manso ne pouvait reconnaître l'influence du système d'attaque des Français.

Nous croyons que la principale cause des capitulations prématurées fut l'imprévoyance des gouverneurs qui ne s'attendaient nullement à être bombardés. On nous objectera peut-être que les Prussiens devaient connaître les effets de ce système, puisque le duc de Brunswick l'avait employé contre Longwy et Verdun en 1792 ; mais personne n'ignore combien alors, sur la foi des émigrés, on méprisait les révolutionnaires français en Europe (1). Les succès obtenus dans ces circonstances ne durent donc pas prouver grand chose aux Prussiens en faveur de ce genre d'attaque; et les bombardements infructueux de Lille et de Valenciennes achevèrent très probablement de le mettre en discrédit dans leur opinion. A Mayence, le bombardement des édifices ne fut qu'un accessoire du siége. On se rappelle que l'essai qu'ils firent des projectiles

(1) La Prusse avait eu l'occasion, en 1788, de constater l'effet des projectiles creux sur les populations turbulentes. Les Hollandais s'étant révoltés contre leur stathouder, une armée prussienne pénétra dans ce pays pour y rétablir l'ordre , et réussit à tout calmer en moins de quinze jours. Une seule bombe détermina la reddition de la forteresse de Gorcum. Aussi les *mangeurs de fromage* jouissaient-ils de peu de considération en Prusse.

Les partisans de la guerre contre la France en 1792 ne manquaient pas de rappeler cet exemple, en affirmant que l'on aurait encore meilleur marché d'un petit nombre de révolutionnaires , et d'une armée désorganisée par l'émigration de ses meilleurs officiers.

contre les maisons de Landau ne réussit point. Il y avait dans tous ces faits de quoi donner une apparence de raison aux ennemis systématiques de ce procédé ; et si Bousmard, devenu l'hôte du roi de Prusse après la paix de 1795, eut quelque influence dans le pays , elle dut s'exercer dans ce sens; car c'est lui qui, qualifiant d'affreuse et de barbare cette destination donnée aux bombes, affirme qu'il existe *une autre méthode aussi efficace que celle-ci l'est peu* ; et qu'il suffit d'une étincelle de courage dans une garnison, pour rendre tout bombardement inutile.

Si nous ne nous sommes pas trompés dans l'appréciation des véritables causes de la reddition de Magdebourg, nos lecteurs comprendront facilement combien, dans nos écoles, on a tort de se borner à nous enseigner la manière méthodique de prendre les places. En gardant le silence sur ces moyens énergiques employés presque toujours avec succès dans les guerres les plus récentes, on dissimule aux futurs gouverneurs une partie des dangers très réels qui les menacent, et dont l'ignorance peut causer la perte du poste qu'ils sont chargés de défendre.

PRISE DE SPANDAU.

Le 23 octobre, jour où le maréchal Davoust, vainqueur

d'Auerstaëdt, faisait son entrée à Berlin et prenait possession
de la capitale, le maréchal Lannes s'emparait de Spandau. Il
fit d'abord occuper la ville et cerner la citadelle par sa cavalerie légère que suivait de près tout son corps d'armée. Le
commandant de Spandau répondit à la première sommation
qu'il défendrait le poste important que le roi lui avait confié :
il avait une garnison de douze cents hommes; et la forteresse
dont le général Bertrand, aide-de-camp de l'empereur, avait
fait la reconnaissance, était mal armée, mais bien approvisionnée. Dès que la division Suchet, tête de colonne, fut arrivée, et qu'on eut mis en batterie quelques obusiers, le maréchal Lannes s'avançant avec son état-major, fit de nouveau
sommer le commandant de rendre sur le champ cette fameuse
citadelle aux armes de l'empereur Napoléon. L'étonnement
et l'hésitation de ce commandant découragèrent les officiers; la garnison intimidée jeta ses armes et demanda à capituler : le maréchal accorda seulement aux officiers de se retirer dans leurs foyers avec leurs effets.

Mathieu Dumas.

PRISE DE STETTIN.

Le grand duc de Berg, à la poursuite du prince de
Hohenlohe, venait de le forcer à capituler devant
Prenzlau, quand le général Lassalle arrivant près de
Stettin avec la division d'avant-garde, somma cette
place et le fort de Preussen, le 29 octobre. Des pour-

parlers s'établirent, pendant lesquels le général Belliard vint annoncer l'arrivée du grand duc et celle du maréchal Lannes. Il appuya la seconde sommation par la menace d'un bombardement. La capitulation fut signée le soir même; et cet évènement inspire au général Mathieu Dumas les observations suivantes :

La reddition d'une place si importante, le honteux abandon d'une forteresse armée de cent cinquante bouches à feu et le sacrifice d'une forte garnison, ne peuvent s'expliquer, si ce n'est par la terreur dont la défaite totale des armées et l'occupation de la capitale avaient saisi tous les esprits. De tels évènements justifieraient le faux système de l'inutilité des places fortes, s'il était vrai que les officiers auxquels le commandement en est confié dussent jamais se permettre de considérer ce qui se passe au dehors, pour juger l'utilité ou déterminer la durée de leur résistance. Celui-là est un infidèle dépositaire qui rend une place avant d'avoir épuisé ses moyens propres de défense : rien ne peut l'excuser de trahir ses devoirs.

Quelle différence, en effet, entre cette conduite et celle des garnisons françaises laissées en 1813 à Dantzig, à Glogau, à Magdebourg, à Erfurt, etc.; celles-ci défendirent leurs postes sans s'inquiéter des nouvelles du dehors, que les chefs des armées assiégeantes cherchaient constamment à faire parvenir jusqu'à eux.

C'est que les Français conservaient au fond de leurs cœurs une puissante espérance qui les soutenait sur la terre étrangère : ils avaient foi dans le génie de Napoléon ; ils ne doutaient pas que leur empereur, après avoir dompté ses ennemis une fois de plus, ne vînt dans quelques mois opérer leur délivrance et les rendre à leur patrie.

Ajoutons aussi que les places qu'ils gardaient n'étaient point habitées par leurs compatriotes.

PRISE DE KUSTRIN.

Pendant que quatre de ses corps d'armée poursuivaient jusqu'aux rivages de la Baltique les grands débris de l'armée prussienne, et qu'un cinquième corps (celui du maréchal Ney) assiégeait Magdebourg, Napoléon faisait continuer le mouvement sur l'Oder, par le corps du maréchal Davoust et par le corps auxiliaire des troupes de Bavière et de Wurtemberg, aux ordres du prince Jérôme. Le maréchal envoya sa cavalerie légère à Francfort, pour y traverser le fleuve et pousser des reconnaissances sur la rive gauche, puis il détacha le général Gudin avec sa division et six pièces de 12, pour attaquer de vive force la tête de pont, vis-à-vis la forteresse de Kustrin. L'avant-garde du général repoussa sur sa route un détachement de cent cinquante Prussiens, et le poursuivit si vivement, que les chasseurs et les voltigeurs entrèrent pêle-mêle avec les fuyards dans la tête de pont. Le gouverneur de Kustrin fit aussitôt mettre le feu au grand pont sur l'Oder, sous la protection du canon de la place, abandonnant ainsi aux Français les vastes magasins remplis de grains situés sur la rive gauche. Le général Gudin, après avoir étendu les bivouacs de sa division, de manière à en imposer à l'ennemi, fit sommer le gouverneur et le menaça d'un sévère bombardement, s'il ne faisait à l'instant cesser le feu. Pressé par les habitants effrayés, ce gouverneur eut la faiblesse d'envoyer un officier pour proposer au général français un arrangement, d'après lequel la place cesserait de tirer sur la tête de pont. Le général Gudin, qui n'aurait pu effectuer sa menace qu'avec deux obusiers, renvoya l'officier prussien sans vouloir l'entendre.

Cependant une partie du corps du maréchal Augereau s'avançait vers Kustrin pour investir la place et en faire le siége; et le 1er novembre, le général Gudin, qui devait avec sa division rejoindre le corps du maréchal Davoust, s'était déjà mis en route, ne laissant qu'un seul régiment devant la place. Pendant que le général Petit faisait relever les postes, un nouveau parlementaire du vieux gouverneur vint lui demander et lui proposer quelque moyen, disait-il, de ménager la ville. — « *Aucun autre,* répondit le général français, *que de rendre la place; et si je n'en suis maître dans deux heures, j'exécuterai l'ordre de M. le maréchal d'ouvrir le feu de quatre-vingts mortiers ou obusiers déjà mis en batterie.* » Il termina par déclarer qu'il voulait traiter directement avec le gouverneur. Bientôt après, celui-ci parut lui-même sur l'Oder, accompagné du même officier. On entra dans une maison voisine; et là, fût consentie et signée la plus honteuse capitulation.

Deux compagnies de grenadiers traversant le fleuve avec le général, eurent le bonheur de réussir à la faire exécuter et à désarmer la garnison. Ce ne fut pas sans résistance de la part des braves canonniers qui ne voulaient pas quitter leurs pièces, mais la bonne contenance du général Petit leur imposa et ils se joignirent aux autres troupes prisonnières. Le général Gudin rebroussa chemin, rétablit l'ordre, et porta lui-même au maréchal Davoust à Francfort la nouvelle de la reddition de Kustrin. Il ne fallait pas moins que l'assertion d'un tel témoin, pour croire que quatre mille hommes dans une place bien revêtue, ayant des fossés pleins d'eau, construite dans une île où l'on ne pouvait arriver du côté le plus abordable qu'en traversant un fleuve tel que l'Oder, ayant quatre-vingt-dix pièces de canon en batterie sur les remparts, plus de quatre cents dans l'arsenal, des magasins immenses de tout genre, des vivres en abondance, s'étaient rendus à un seul régiment d'infanterie qui n'avait que deux pièces de campagne et un bateau.

MATHIEU-DUMAS.

Nous avons cru pouvoir plaider les circonstances atténuantes en faveur du gouverneur de Magdebourg : il est de toute évidence que nous blâmons sans aucune réserve la conduite des commandants de Spandau, Stettin et Kustrin, qui n'ont même pas attendu l'ouverture du feu des Français pour se rendre, et qui avaient visiblement perdu la tête par suite des malheurs d'Iéna et d'Auerstaëdt.

PRISE DE LUBECK.

—

Malgré l'état de neutralité du Danemarck, dont faisait partie cette ville peuplée de vingt-cinq mille habitants, elle eut le malheur d'être assiégée et enlevée de vive force par les Français.

Après la défaite d'Auerstaëdt, dans laquelle les carrés de la division Gudin foudroyèrent les vingt-cinq escadrons sous les ordres de Blücher, ce général, dans sa fuite, prit la direction de Magdebourg. Mais les troupes françaises lui ayant barré le chemin de cette ville, il ne put passer l'Elbe qu'à Tangermünde, et toujours poursuivi par les colonnes ennemies, il se dirigea vers le nord, avec l'intention de gagner un lieu d'embarquement sur les côtes.

Toutefois, malgré la rapidité de sa marche, il se vit coupé de la Baltique par la cavalerie de Murat; et l'avant-garde du prince de Ponte-Corvo était sur le point de l'atteindre, tandis que le maréchal Soult débordait sa gauche. Après plusieurs combats qui lui firent perdre des hommes et du terrain, le général Blücher, acculé à la frontière et dans l'impossibilité de nourrir son armée, se décida à pénétrer sur le territoire danois, et à occuper Lubeck de gré ou de

force, pour s'y retrancher et y trouver les ressources
qui lui manquaient. Vainement le sénat de la ville
protesta contre cette violation de la neutralité, le
général prussien répondit que dans de telles circonstances, la nécessité était l'unique loi. Il s'occupa donc
de mettre en état de défense les vieux remparts que
les habitants n'avaient pas achevés de détruire.

Le 6 novembre, les Français ayant obligé les avant-
postes à se replier sur la ville, attaquèrent vivement
la *Burg-Thor*; et à la faveur d'un grand feu d'artillerie dirigé par le général Eblé, renversèrent les palissades et pénétrèrent dans l'intérieur de la place. Là
plus grande confusion y régnait parmi les Prussiens,
et la résistance fut des plus énergiques, puisque le
général Blücher y perdit les deux tiers de ses troupes,
et parvint avec beaucoup de peine à se sauver, ame-
nant avec lui quatre à cinq mille hommes.

Les combats, le carnage dans les rues, dans les maisons,
sur les places et dans les temples ne cessèrent que vers l'entrée de la nuit; nuit affreuse, pendant laquelle la malheureuse
ville de Lubeck fut livrée à tous les excès *inévitables après une
prise d'assaut.* Plus de trente mille soldats s'y répandirent en
désordre; et, dans cette confusion, les vaincus se mêlèrent aux
vainqueurs pour prendre part à ces scènes de désolation. Les
efforts des officiers français, trop longtemps inutiles, arrê-
tèrent peu à peu la fureur du pillage ; plusieurs d'entre eux
se dévouèrent, au péril de leur vie, à des actes d'humanité

qui ne sont pas les moindres titres à la gloire des armes. Le prince de Ponte-Corvo rétablit l'ordre, et ne négligea rien pour protéger et consoler ces malheureux habitants.

MATHIEU DUMAS.

Manso nous apprend que quelques heures suffirent aux Prussiens pour transformer la ville de Lubeck à moitié démantelée, en un camp redoutable dont la prise coûta beaucoup de sang aux Français. C'est une leçon dont notre pays pourrait profiter : on fortifie une frontière en détruisant de vieux murs comme en en construisant de nouveaux ; et l'on risque par la conservation des enceintes déclassées et sans garnison, de laisser à la disposition de l'ennemi de bons postes, faciles à retrancher, et dont il profiterait pour nous nuire.

L'évacuation de Lubeck par les Prussiens, ajoute l'auteur allemand, ayant mis un terme aux horreurs de l'assaut, les habitants revenus de leur terreur se croyaient sauvés. Mais à l'entrée des vainqueurs, qui eut lieu le 6 novembre à trois heures après midi, et tout le lendemain, ils se virent plongés dans un abîme de misères. L'ignorance complète des simples soldats sur les rapports politiques de cette ville, l'opinion où ils étaient qu'elle avait pris parti pour les Prussiens et méritait le traitement réservé aux places prises d'assaut, le sentiment de leurs longs et pénibles efforts dont ils attendaient la récompense, la sécurité des citoyens qui ne s'attendaient

point à des actes de violence, enfin la difficulté de se faire
comprendre provenant de la différence des langages; toutes
ces circonstances réunies préparaient aux habitants de tout
état, de tout âge et de tout sexe un sort tel, que dans ce
siècle de civilisation l'histoire se refuse à le retracer...

Nouvel et terrible exemple des maux réservés aux
centres de population où l'ennemi pénètre de vive
force ! L'expérience de tous les temps et tous les lieux
prouve que presque toujours le soldat irrité par les
obstacles qu'il a surmontés, échauffé par le sang qu'il
a vu couler sur la brèche, devient sourd à la voix de
ses chefs et se précipite sur la ville comme sur une
proie. C'est bien alors que l'on peut dire : malheur
aux vaincus !

Toute place qui s'est rendue à la suite d'un bombardement n'a rien à craindre de semblable : une
attaque de ce genre faite dans le but d'accélérer la
capitulation, n'est donc pas un si grand acte de
barbarie.

PRISE DE HAMELN.

Dans le cours de ses conquêtes en Prusse, Napoléon
qui savait au sein de la victoire pressentir les revers,
ne voulut pas négliger d'assurer ses dernières. En

conséquence, le maréchal Mortier, d'après ses ordres, s'empara du pays de Hesse : pendant cette expédition, l'armée du nord, commandée par le roi de Hollande, s'avançait en Westphalie et se dirigeait sur Cassel. Le maréchal porta son corps d'armée à Hanovre et prit possession de cet électorat. Le duché de Brunswick était déjà occupé par des détachements du corps du maréchal Soult. Ainsi, toute la partie de l'Allemagne inférieure, entre le Rhin et l'Elbe, se trouva tout à coup inondée de troupes françaises; et les Prussiens n'y conservèrent que les places de Hameln et Niembourg devenues les asiles des soldats fugitifs.

Les fortifications de Hameln étaient en bon état ; la place abondamment pourvue de vivres et de munitions, l'effectif de la garnison s'élevait à neuf mille hommes. Quand l'investissement eût été terminé sur les deux rives de la Weser, l'Empereur donna l'ordre au général Savary d'en faire le siége, en lui faisant adresser par le major-général de la grande armée les instructions suivantes :

Berlin, le 18 novembre.

« D'après les intentions de l'Empereur, vous voudrez bien, général, partir sur le champ pour vous rendre devant Hameln.

Vous prendrez le commandement des troupes qui bloquent cette forteresse, et vous aurez soin de faire retrancher par de bonnes redoutes tous les postes du blocus.

Vous ferez prendre dans la place de Rinteln des obusiers et des canons pour bombarder la ville, y mettre le feu et en accélérer la reddition...

L'intention de sa Majesté est que vous suppléiez, par de bonnes dispositions, de l'activité et de l'énergie au peu de troupes que vous aurez. »

Une négociation ouvrit, sans coup férir, les portes de Hameln aux Français. A la nouvelle de la capitulation, tous les liens de la discipline et de la subordination furent rompus, les assiégés s'insurgèrent, et les vainqueurs durent employer la force pour les désarmer. — Plusieurs exemples ont prouvé, dans le cours de cette guerre, que les soldats prussiens avaient plus de courage que ceux qui les commandaient.

La place de Niembourg avec ses trois mille hommes de garnison ne tarda pas à suivre l'exemple de Hameln.

BOMBARDEMENT DE GLOGAU.

—

Pour porter la guerre sur la Vistule et au-delà,

l'armée française devait se créer une solide base d'o-
pération sur l'Oder. Stettin était l'appui de la gauche
de cette ligne, Kustrin celui du centre, Glogau (en
attendant que l'on pût réduire la place de Breslau)
devait en être la droite. C'est dans ce but que Napoléon avait fait entrer le prince Jérôme en Silésie, à la
tête d'un corps de Bavarois et de Wurtembergeois.
Les extraits suivants de la correspondance du chef
d'état-major de la grande armée, font voir quel prix
l'empereur attachait à la conquête de Glogau, et
comment il voulait que cette opération fût conduite.

AU PRINCE JÉRÔME.

Berlin, le 5 novembre.

« .... L'empereur ordonne que votre Altesse
envoie le général Deroy pour investir la place de
Glogau avec six mille hommes : ce général devra sommer la place et y jeter quelques obus pour l'obliger
à se rendre. Glogau pris, vous vous y porteriez avec
le reste de votre armée. Votre Altesse prescrira au général Deroy de se faire éclairer, et d'envoyer des
partis de cavalerie sur Breslau, pour intercepter les
courriers et par là connaître la situation de cette
place.....
Si la place de Glogau était dans une situation telle

que le commandant persistât à refuser de se rendre,
et qu'on ne puisse l'avoir sans faire un siége en règle,
ce qui ne parait pas probable, puisqu'on n'a pas eu
le temps de l'approvisionner ni de l'armer; dans ce
cas, dis-je, Monseigneur, l'intention de l'empereur
est que vous jetiez un pont entre Zullicau et Grünberg,
pour, aussitôt que vous en recevrez l'ordre, passer
l'Oder et appuyer le maréchal Davoust qui va recevoir
l'ordre de se rendre à Posen.

Il est donc nécessaire que les gros bagages, le parc
de réserve, les hommes inutiles qui suivent toujours
les corps, restent tous à Grunberg, jusqu'à ce que
l'on sache ce que deviendra Glogau. »

AU PRINCE JÉRÔME.

Berlin, 16 novembre.

L'empereur me charge de prévenir votre Altesse,
qu'elle doit tenir les troupes de Wurtemberg sur la
rive droite de l'Oder et les troupes bavaroises sur la
rive gauche..... Il faut que l'empereur ait Glogau,
telle chose qu'il en coûte : faites donc bloquer strictement cette place. Sa Majesté ordonne que Votre Altesse Impériale fasse réunir des échelles et des fascines,
comme si vous vouliez tenter l'escalade. Faites attaquer, toutes les nuits, les ouvrages avancés par de la fu-

sillade, afin de tenir constamment la garnison en alerte
et sur les remparts ; commandez à cet effet, qu'à dix
heures du soir, à minuit, à deux heures du matin, à
quatre et à six heures, des postes tiraillent sur la place :
la garnison se trouvant toujours sur le qui vive, sera
bientôt harrassée de fatigue, et les habitants en alarme.
Faites courir le bruit que vous attendez un corps de
six mille grenadiers français pour donner l'assaut ;
faites arriver vos mortiers, mettez-les en batterie. Il
est à présumer que quand l'ennemi aura été trois ou
quatre nuits sur le qui-vive, qu'il sera instruit que
vous avez une grande quantité de fascines et d'échelles
de faites, (mais pour cela il faut travailler réellement
à en faire) ; il est probable, dis-je, que le commandant se décidera à se rendre, aussitôt que vous aurez
commencé le bombardement. Envoyez votre cavalerie, sous les ordres d'officiers français, par la rive
droite et par la rive gauche de l'Oder, pour qu'elle
arrive en même temps devant Breslau.....

AU PRINCE JÉRÔME.

Berlin, 19 novembre.

J'ai mis sous les yeux de l'empereur, Monseigneur,
votre lettre. Sa Majesté trouve que les observations
que vous a fait le général Deroy sont très justes ; on ne
peut pas prendre une ville d'assaut quand on n'a

point fait la brêche et quand il y a une escarpe ou une bonne contrescarpe. Sa Majesté pense que ceux qui ont pu être de l'avis d'une pareille attaque ont eu grand tort, car on y perdrait beaucoup de monde inutilement.

Par mes précédentes dépêches, j'ai fait connaître à V. A. I. les dispositions qu'il fallait faire pour tenir la garnison en alerte et sur le qui-vive jour et nuit. Après l'avoir ainsi fatiguée pendant plusieurs jours, après avoir préparé un grand nombre d'échelles et de fascines, après avoir mis en batterie vos mortiers et toutes vos bouches à feu, on peut espérer qu'après quelque temps de bombardement, l'ennemi demandera à capituler.

Si, malgré tout cela, il persiste à se défendre, il faut se décider à faire un siége en règle. Au surplus, une suspension d'armes a été signée; et si elle est ratifiée par le roi de Prusse, la place de Glogau doit être remise aux troupes de l'Empereur.........

AU GÉNÉRAL VANDAMME.

Mézéritz, le 27 novembre.

« L'Empereur ordonne au général Vandamme de laisser le commandement de sa division à son plus ancien général de brigade, et de partir sur-le-champ de sa personne avec ses aide-de-camp, pour se rendre devant Glogau et y prendre le commandement du siége. Il trouvera la place investie par huit mille Wurtembergeois, et des batteries de mortiers établies ou prêtes à établir. Ces mortiers et munitions viennent de Kustrin; l'intention de l'Empereur est que le général Vandamme resserre la place, lui fasse donner toutes les nuits des alertes, qu'il fasse préparer des échelles, afin de menacer la garnison d'escalade; et enfin de commencer le bombardement qui décidera vraisemblablement le gouverneur à rendre cette place..... »

Nous reproduisons ces détails, afin de faire clairement connaître quelle était l'opinion de l'Empereur sur la manière de prendre les places, et de bien conconstater qu'un siége méthodique n'était à ses yeux que l'*ultima ratio* des assiégeants. On voit par sa correspondance, que s'il n'ajoute pas une foi tout à fait absolue à l'effet des bombardements, il pense, du moins, que les chances de réussite d'une pareille attaque sont tellement grandes, que l'on ne doit pas hésiter à les tenter. Nous ajouterons que, dans la circonstance actuelle, ces moyens eurent contre Glogau tout le succès qu'il en attendait. Les mortiers commencèrent leur feu le 29 novembre; et le lieutenantgénéral Reinhart, gouverneur, capitula le 2 décembre, aux conditions que le maréchal Ney avait accordées à

la garnison de Magdebourg. Celle de Glogau était de
deux mille cinq cents hommes; et la place armée de
deux cents pièces de canon et abondamment approvisionnée.

BOMBARDEMENT DE BRESLAU.

—

A peine la prise de Glogau fut-elle connue, que le
prince Jérôme reçut la lettre suivante du major général :

Posen, le 3 décembre,

« L'Empereur ordonne, Prince, que vous partiez le
plutôt possible avec la division bavaroise du général
de Wrède pour vous diriger sur Breslau. Je donne le
même ordre au général Vandamme, qui, comme vous
le savez, a fait capituler Glogau, et qui va marcher
avec les Wurtembergeois sur Breslau. Vous ferez jeter
un pont sur l'Oder, pour établir votre communication avec le général Vandamme; vous prendrez le
commandement du siége de la ville de Breslau qui ne
tardera pas à se rendre. Les mortiers qui ont servi à
faire rendre Glogau sont déjà embarqués et dirigés
sur Breslau; ils y arriveront en même temps que

vous. Vous les ferez mettre en batterie, et avant de faire tirer, vous aurez soin de tenir la garnison en haleine, en suivant les dispositions dont je vous ai parlé dans mon instruction pour le siége de Glogau. Breslau est une immense place ; la garnison n'est pas du cinquième de ce qu'elle devrait être pour sa défense ; et en donnant des alertes toutes les nuits, cela effraiera tellement la garnison, qu'elle sera obligée de se rendre.»

Le général Vandamme arriva le 6 devant Breslau qu'il avait fait investir d'avance. La population de cette ville, capitale de la Silésie, se monte à soixante mille habitants. La place était très largement approvisionnée, possédait un bel arsenal et une garnison forte d'environ six mille hommes. Le lieutenant-général de Thile était chargé de la défendre, et les habitants de la Silésie paraissaient fort dévoués à la Prusse.

De concert avec les chefs de l'artillerie et du génie, le général Vandamme fit construire deux batteries incendiaires à l'ouest de la ville, à droite et à gauche du faubourg *S.-Nicolas*, en s'appuyant sur l'Oder. Celle de droite était armée de deux mortiers et de six obusiers, celle de gauche de trois mortiers et quatre obusiers. On établit en même temps sur la rive droite six pièces ou obusiers de campagne. Ces batteries

commencèrent à tirer le 6 décembre, jour de l'arrivée du prince Jérôme avec le complément de l'armée
de siége.

On doit peu s'étonner que ce faible feu, dont l'effet ne se faisait sentir que sur un quartier de la ville,
n'ait épouvanté ni la garnison, ni la bourgeoisie; et
que le gouverneur ait répondu à la sommation du
prince, qu'il remplirait tous ses devoirs en homme
d'honneur. Du 10 au 15, l'intensité du feu n'augmenta
menta pas; et tout ce qui se trouvait dans la place
eut le temps de se familiariser avec les bombes.

Le 15 décembre, onze pièces de plus se trouvaient
en batterie, ce qui portait le nombre total des bouches
à feu à trente-deux : le bombardement continua et les
remparts y répondirent avec la même vigueur.

Dans la nuit du 22 au 23, pendant que les bombes
pleuvaient sur la ville, le général Vandamme voulut tenter une attaque de vive force sur le faubourg d'*Ohlau*.
Malgré le désordre occasionné dans la place par le feu
des batteries, quelques retards dans l'exécution des
ordres de détail firent manquer l'opération : la lune
qui vint à se lever en ce moment, éclairait les travaux
du passage du premier fossé. On fut forcé de les interrompre sous le feu de mitraille et de mousqueterie
du bastion d'*Ohlau*.

Au 24 décembre, quatre nouvelles batteries avaient

été armées avec des pièces venues de Glogau. Le prince d'Anhalt, qui accourait au secours de la ville, ayant été battu à deux reprises différentes et forcé de se retirer à Schweidnitz, le gouverneur de Breslau perdit tout espoir de délivrance, et se résigna à capi= tuler; quoique le feu des assiégeants, constamment dirigé sur la ville, n'eût point fait brèche aux rem= parts. Il craignit qu'une forte gelée, survenue le 5 janvier 1807, ne portât le général Vandamme à exécuter son premier dessein, qui était d'enlever la place d'assaut.

Nous ne croyons pas nous tromper, en émettant l'opinion que ce bombardement eût mieux réussi, si l'on n'eût pas commencé à tirer avant l'arrivée de presque toutes les bouches à feu.

On trouve dans Manso le détail suivant, qui prouve encore que le bombardement ne fut pas dirigé suivant les règles : « On remarqua que chaque fois que « les boulets rouges faisaient éclater un incendie, « l'ennemi discontinuait son feu, comme pour don- « ner aux assiégés le loisir de l'éteindre, afin sans « doute, de ne pas détruire les ressources qu'il espérait « trouver dans une ville opulente. » Ce calcul nous semble faux dans presque tous les cas : en fait de bombardement les demi-mesures sont mauvaises, surtout dans une place où, comme à Breslau, la bour-

geoisie était bien disposée à résister, et où l'on ne
pouvait réussir immédiatement qu'en frappant de
grands coups, ainsi que le prescrivait l'Empereur.

La possession de Breslau offrait tant de ressources
pour pousser avec vigueur les siéges des autres forteresses, qu'elle entraîna la soumission de la haute et
basse Silésie.

BOMBARDEMENT DE SCHWEIDNITZ.

—

Mathieu Dumas garde le silence sur cette opération,
dont nous empruntons les détails à l'historien des
guerres de Prusse.

On avait une haute opinion de Schweidnitz, construite sur
le penchant d'une montagne, et que sa position avancée rendait comme la clé des autres forts. Depuis la guerre de sept
ans, Frédéric II n'avait épargné aucune dépense pour perfectionner ses moyens de défense; et treize années avaient été
employées par lui en réparations et augmentations. Cette forteresse, dont il n'avait pu s'emparer lui-même qu'après un
siége de neuf semaines, avait été mise en état de résister pendant neuf mois.

Au moment où Schweidnitz fut menacée, elle n'était pas
mieux préparée à la défense que Glogau et Breslau ; mais le
séjour de l'ennemi devant ces deux villes lui fit gagner un

temps précieux qu'elle mit à profit pour s'armer. La garnison, dans le principe, de deux mille hommes seulement, fut portée à sept mille ; le manque d'armes qu'avait occasionné le transport à Graudenz de celles que renfermait l'arsenal, fut réparé en partie par les bons citoyens et les gentilhommes des environs, en partie par des lances que l'on fabriqua à la hâte; il y avait d'ailleurs abondance de vivres et de munitions. Les habitants eux-mêmes manifestèrent beaucoup de résolution et de bonne volonté. Mais, ainsi que dans tout le reste du royaume, les chefs manquaient de lumières et d'énergie, qualités que ni le rang ni les menaces du souverain ne peuvent inculquer.

Aussitôt que Vandamme se fut présenté dans la matinée du 10 janvier devant Schweidnitz, on vit se répéter le même jeu qui avait eu lieu à Breslau. La sommation de se rendre fut rejetée avec hauteur; les deux chefs, comme s'ils eusse. t voulu braver tous les dangers, se partagèrent la défense des ouvrages; les métairies des environs et le village de Kletskau où les assiégeants étaient établis, furent incendiés par le feu des remparts; l'artillerie tonnait sans interruption et l'on ne manquait pas de riposter avec usure aux coups peu nombreux de l'ennemi. Les gens crédules prenant tout cet étalage de résistance au sérieux, se croyaient d'autant plus en sûreté, que l'ennemi n'attaquait qu'avec tiédeur.

Mais leur erreur fut de courte durée. On s'aperçut, dans la matinée du 31 janvier, que l'ennemi avait profité de l'obscurité de la nuit et du bruit de l'artillerie pour pratiquer trois mines, et pour se préparer à l'attaque. Aucune des tentatives dirigées contre les ouvrages n'ayant réussi, *on se flattait que le grand éloignement de ses batteries ne lui permettrait pas d'atteindre les bastions et les remparts, ou du moins d'y faire brèche.*

Mais il montra dans la matinée du 3 février que son dessein n'était pas d'agir contre les fortifications, mais contre la ville. Son feu dirigé contre elle pendant plusieurs jours y causa de grands ravages. Lui-même rétablissait promptement ceux de ses ouvrages que renversait l'artillerie des assiégés. A chaque instant, on voyait éclater dans la ville de nouveaux incendies, qui ne s'éteignaient, pour la plupart, que faute d'aliment, la crainte du danger empêchant les citoyens d'en arrêter les progrès.

Voici donc, suivant l'auteur de cette histoire, des bourgeois courageux prêts à se défendre, pourvu toutefois que l'on ne touche pas à leurs maisons; et une garnison qui, persuadée que l'ennemi voulait s'en prendre aux remparts, se félicitait déjà des difficultés qu'il éprouverait à ouvrir la brèche de si loin. Il est facile d'en conclure que le bombardement était pour tous un moyen imprévu, et auquel naturellement on ne devait pas opposer une sérieuse résistance. Aussi le feu incendiaire des Français, commencé le 3 février, cessa-t-il le 6 à dix heures du matin : la place avait capitulé.

Les chefs de la garnison firent valoir dans le rapport adressé au roi, la résistance qu'ils avaient faite et l'impossibilité de tenir plus longtemps, quoique les faits mêmes démentissent ces assertions. Si, comme on le prétendit, l'artillerie légère manquait, cet inconvénient, dangereux seulement en cas d'assaut, n'était cependant pas sans remède. On était d'ailleurs pourvu de tout; les ouvrages étaient dans le meilleur état, et d'une telle force, que l'ennemi dans son admiration les comparant à ceux de Luxembourg, ne les détruisit presque qu'à regret....

Ainsi le roi Frédéric II dépensa bien des millions en pure perte, pour fortifier une place qui ne devait pas résister plus de trois jours au feu incendiaire de l'assiégeant... Ceci donne beaucoup à réfléchir sur le système de défense particulier à Schweidnitz; et prouve que quand on emploie les forts détachés, il faut au moins les éloigner suffisamment pour qu'ils protégent la place contre les bombes.

SIÉGE DE DANTZIG.

La distance entre l'Oder et la Vistule étant trop considérable pour la sûreté de ses opérations, Napoléon établit une base intermédiaire sur le territoire polonais; puis il franchit ce dernier fleuve. Les évènements qui s'accomplirent au-delà sur un espace assez resserré, prouvent que ce grand homme savait aussi bien conduire une guerre méthodique qu'une guerre d'invasion. On ne peut trop admirer les dispositions qu'il prit après la bataille d'Eylau, dans le but de couvrir l'armée qui assiégeait Dantzig, et paralyser les efforts multipliés de ses ennemis pour secourir la place.

Ceux-ci cependant semblaient avoir beau jeu; car le faible effectif des troupes assiégeantes ne permettait pas de compléter l'investissement d'une forteresse aussi considérable, qu'une vaste inondation rendait inaccessible sur la majeure partie de son enceinte. L'armée de siége était d'ailleurs obligée de se scinder, et de fournir un énorme détachement pour observer l'embouchure du fleuve. En outre, le seul endroit accessible et par lequel on attaqua la place, était le fort du *Hagelsberg*, situé en avant de la ville et à une distance telle, que des batteries de mortiers les plus avancées de l'attaque, on ne pouvait atteindre par les bombes qu'une partie assez restreinte de la surface habitée. Tout le *Speicher-Insel* et le quartier *Lang-Garten* se trouvaient en dehors de la portée de ces projectiles.

Ajoutons que les moyens d'artillerie étaient faibles, et, comme nous l'apprend le général du génie Kirgener, « que l'on avait une peine infinie à faire arriver « les convois, par la difficulté des chemins et de la « mauvaise saison, ce qui a retardé l'établissement « des batteries, et forcé de ménager les munitions « jusqu'à la fin. »

Toutes ces circonstances rendaient insuffisant et peu certain l'emploi des moyens incendiaires, et obligeaient d'attaquer, par la voie méthodique, une garnison qui paraissait disposée à se bien défendre.

Cependant les Français essayèrent encore l'effet d'un bombardement. Le général Kirgener n'en fait aucune mention; mais nous en lisons les détails dans l'*Histoire des guerres de Prusse*, que nous avons déjà eu l'occasion de citer :

Le 25 avril, le ciel était serein et la lune éclairait l'horizon, lorsqu'à minuit, des signaux donnés sur le *Langen–Fahr* et le *Zigankenberg* furent suivis de détonnations épouvantables et d'affreux sifflements. Dix huit cents bombes et boulets furent lancés pendant treize heures consécutives dans la ville, principalement dans les quartiers d'*Altstadt* et de *Reichstadt*, et y portèrent le trouble et la désolation. Un grand nombre d'habitants se réfugièrent dans les endroits hors de la portée de la bombe, particulièrement à *Lang-Garten* et dans le quartier de *Niederstadt*; beaucoup de riches cherchèrent un abri dans les cabanes du pauvre, que leur peu d'élévation dérobait à la vue de l'ennemi; d'autres, dans des souterrains et des caves.

La présence du danger *auquel on n'avait pas voulu croire et contre lequel on ne s'était pas précautionné*, remplit tous les cœurs de trouble et d'effroi. Les assiégeants ne cessèrent point d'entretenir leur feu : ils le dirigeaient tantôt contre la ville, tantôt contre le fort du *Hagelsberg* qui fut considérablement endommagé.

Ce siége, qui dura près de deux mois, fit un grand honneur aux ingénieurs français. On ouvrit la tranchée dans la nuit du 1er au 2 avril 1807. Le 23 de ce même mois, les assiégeants avaient en batterie contre les ouvrages du *Hagelsberg*, les bouches à feu dont voici le détail :

Canons . . { de 24. . . . 18 }		
{ de 12. . . . 28 }	63 bouches à feu.	
Obusiers . . . . 8 }		
Mortiers . . . . 9 }		

Malgré l'adresse de notre artillerie, ajoute le général Kirgener, et la supériorité qu'elle avait dans les salves réciproques sur celle de l'assiégé, celle-ci conservait néanmoins une très grande vigueur, parce qu'il n'avait pas été possible de ricocher les lignes de la fortification ; que nous avions peu de munitions, et que l'ennemi ayant des ressources immenses, pouvait remettre toutes les nuits de nouvelles pièces en batterie, quand on croyait avoir éteint son feu à la fin de la journée.

Le général Kalkreuth, gouverneur de la place, résista vigoureusement aux efforts de l'assiégeant. Parmi les officiers qui le secondaient, se trouvait le célèbre ingénieur Bousmard, émigré français, dont les conseils ne contribuèrent pas peu à l'énergie de la défense. Il fut tué dans le cours du siége (1).

(1) On peut dire que Bousmard fut victime de l'aversion que lui inspiraient les bombardements. Désapprobateur de l'émigra-

L'île *du Holm* donnait à la garnison de très bons revers sur nos cheminements ; il fallut se décider à

tion, il se trouvait à Verdun en 1792, quand cette ville fut investie par l'armée prussienne. M. le colonel Augoyat nous donne sur ce qui s'y passa, des détails que nous reproduisons; car nous y voyons une preuve de plus de la puissance des bombes, surtout au commencement d'une guerre.

« Le 31 août, le duc de Brunswick somma le commandant
« Beaurepaire de rendre la place. Sur son refus, il fit commen-
« cer le bombardement à onze heures du soir. Plusieurs maisons
« furent endommagées; quelques-unes en petit nombre, brûlè-
« rent. Le conseil de défense, dont faisait partie M. de Bous-
« mard, avec plusieurs jeunes officiers patriotes sans expérience
« de la guerre, consentit le 1er septembre à ce que la municipa-
« lité envoyât un message au duc de Brunswick, pour le prier de
« faire la guerre d'une manière moins désastreuse pour les
« citoyens. Ce message allait partir à cinq heures du matin, lors-
« qu'un parlementaire fut introduit demandant la capitulation
« dans les vingt-quatre heures, et proposant une suspension
« d'armes. Le conseil de défense repoussa la capitulation et le
« bombardement recommença. Le désordre fut à son comble
« dans la ville; des attroupements se formèrent autour de la
« maison commune, où les membres des corps administratifs et
« judiciaires étaient réunis au nombre de vingt-trois. Là, une dé-
« libération fut prise et transmise au conseil de défense, énonçant
« divers motifs pour accepter la capitulation. Le commandant
« Beaurepaire se brûla la cervelle, et son successeur se rendit.
« Il porta sa tête sur l'échafaud, et M. de Bousmard émigra
« pour sauver la sienne. »

(ÉLOGE DE BOUSMARD).

Bientôt après, cet ingénieur se trouvant dans la détresse, prit

l'enlever de vive force. Le chemin couvert fut couronné, mais on n'y établit pas de batterie de brèche; le rôle de l'artillerie a donc été secondaire dans ce siége.

Forcé de recourir à la méthode régulière, Napoléon dut plus d'une fois gémir d'une lenteur à laquelle il n'était pas accoutumé. La lettre suivante semble en être la preuve :

AU MARÉCHAL LEFEBVRE.

Finkenstein, le 18 mai.

L'Empereur, M. le maréchal, pense qu'il est temps de s'emparer du *Hagelsberg*, après avoir fait un feu roulant de toutes les batteries, et surtout de mortiers et d'obusiers. Sa Majesté pense qu'il doit être possible d'enlever l'ouvrage d'assaut, partageant toutefois l'attention de la place et menaçant l'ennemi de l'attaquer sur tous les points. L'Empereur trouve qu'on

---

le parti d'offrir ses services au roi de Prusse, le seul souverain qui fût dans ce moment en paix avec son pays. Plus tard, quand les Français firent la conquête de sa patrie adoptive, il aima mieux se battre contre ses compatriotes, que d'abandonner, dans sa mauvaise fortune, le monarque qui l'avait accueilli, lorsqu'il se trouvait sans ressources et sans asyle.

perd aujourd'hui beaucoup de monde inutilement,
et beaucoup plus peut-être qu'on n'en perdrait dans
un assaut. Ce qu'il sera indispensable d'organiser,
ce sont les moyens de se loger sur le *Hagelsberg*, dès
qu'on s'en sera rendu maître.

Les ouvrages qui ont été faits pour le couronnement du chemin couvert, doivent pouvoir contenir
les tirailleurs pour s'opposer au feu de l'ennemi.

Vous sentez, monsieur le maréchal, combien il est
important d'avoir la reddition de la place. Mon aide-
de-camp a l'ordre de ne rester que six heures, et de
venir rendre compte à l'Empereur, aussitôt qu'il
aura vu les ouvrages.

PRINCE DE NEUCHATEL.

Deux descentes de fossé se trouvaient terminées :
le général Kalkreuth, qui avait vu repousser les secours
que l'on envoyait à la place, craignit le succès de
l'assaut dont les préparatifs se hâtaient : il capitula
le 24 mai, et le fort de *Weichselmünde* se rendit sans
la moindre résistance.

Peu de temps après ce siége, la bataille de Fried-
land ouvrit au vainqueur les portes de Kœnigsberg,
dernière conquête des Français en Prusse ; et la paix
fut bientôt signée à Tilsitt.

BOMBARDEMENT DE STRALSUND.

—

Après que la guerre eût été terminée entre les
Empereurs de France et de Russie et le Roi de
Prusse, Napoléon avait encore à combattre le roi de
Suède, qui, resté fidèle à l'alliance anglaise, s'était
renfermé dans Stralsund en Poméranie. Le maréchal
Brune investit cette place le 15 juillet de la même
année.

La relation que donne de ce siége le général
Mathieu Dumas, offre quelques détails sur ce qui concerne les travaux du génie; elle est bien moins précise
pour ceux de l'artillerie, qui pourtant hâtèrent la
capitulation.

La direction des opérations du siége fut confiée au général
Chasseloup du génie; et le général Songis tira de Magdebourg,
Stettin et autres places, tout le matériel nécessaire pour en
assurer le succès.

On ouvrit la tranchée le 15 août sur trois points d'attaque.
La distance moyenne des parallèles à la crête du chemin couvert n'était guère de plus de quatre cents mètres.

Le 17, on perfectionna les parallèles; les 18 et 19, on poussa
les cheminements en avant : les attaques de droite et du centre se réunirent le 20. Sur le front principal, on se trouvait
à deux cents mètres des palissades; à gauche, on en était à
moins de trois cents.

En gagnant ainsi du terrain, les assiégeants ne perdaient certes point leur temps; cependant il n'y avait là rien qui dût inspirer aux défenseurs des craintes sérieuses sur la chute immédiate de la place. Pour continuer régulièrement le siége, on avait encore à en faire la portion la plus ardue; cheminer jusqu'à la crête du chemin couvert, le couronner, établir les batteries, ouvrir les brèches et se disposer à l'assaut. Toutes ces opérations eussent demandé bien des jours.

Mais Mathieu Dumas ajoute :

Le bombardement était commencé, la ville était menacée d'une entière destruction; les magistrats se jetèrent aux pieds du roi et le supplièrent de ne pas prolonger une défense inutile. Il se rendit à leurs instances et passa avec ses troupes sur l'île de *Rugen*, ne laissant dans Stralsund qu'une faible garnison sous les ordres du général Peyron, qui vint lui-même aux avant-postes, accompagné de deux magistrats, et demanda à parlementer. Ce jour-là même, 20 août, les portes de Stralsund furent ouvertes à l'armée française : les fortifications étaient encore intactes. On y trouva cinq cents bouches à feu, d'immenses approvisionnements de projectiles, d'autres munitions de toute espèce, des magasins de vivres surabondants, enfin tous les moyens de faire une honorable défense. Le roi de Suède, qui l'avait entreprise avec l'élite de son armée, n'attendit pas, comme Charles XII en 1713, que les assiégeants eussent fait brèche au corps de place, et que l'assaut fût imminent.

C'est que, dans le dernier siége, le bombardement épouvantait les masses ; et que Gustave se vit forcé de céder devant les clameurs du peuple.

Parmi les guerres que l'Empereur Napoléon a dirigées en personne, la campagne de Prusse nous a paru le meilleur exemple à choisir pour donner une juste idée de la manière dont il savait enlever les places. En 1805 et 1809, les forteresses d'Autriche, y compris Vienne, lui opposèrent encore une plus faible résistance ; la moindre démonstration, la moindre menace suffirent constamment pour les faire tomber au pouvoir des Français. Il semble qu'une pareille masse de faits devrait convaincre tous les esprits de la puissance des bombes, dans nos états civilisés; cependant cette méthode compte de très nombreux ennemis.

Suivant eux, cette série de conquêtes rapides serait un phénomène unique, un cas exceptionnel qui ne se reproduira plus jamais ; et la chute de toutes ces places s'expliquerait uniquement par la lâcheté des gouverneurs et la terreur que leur inspiraient Napoléon et ses armées. Nous avons même entendu l'un de ces officiers, le colonel Jones, prétendre que l'on avait oublié l'art de défendre les places.

Aux yeux des personnes qui raisonnent de cette manière , les évènements de cette époque doivent être à peu près considérés comme nuls et non ave-nus, et l'art de la guerre ne saurait en tirer aucun profit.

Nous pensons qu'il serait beaucoup plus juste d'at-tribuer en grande partie ces faciles capitulations à ce que la France venait alors d'abandonner le système d'attaque préféré jadis, pour un autre auquel , quoi qu'on en dise, les forteresses n'étaient point en mesure d'opposer une résistance suffisante. Par cette raison, ce dernier système nous paraît constituer un progrès très réel de la poliorcétique, puisqu'il donne le moyen d'arriver au but d'une manière beaucoup plus prompte et plus économique que l'ancien.

Si cette opinion était fondée, on pourrait y trou-ver, comme nous l'avons fait remarquer ailleurs, une justification, dans de certaines limites, de la conduite de plusieurs de ces commandants qui se rendirent avant la brèche au corps de place. Carnot croit que, dans le cours des guerres de la révolution, il n'y eut pas un seul exemple d'un approvisionnement com-plet pour un siége. Il faut en conclure que le nombre des gouverneurs dont nous parlons fût très considé-rable. Au lieu de les flétrir en masse , de les traiter tous de lâches, et de prétendre qu'ils avaient oublié leur métier, eux et les officiers qui les secondaient, il nous semble plus simple et plus vrai de conclure qu'ils furent attaqués par des moyens terribles, et dont les effets avaient été mal appréciés jusqu'alors (1). Beaucoup d'entre ces chefs de place eurent sans doute le tort d'avoir trop bien cru, comme on nous l'enseigne encore aujourd'hui, que *les coups tirés aux maisons sont autant de coups perdus* (Vauban) (2), que *les dégâts occasionnés par les bombes se réduisent à très peu de chose* (d'Arçon) (3) ; que *les précautions les plus simples suffisent pour dissiper le danger* (Carnot) (4); que, *pour un succès que quelquefois elle arrache, cette affreuse méthode recueille cent échecs et en prépare mille* (Bousmard) (5); qu'*il faut une immense quantité de moyens de transport*

(1) Sir William Cox passait dans l'armée anglo-portugaise pour un homme de cœur et de résolution. Chargé de défendre la place d'Alméida, il promit d'en soutenir le siège pendant quatre-vingt-dix jours et se fit approvisionner en conséquence. Mais il n'avait pas compté sur les bombes; et nous savons qu'à la suite d'une violente explosion, il se vit forcé de capituler, trente-six heures après l'ouverture du feu des batteries françaises. Si, comme la chose est probable, ce gouverneur a fait son possible pour tenir encore après cet immense désastre, son honneur ne nous paraît nullement entaché par la reddition avant la brèche : il céda devant un évènement de force majeure contre lequel il ne pouvait rien.

(2) 1re partie, page 14. (3) *id.*, page 18. (4) *id.*, page 21. (5) *id.*, page 25.

pour bombarder une place de quelque importance (Jones) (1); que *s'inquiéter d'un bombardement serait folie* (Wenzell) (2); et qu'enfin *bombardement et absurdité sont synonymes* (Haxo) (3).

Un concours d'autorités aussi imposantes a bien pu quelquefois donner le change à un gouverneur plein de bravoure, mais plus versé dans les traités de fortification que dans l'histoire des guerres modernes, et lui persuader que ses ennemis ne seraient jamais assez insensés pour employer contre sa place des moyens incendiaires; ou que s'ils le tentaient, ils feraient une consommation inutile de munitions, et que les conséquences de ces brûlures n'auraient aucune gravité pour les défenseurs.

C'est donc rendre un vrai service aux futurs commandants de place, que de travailler, en leur signalant les écueils qui firent échouer leurs devanciers, à dissiper cette sécurité trompeuse dans laquelle on les entretient, par le silence absolu de nos écoles sur la question des bombardements : les dangers imprévus sont les plus redoutables (4).

(1) 1re partie, page 58. (2) *id.*, page 73. (3) *id.*, page 81.

(4) De tous les gouverneurs prusssiens, Ingersleben, qui commandait à Kustrin, fut condamné à mort : les autres reçurent leur destitution ou leur renvoi sans congé définitif. Chacun d'eux chercha sans doute à s'excuser par le raisonnement suivant fort usité

Un bon système de défense doit embrasser tous les cas, même les bombardements les plus désastreux. Si, ce qu'à Dieu ne plaise, la France, au début d'une guerre, avait à subir de cruels revers, tels que ceux d'Iéna et d'Auerstaedt, il serait de la plus haute importance pour l'avenir du pays, que les gouverneurs de nos places bien informés de l'étendue des périls qui accompagnent les bombardements, se disposent à les braver avec toute l'énergie de leur caractère; au lieu de céder, comme les commandants prussiens, aux premières clameurs des habitants et à l'effroi de catastrophes inattendues.

dans pareille circonstance : *moi et mes soldats, nous étions prêts à verser jusqu'à la dernière goutte de notre sang pour conserver le poste qui nous était confié ; mais j'ai craint de mécontenter le roi, en déterminant par une résistance obstinée la ruine et la destruction d'une population inoffensive.*

Cette justification a pu être admise par un monarque absolu, aimant ses sujets comme Frédéric Guillaume III, et porté à l'indulgence; mais on doit être plus sévère dans un pays à institutions libres, où la bourgeoisie des forteresses, par ses représentants, prend part aux déterminations de l'État et influe sur la guerre, que presque constamment elle appelle de ses vœux : elle doit donc savoir sans murmurer en subir toutes les conséquences. C'est ce que lui redira sans cesse le gouverneur, pour la familiariser d'avance avec les maux qui accompagnent les bombardements, et la préparer à une résistance honorable pour elle et pour son pays.

Ce n'est pas non plus un mal que les bourgeois des places fortes soient prévenus de tout ce qu'ils risquent, en restant dans leur ville après l'investissement. Les plus timides d'entre eux, ceux dont les cris de terreur contribueraient le plus à démoraliser les troupes, jugeront sans doute à propos de se soustraire aux dangers, et de chercher pendant le siége un refuge assuré dans les départements éloignés du théâtre de la guerre.

Si l'oubli dans lequel on cherche à plonger le système des bombardements, si le mal que l'on en dit, quand on est forcé d'en parler, parvenaient à faire sortir de notre mémoire les nombreux et importants services que son emploi nous a rendus dans les guerres précédentes, nos ennemis qui en constatèrent les puissants effets, qui en furent si souvent les victimes, et pour lesquels il ne tombera jamais en désuétude, ne manqueront pas de s'en servir dans l'occasion contre nous qui l'aurions abandonné. Alors notre pays ne lutterait plus contre l'étranger à armes égales; et nous nous trouverions dans des conditions réelles d'infériorité.

En jetant un coup d'œil sur l'ensemble des faits contenus dans cette seconde partie, nous pouvons reconnaître d'abord que les trois siéges de Lille, Thionville et Landau, si souvent cités par les adversaires des bombardements comme exemples de la résistance obstinée que l'on peut opposer à ce genre d'attaque, ne répondent nullement à l'idée que nous nous en étions faite sur la foi d'auteurs très estimés ; et que c'est à tort que l'on en voudrait conclure que ce système est inoffensif. Presque toutes les relations que nous avons recueillies tendent à en constater la puissance ; à signaler les circonstances très fréquentes dans lesquelles les Français y ont eu recours, et à prouver enfin que ce n'est pas seulement sur les champs de bataille que notre Empereur a perfectionné l'art de la guerre.

On nous reprochera peut-être d'avoir trop prodigué les faits ; mais il faut songer que nous luttons contre des opinions très profondément enracinées, et que ce n'est qu'en multipliant les rayons de lumière que nous pourrons éclairer ceux qui ne fermeront pas les yeux avec trop d'obstination. Nos récits sont extraits d'ouvrages imprimés dont nous relatons les titres : nous avons tout naturellement offert de préférence à nos lecteurs les mémoires des ingénieurs comme étant plus précis ; et dans cette recherche consciencieuse de la vérité, nous avons mis tous nos soins à ne faire subir aucune altération à la pensée des auteurs que nous avons cités.

Napoléon, Marescot et Suchet sont les trois hommes qui, dans le cours de ces guerres, nous semblent avoir su le mieux faire usage des mortiers.

Napoléon, qui avait réduit à un petit nombre d'axiômes les résultats de son expérience et de ses profondes méditations sur l'art de vaincre, ne connut de revers que lorsqu'il dévia de ses propres principes : ceux qu'il suivit le plus constamment et auxquels il dut ses plus brillants succès à la guerre, en politique, en administration, furent, d'une part, le meilleur emploi du temps.; et de l'autre, la continuité de tension de toutes les forces morales et physiques dont il pouvait disposer pour accomplir ses desseins.

MATHIEU DUMAS.

Nous ajouterons à cet éloge, que Napoléon connaissait parfaitement ses contemporains et leurs mœurs ; il appréciait l'influence que les développements de l'industrie et de la civilisation avaient acquise à la bourgeoisie dans les pays qu'il a domptés. Officier d'artillerie, il n'ignorait pas les effets terrifiants des bombes; et savait fort bien qu'en dirigeant les projectiles par-dessus la tête des défenseurs, pour aller frapper cette bourgeoisie dans ses personnes et dans ses propriétés, il aurait bon marché des places fortes. Cette prévision s'est constamment réalisée; et un grand nombre de forteresses sont tombées en son pouvoir, avec une immense économie de sang humain, de finances et de temps (1).

(1) Le colonel du génie Ardant, *dans ses considérations politiques et militaires sur les fortifications exécutées depuis 1815 en France et à l'étranger*, affirme que Napoléon méprisait les bom-

- Il reste à savoir si ce qui était vrai au commencement du siècle a cessé de l'être aujourd'hui, si la pré-
pondérance civile s'est atténuée de nos jours, si les
trente ans de paix qui ont suivi la chute de l'Empereur ont rendu les masses plus fermes, plus patientes,
plus courageuses ; et finalement, si nous nous trouverons bien d'abandonner la marche glorieuse et
rapide qu'il nous a tracée, pour en revenir à ce qui
se pratiquait plus de cent ans avant lui, et dans un
temps où les opérations de la guerre étaient lentes et
bornées.

La manière dont les armées de la république s'é-
taient emparées des places belges et hollandaises n'a-
vait pas échappé à l'esprit observateur de Napoléon.
Il estimait sans doute les talents militaires de Marescot ; et, en effet, le siége de Maëstricht est pour cet
ingénieur un titre de gloire d'autant plus précieux,
qu'en faisant adopter son projet d'attaque, il froissait
autour de lui bien des intérêts. Mais le succès des

bardements : *ils ne sont*, dit l'Empereur dans une lettre au ministre de la guerre du 9 septembre 1809, *comptés pour rien à la
guerre.*

C'est, sans doute, en considérant les choses au point de vue défensif, qu'il se sera exprimé de la sorte. Ce que nous avons vu de
la manière dont la campagne de Prusse a été conduite, doit faire
sentir jusqu'à l'évidence que tel n'était pas le fond de sa pensée.

armes de la France doit passer par-dessus toute autre considération.

En Espagne, les populations nous étaient hostiles; aussi, comme on l'a déjà dit, nous frappions les ennemis en écrasant les maisons. Il semblait donc que ce fût là le cas d'employer, sans scrupule, les moyens incendiaires : nulle part cependant on ne s'en est moins servi. La Péninsule, à elle seule, nous a donné plus de siéges réguliers que tous les autres pays où nous avons pénétré; et, par conséquent, le génie militaire français, qui n'est jamais resté au-dessous de son rôle, y a trouvé de plus fréquentes occasions de gloire.

Parmi les généraux qui prirent part à cette guerre, le maréchal Suchet est le seul qui ait eu assez de ressources matérielles à sa disposition, pour avoir pu pratiquer un peu en grand cette méthode de bombardements dont nous nous étions si bien trouvés en Allemagne. Il nous a appris le secret de dompter à la minute ce fanatisme espagnol, qui avait lutté contre nous avec tant de persistance et de rage dans l'enceinte de Saragosse; et qui, sans les bombes du maréchal, nous eût peut-être opposé les mêmes obstacles à Valence.

Lord Wellington, allié de l'Espagne, ne pouvait user de ce moyen pour nous chasser des places que nous avions conquises. Privé de cette formidable ressource, et sentant mieux que nous le prix du temps, il s'est constamment écarté des errements anciens, dans le but d'abréger les siéges.

Pour prendre un ville régulièrement fortifiée suivant le système moderne, nous dit le capitaine d'artillerie John May (1), c'est-à-dire une place dont l'escarpe est parfaitement couverte par la contrescarpe et le glacis; la seule méthode sûre et efficace, consiste à s'approcher de la crête des glacis par une série de parallèles et de tranchées, éteignant le feu de la place au moyen des tirs de plein fouet, à ricochet et vertical, puis y établissant les batteries de brèche.

Mais ce système d'attaque ne paraît nullement nécessaire contre des places telles que Ciudad Rodrigo, Badajos et St.-Sébastien, qui sont fortifiées suivant l'ancienne méthode, et où, dans une longueur de six cents mètres environ, les murs d'escarpe sont découverts jusqu'au pied, et permettent par conséquent, comme l'ont fait les Anglais, d'ouvrir la brèche à distance et de s'emparer de la place en brusquant l'assaut.

Dans la première méthode, le canon n'est qu'un accessoire; ici, il joue le rôle principal, puisqu'il devient inutile de construire une seconde et une troisième parallèle, ainsi que tous les ouvrages qui les suivent...

Cette dernière marche fut habituellement adoptée

(1) A few observations on the mode of attack and employement of heavy artillery at Ciudad-Rodrigo and Badajoz in 1812, and S·-Sebastian in 1813, etc. London 1849.

par le général Wellington, et presque toujours avec succès. Si quelquefois elle a fait défaut, c'est à cause de l'insuffisance du matériel. Il est vrai que les attaques de vive force coûtèrent beaucoup de monde aux Anglais. Mais l'officier d'artillerie que nous venons de citer fait remarquer à cet égard que la rapidité avec laquelle furent menés les siéges de Ciudad-Rodrigo et Badajos en 1812, eut le grand avantage de bouleverser les calculs des maréchaux français, qui se trouvant à la tête d'armées supérieures en nombre, ne purent les concentrer à temps pour venir au secours de ces deux importantes forteresses.

Cela prouve que l'on a presque toujours raison de tenter les moyens expéditifs : si lord Wellington se fût embarrassé dans les lenteurs des siéges réguliers, la suite des évènements de cette campagne porte à croire qu'il eût été forcé de livrer des batailles, dans lesquelles, suivant toutes les apparences, il eût perdu beaucoup plus de soldats que ce qui a péri sous les murs de ces places, par l'emploi de son système accéléré.

Le capitaine May établit le parallèle suivant entre la durée des siéges faits aux mêmes forteresses par les Français et les Anglais.

Le 11 juin 1810, le maréchal Masséna commença les opérations contre Ciudad-Rodrigo, qui capitula le 10 juillet, avant l'assaut d'une brèche au corps de place : durée totale, 29 jours.

Par sa méthode, le duc de Wellington a enlevé d'assaut cette même place en 11 jours, après y avoir fait deux brèches; c'est-à-dire en 18 jours de moins que les Français.

Le maréchal Mortier commença le siége de Badajos le 28 janvier 1811, et la ville se rendit le 10 mars; ce qui fait 41 jours.

Badajos fut pris par les Anglais à la suite d'une attaque irrégulière qui dura 20 jours ; 21 jours de moins que les Français. Nous ferons encore observer, à l'avantage de nos voisins d'Outre-Manche, que ces places furent mieux défendues par nos soldats que par les Espagnols.

Il est vrai de dire que les opérations des Français devant ces deux villes furent mal dirigées; et la seconde fut attaquée par un des points les plus forts de son enceinte.

On attribue à l'absence de l'Empereur la mauvaise direction de la guerre d'Espagne. Ne pourrait-on pas expliquer, par cette même absence, la multiplicité de siéges réguliers qui eurent lieu dans ce royaume ; et croire que des influences, muettes d'ordinaire devant Napoléon, devenaient trop souvent prépondérantes dans les conseils de ses lieutenants ?

BOMBARDEMENT DE DANTZIG

Par les Russes, les Prussiens et les Anglais en 1813.

—

Nous donnons ce dernier épisode de la guerre des siéges, pour prouver qu'un bombardement n'est pas sans puissance contre la garnison la plus brave que l'on puisse imaginer ; et en même temps pour offrir un exemple remarquable de la résistance que l'on peut opposer à ce genre d'attaque. Nos documents nous ont été fournis par M. le capitaine (aujourd'hui général) du génie d'Artois, dont la relation écrite avec élégance, n'omet aucun détail propre à nous intéresser, et doit servir de modèle pour tout récit de cette nature. Nous avons également eu recours à l'ouvrage intitulé : *Siége de Dantzig par M. de M****, en regrettant de n'avoir pu nous procurer sur ce fait mémorable aucune narration étrangère bien détaillée, qui nous eût donné plus de confiance encore dans nos appréciations.

L'armée française venait d'être vaincue par les fri-
mats de la Russie ; et la fortune si longtemps fidèle à
l'Empereur, avait abandonné ses drapeaux. Poursuivis par les troupes russes, nos soldats franchissaient
la frontière prussienne ; et la ville de Dantzig ouvrait
ses portes au dixième corps, chargé de la défendre,
quand elle fut cernée par l'ennemi. La ligne de blocus était fort étendue, et laissait à la disposition des
assiégés une surface d'environ dix mille hectares.
Toute communication avec l'extérieur cessa à partir
du 21 janvier, et le chiffre de la garnison s'élevait alors
à trente-six mille hommes, dont une notable partie
appartenait à différentes nations alliées de la France ;
mais le nombre des malades s'y trouvait tellement
considérable, que, dans les premiers jours, on ne pouvait disposer de plus de neuf à dix mille combattants.

Le général Platow, commandant en chef l'armée
d'investissement, débuta par adresser deux proclamations, l'une à la bourgeoisie de Dantzig, l'autre
au président du sénat de cette ville.

« Si vos femmes et vos enfants vous tiennent à
cœur, disait la première, forcez l'ennemi commun à
capituler, avant de me voir dans la nécessité de ruiner
la ville de fond en comble et de finir par l'emporter

d'assaut. Du courage et de la résolution peuvent vous délivrer d'une tyrannie qui dure depuis six ans, et ramener dans vos murs la liberté, le commerce et la prospérité. »

« Par amour pour la bourgeoisie et pour les habitants du territoire de la ville, disait le général russe dans sa seconde proclamation, il est de l'intérêt de l'honorable magistrat de déterminer M. le gouverneur à la reddition de la place par la voie de la douceur, ou bien, si cela n'était pas faisable, par des moyens coërcitifs auxquels on aviserait pour cet effet ; et de détourner par là les calamités que ce siége attirera infailliblement sur ses contemporains. La présence de notre armée qui prend la bourgeoisie sous sa protection, met l'honorable magistrat à même de saisir chaque moyen qui tendrait à éviter des malheurs à l'humanité, et la destruction de cette importante cité, résultats infaillibles du siége. »

M. le capitaine d'Artois fait, sur ces deux lettres, les observations suivantes :

Les habitants connaissaient la position et l'état du corps russe devant Dantzig ; aussi ne regardèrent-ils que comme une fanfaronnade ces fastueuses menaces. Mais le danger eût-il été imminent et l'exécution de ces projets facile, nous nous plaisons à rendre aux habitants de cette ville toute la justice qu'ils méritent ; leur caractère loyal et généreux leur

aurait toujours interdit pour se délivrer de la présence des
Français, l'emploi d'indignes moyens réprouvés à la fois par
l'honneur et par le droit des gens.

Ce jugement nous paraît un peu sévére, et la démarche de l'hetmann Platow est trop conforme à ce
que nous voudrions faire nous-mêmes en pareille
circonstance, pour que nous ne nous sentions pas
tentés de prendre sa défense contre M. le capitaine
d'Artois. Quelque agréables que pussent être les relations qui existaient entre les bourgeois et la garnison, il ne faut pas perdre de vue que nous ne ré-
gnions à Dantzig qu'en vertu du droit du plus fort,
que notre joug était un joug étranger pour les habitants, et que ce joug devenait alors d'autant plus
pesant pour la ville, qu'il allait attirer sur elle d'affreux malheurs. Il n'y a rien de honteux, rien d'injuste, de la part des citoyens d'une place occupée par
l'ennemi et investie par une armée libératrice, à s'entendre avec l'assiégeant dans le but de travailler en
commun à l'affranchissement de leur ville, en se sou-
levant contre la garnison et la forçant de se rendre et
de quitter la place. Le général assiégeant ne saurait
être coupable en donnant à ces habitants le conseil d'a-
gir de la sorte: c'est se créer de nouvelles chances,
c'est économiser le sang de ses soldats; et le comte
Platow pouvait croire au succès de cette démarche,

lui qui se flattait d'avoir bon marché *des faibles débris de l'armée française renfermés dans Dantzig.*

Ses proclamations nous paraissent fort raison-
nables. Si la bourgeoisie consent à lui prêter assistance, il lui fait entrevoir dans un avenir prochain
l'abondance et la liberté, choses fort attrayantes en
effet pour une réunion de négociants, soumis depuis
six longues années aux conséquences vexatoires du
blocus continental. S'ils se tiennent immobiles, il les
menace d'un bombardement et d'un assaut. Les suites
d'un assaut de Cosaques doivent être bien terribles,
à en juger par ce que nous savons des assauts que li-
vraient ailleurs les soldats les plus civilisés de l'Europe! Il y avait donc dans les paroles de l'hetmann,
de quoi faire sérieusement réfléchir les habitants, et
les déterminer à tenter quelque chose contre la garnison. Faut-il le dire? nous ne partageons pas tout-à-
fait la confiance de M. d'Artois ; et nous avons un peu
de peine à nous persuader que ces habitants nous
eussent tolérés jusqu'au bout, s'ils se fussent trouvés
en force. Mais la population de Dantzig, considérablement réduite par suite des exactions et de la ruine
de son commerce, se montait alors tout au plus à quarante mille âmes (1). Le seul reproche que nous sem-

(1) Elle est aujourd'hui de soixante-trois mille habitants, ce
qui prouve combien la ville a prospéré depuis que nous l'avons
quittée.

ble mériter le général Platow, c'est d'avoir tenté de
faire parvenir ses proclamations d'une manière subrep-
tice, ce qui a pu jeter du doute sur ses intentions. Il
eût mieux valu les envoyer par un parlementaire, que
le général Rapp n'eût peut-être pas fait de difficulté
de recevoir, puisqu'il publia dans les gazettes la tra-
duction fidèle de ces papiers.

Nous éprouvons un bien vif regret de ne pouvoir
suivre le capitaine d'Artois dans son intéressant récit
des obstacles avec lesquels les défenseurs se trouvèrent
aux prises, la rupture des glaces, les maladies, les dé-
bordements du fleuve, etc; et de ne donner aucun
détail sur les dispositions du gouverneur pour retrancher ses faubourgs et plusieurs des villages environ-
nants; et sur les efforts continuels que firent les braves
soldats pour s'y maintenir et débusquer les Russes de
leurs positions. Cette conduite, en tenant pendant fort
longtemps les ennemis éloignés des remparts et re-
tardant le commencement des incendies, assura à la
garnison de grandes ressources en vivres, en fourrages, en matériaux, en travailleurs. Une défense
ainsi disséminée devait absorber beaucoup d'hommes;
il est vrai que le général Rapp n'avait à la soutenir
que sur une partie de son enceinte; l'autre moitié se
trouvait inaccessible à l'assiégeant, du moins tant
que la Vistule n'était pas gelée: les efforts de l'escadre anglo-russe pour prendre les forts de *Weichsel-*

münde ayant été vains, l'ennemi ne put faire aucun établissement sur la rive droite du fleuve.

Les premières batteries furent construites au nord-ouest de la ville en plusieurs points dont les principaux, *Kabrun* et *Schellmühle* étaient situés à seize cents mètres environ des saillans les plus avancés de l'enceinte. Quatre mortiers et quarante canons obusiers commencèrent leur tir le 5 octobre, près de neuf mois après l'investissement ; mais à une distance aussi grande, les bombes ne pouvaient atteindre qu'un nombre limité de maisons,, qui dans cette partie de la ville, sont assez éloignées des remparts. Sur mille fusées qui furent lancées, dix seulement arrivèrent à l'intérieur : l'une d'elle paraît avoir mis le feu à un hôpital rempli de prisonniers de guerre. Dès le 10, les batteries cessèrent de jouer avec activité ; les assiégeants ne pouvaient cheminer en avant de *Kabrun*. Comme l'attaque des français s'était faite de ce côté, les Russes avaient espéré pouvoir gagner encore du terrain vers la place, afin, sans doute, de porter en avant leurs batteries incendiaires. Mais ils n'avaient pas compté sur les ouvrages exécutés depuis six ans dans l'île du *Holm*, ouvrages qui prenaient d'excellents revers sur les approches. Renonçant donc à ce projet, les assiégeans portèrent tous leurs efforts sur la principale attaque vers le sud-ouest de la place, au sommet des hauteurs qui environnent *Ohra* ; et cons-

truisirent quatre batteries dans leur première parallèle.

Le gouverneur avait eu le soin de créer un comité
de défense composé des principaux officiers de la garnison. Le premier acte de ce conseil fut de prescrire
l'emploi des moyens préservatifs usités contre l'incendie, et de faire transporter plusieurs moulins dans la
place.

Toutes ces précautions portèrent à son comble l'anxiété
des Dantzigois, qui pressentirent à quels nouveaux malheurs
ils allaient être exposés. Chacun s'empressait de se ménager
un abri sûr dans les étages inférieurs et même dans les caves.
Les maisons de *Lang Gurten* (quartier de la ville diamétrale-
ment opposé au front d'attaque), servirent de retraite à un
très grand nombre de personnes ; et les magasins vides du
Speicher Insel devinrent le dépôt du mobilier de plusieurs
milliers d'individus.

L'épouvante était générale et portée à un tel point, que
l'on ne put, même dans leur propre intérêt, organiser les
bourgeois en compagnies de pompiers, comme on a coutume
de le faire en pareille circonstance.

(Le capitaine d'ARTOIS.)

Et cependant le feu n'était pas encore commencé !
mais le bombardement allait être très sérieux, on ne
pouvait s'y méprendre ; et d'Arçon lui-même, s'il
eût été présent à ce siége, eût pu constater que son

industrie conservatrice s'y trouvait complètement en défaut.

Voici comment M. de M*** nous dépeint à son tour l'impression produite sur le peuple par la vue des batteries qui le menaçaient :

Mais quels cris de douleur partent de toutes les habitations de Dantzig, lorsque les citoyens tournant leurs yeux effrayés vers les hauteurs d'*Ohra* voient en pâlissant ces formidables boulevards, devenus les points d'attaque des assiégeants, prêts à foudroyer, à pulvériser leurs murailles ! L'épée suspendue sur la tête de Damoclès était moins sinistre pour ce convive d'un tyran, que ne le fut pour eux la vue des machines de guerre dressées sur les hauteurs pour renverser Dantzig et et le réduire en cendres, si les Français ne consentaient pas à rendre, les armes. Les citoyens de la ville connaissent trop bien le courage de leurs hôtes inflexibles, ils ont trop éprouvé leur constance opiniâtre, pour espérer qu'une reddition sauve les restes d'une malheureuse population des maux dont elle est menacée pour une cause qui lui est étrangère, ou plutôt pour une cause qu'elle déteste, et que néanmoins il lui faut servir par des sacrifices qu'inspireraient à peine le dévouement du plus tendre amour.

Les batteries suivantes commencèrent à tirer le 18 octobre contre une grande partie de la ville :

Sur les hauteurs. . . .	10 canons de 24,	5 obus,	5 mort.	
Kabrun et Schellmühle .	7 id.	» »	2 id.	
Total. . .	17	5	7	

(Il y avait en outre dans les batteries de *Langführ* quelques pièces de campagne ; sur le *Johannisberg*, 3 pièces de 24 et 2 obusiers, de même à *Pitzkendorf*).

Dès le 19, à six heures du soir, le feu prit dans un chantier de bois avec une violence telle, que l'on ne put s'en rendre maître. Vingt-deux magasins ou casernes furent réduits en cendres ; c'est avec grand'peine que l'on parvint à préserver de l'incendie les magasins de vivres et les moulins à manège ; la toiture de ces derniers édifices était toute embrasée.

Les jours suivants jusqu'au 26 , l'ennemi continua son feu sans interruption. Les malheurs de la nuit du 19 au 20 achevèrent de porter la désolation parmi les habitants, et redoublèrent les alarmes du gouverneur sur les dangers qui menaçaient ses approvisionnements. De nouveaux incendies se déclaraient chaque jour. Toute la garnison était sans cesse sur pied, et constamment occupée, soit à éteindre le feu, soit aux ouvrages de la place. Absorbée par tant de soins , elle ne pouvait plus prendre désormais une position offensive, que lui rendait d'ailleurs impossible la trop grande supériorité de l'ennemi. Elle se trouvait réduite à opposer le plus d'obstacles possible aux progrès des assiégeants.

Le capitaine d'ARTOIS.

Lorsque les premiers incendies s'étaient déclarés , on avait vu tous les habitants se presser d'accourir aux édifices embrâsés, les uns pour aider les soldats à manœuvrer les pom-

pes et à maîtriser le feu, les autres pour porter des secours à
leurs compatriotes infortunés, qui enlevaient à la hâte et avec
la plus grande peine une partie de leurs meubles et de leurs
effets. Mais depuis que la ville était sans cesse la proie des
flammes, que la violence du feu était telle que souvent on ne
parvenait pas à s'en rendre maître, et que l'on ne pouvait
sortir sans exposer sa vie, les habitants restèrent tous renfermés chez eux, et laissèrent à la garnison seule le soin de préserver la ville d'un embrâsement total. Les maisons particu-
lières même étaient abandonnées par eux au feu qui les
dévorait. Une indifférence, une insensibilité complète avaient
fait place à ces sentiments généreux qui nous portent naturellement à secourir nos semblables, tant l'excès des malheurs et la consternation avaient anéanti toutes les âmes. (1).

LE MÊME.

C'est ce qui doit infailliblement arriver dans une
ville bombardée, toutes les fois que la population s'est
résignée à son sort, et n'a pas eu assez de force ou de
courage pour contraindre le gouverneur à capituler.

Parvenus à ce degré d'apathie, les habitants de
Dantzig écrivirent au général Rapp pour le prier de
se rendre. M. d'Artois ajoute qu'ils s'adressèrent en
même temps au duc de Wurtemberg, commandant

---

(1) On vit des personnes qui ne se dérangèrent pas de chez
elles, quoiqu'on vînt les avertir que le feu dévorait une de leurs
propriétés.

LE MÊME.

l'armée de siége, en le suppliant *de cesser le feu.* Cette dernière démarche était de trop, et prouve qu'ils appréciaient mal leur position. La conversion du bombardement en blocus ou en siége eût été pour ces malheureux affamés (1) une cruelle prolongation de leurs

(1) Les animaux les plus immondes, les chiens, les chats, les souris, étaient recherchés avec ardeur ; tout était dévoré avec avidité. La graisse que l'on donnait en distribution, la seule que l'on pût se procurer, était du suif mis en réquisition chez les marchands. On dit que deux femmes entraînées par le plus vil appât du gain, avaient exposé en vente des mets préparés avec de la chair humaine. Mais on s'estime heureux de pouvoir ajouter que la vérité de cette accusation publique ne put être démontrée ; cependant, tout commerce de viande leur fut interdit.

Les gens du peuple n'avaient pour toute nourriture que du son et de la drèche, à l'exception de ceux employés aux fortifications, qui recevaient par jour la moitié ou le quart d'un pain de munition.

Le capitaine d'ARTOIS.

Le général Rapp avait pourtant pris toutes les précautions possibles contre la famine, si l'on en juge par ce passage du même auteur :

Mais quelque peine qu'eût ressentie le gouverneur obligé d'imposer à la bourgeoisie des charges aussi onéreuses, jamais il ne fut plus affligé que quand il se vit forcé de faire expulser tous ceux des habitants qui, sans ressources et ne pouvant être employés à la défense, auraient inutilement aggravé la détresse de la place. Les indigents, les femmes, les vieillards, les enfants, qui dans les temps ordinaires sont les êtres à qui l'on accorde de

souffrances ; et ce fut sans doute par compassion pour eux que le duc ne tint aucun compte de leur demande. On ne nous dit pas quelle fut la nature des sensations qu'ils éprouvèrent, quand, le 1er novembre, des projectiles s'abattant sur deux magasins, déterminèrent dans le *Speicher-Insel* un si terrible incendie, que tous les édifices de l'île en furent dévorés. La garnison y perdit les deux tiers de ses munitions de bouche, et il ne lui restait plus de grains que pour deux mois tout au plus. Si les habitants gardèrent le silence en cette occasion, s'ils ne signalèrent pas par quelque manifestation éclatante le contentement qui devait remplir leurs âmes, c'est sans doute qu'ils redoutaient la colère des Français, ou bien que la joie ne les trouvait pas moins insensibles que la douleur. A l'abri du danger dans leurs caves ou dans les maisons de *Lang Garten*, ils ne pouvaient considérer le bombardement que comme le moyen le plus sûr de hâter leur déli-

préférence protection et secours, sont dans les temps calamiteux d'un siége, les premières victimes immolées aux fureurs de la guerre.

Profitons de cet aveu, pour en conclure une fois de plus, que s'il est inhumain d'incendier une place, il ne l'est certes pas moins d'obliger un gouverneur à en venir à d'aussi cruelles extrémités, qui se présenteront bien moins souvent dans un bombardement que dans un siége.

vrance. (1) L'humanité faisait donc un devoir au commandant de l'armée assiégeante de continuer son feu,
qui n'était terrible que pour la garnison.

Dans cette année de funeste mémoire, les alliés
abandonnèrent tous successivement l'empereur Napoléon qu'ils voyaient abattu. La place de Dantzig
comptait parmi ses défenseurs un grand nombre de
soldats appartenant à ces diverses puissances. M. d'Artois blâme les assiégeants d'avoir cherché à les infor-
mer de ce qui se passait, dans le but de les détacher
de notre service. Aux yeux de la justice et de l'humanité, cette conduite n'était point répréhensible. Les
proclamations se basaient sur la vérité ; et l'armée de
siége y trouvait un moyen d'affaiblir la garnison,
d'abréger les hostilités et d'arrêter l'effusion du sang.
Des démarches de ce genre avaient produit un grand
effet sur les défenseurs de Glogau à la même époque.
L'accord qui s'établit entre l'armée de blocus, les habitants et les soldats étrangers qui se trouvaient dans cette
forteresse, mit dans un tel danger la partie française
de la garnison, que le gouverneur fut obligé de faire
transporter ostensiblement les poudres à la maison

(1) « M. Blech, auteur d'un ouvrage intitulé *Histoire des sept
années de douleurs de Dantzig*, prétend que sans l'incendie
du 1er novembre, la garnison tenait encore au moins jusqu'au
mois de mars 1814. »

Le capitaine d'ARTOIS.

commune, et de menacer de détruire la place de fond
en comble par une explosion, si ces révoltés ne quit-
taient la ville à l'instant. C'est seulement ainsi que
l'on put s'en débarrasser (1).

La confiance que le général Rapp avait su inspirer
à ses soldats, l'estime que l'on avait pour son caractère, rendirent pendant longtemps ces tentatives inutiles sur les troupes auxiliaires de la garnison de Dantzig. Cependant, à la longue, la désertion éclaircit leurs
rangs. Cette considération d'une part, et de l'autre
la perte des magasins, les fatigues, les privations sup-
portées par les soldats, déterminèrent le gouverneur
à capituler, le 29 novembre, cédant ainsi à la plus
impérieuse nécessité. Les travaux de l'ennemi n'avaient
pas dépassé la seconde parallèle.

A l'occasion de ce siége, M. d'Artois rapporte quelques fragments d'un ouvrage intitulé *Esquisse historique du blocus et du siége de Dantzig en 1813, par
un témoin oculaire*, qui parait avoir été attaché à l'é-
tat-major du duc de Wurtemberg, et qui nous fait
d'intéressantes révélations sur la pensée de ce général.

On demeura convaincu, dit ce témoin oculaire,
*qu'un vigoureux bombardement était le seul moyen de
parvenir au but que l'on se proposait, (la prise de la*

(1) *Relation du siége de Glogau en 1813, par le colonel du génie Nempde.*

place); un bombardement qui, pour produire tout l'effet désiré, devait partir d'une distance énorme, c'est-à-dire de la première parallèle; de sorte qu'il devint absolument nécessaire d'ouvrir la tranchée.

Il résulte d'un autre passage cité par M. d'Artois, que cette grande distance avait été choisie pour éviter l'effusion du sang des habitants. Effectivement, ce but a été atteint : après l'incendie des magasins, la ville s'est rendue sans que la surface entière ait été couverte de bombes. Mais qu'eût fait le duc de Wurtemberg si le général Rapp eût transféré ses vivres du *Speicher-Insel* au *Lang-Garten,* quartier où la masse de la population s'était réfugiée ? Il est plus que probable que les batteries incendiaires eussent été portées en avant, de manière à atteindre les dépôts ; et alors la menace de l'hetmann Platow se fût complétement réalisée.

Quoique le général Rapp et sa garnison s'inquiétassent peu des projectiles et de la bourgeoisie, le duc de Wurtemberg, par l'incendie des magasins, eût réduit la place en beaucoup moins de temps, si, au lieu de la bombarder d'un seul côté, il eût pu la couvrir de feux en combinant avec son attaque principale l'action d'un second système de batteries placées devant *Kabrun,* et d'un troisième entre Dantzig et *Weichselmünde,* dans l'hypothèse où la flotte eût réussi à s'emparer de ce fort. Telle fut sans doute l'intention du général assiégeant, quoiqu'on en dise ; car ce n'est que de cette manière que l'on peut s'expliquer les tentatives faites pour cheminer en avant de *Kabrun*, et les efforts de l'escadre contre les ouvrages construits à l'embouchure de la Vistule.

Relevons dans l'ouvrage du témoin oculaire un aveu très honorable pour la défense :

Il est notoire que la garnison se trouvait encore pourvue jusqu'à la fin de juillet 1814 de denrées de toutes espèces; et qu'elle était en sureté derrière des remparts qu'un fou seul pouvait s'imaginer de prendre d'assaut.

Nous devons conclure de tout ceci , ajoute M. d'Artois , que l'état des fortifications et l'attitude de la garnison ont déterminé le duc de Wurtemberg à prendre le parti de brûler la ville, pour atteindre nos magasins et forcer la garnison de se rendre faute de vivres, avant que la mauvaise saison et l'épuisement total du pays qu'il occupait depuis si longtemps, l'eussent forcé lui-même à lever le siége.

Il est vrai que, par cette mesure désastreuse, les assiégeants ont dû sacrifier presque la moitié des habitations de Dantzig. Cependant cette considération pesée dans le conseil du prince, ne l'a pas emporté sur celles qui demandaient impérieusement la plus prompte reddition possible de la forteresse.

On ne peut que féliciter le.duc de Wurtemberg de n'avoir pas mis au-dessus des graves motifs qui le pressaient, une considération d'une aussi faible importance que celle du tort pécuniaire fait à des bourgeois auxquels les indemnités de la France devaient bientôt venir en aide ; et qui eussent probablement souscrit à des sacrifices encore plus considérables pour être plutôt débarrassés de leurs hôtes pleins de courage, il est vrai, mais dont la présence paralysait leur commerce et n'était pour eux qu'une cause permanente de ruine (1).

Nous croyons fermement, avec M. le capitaine d'Artois, que le vrai motif de la capitulation fut l'incendie des magasins au 1er novembre, et non point les cheminements poussés en avant de la première parallèle, ni les batteries de la parallèle du *Stolzemberg*. Ici, comme à Maëstricht, comme à Valence, ces travaux n'étaient que d'une importance secondaire; leur non-exécution n'eût prolongé que de bien peu la résistance, dans des places aussi maltraitées par les bombes. Le seul motif que nous trouvions pour expliquer ces dispendieuses constructions devant Dantzig, c'est qu'à l'étranger comme en France, les ingénieurs ont assez d'esprit d'émulation pour ne pas

_____

(1) S'il faut en croire Manso, les charges qu'eût à supporter Dantzig pendant les sept années de l'occupation française, se montaient, sans compter les pertes de son commerce et celles des particuliers, à la somme immense de 40 millions de florins, ou plus de 83 millions de francs.

aimer à se reposer quand l'artillerie travaille ; et c'est peut-être d'un des officiers du génie prussien que vient cette singulière prétention d'attribuer la reddition de la place uniquement aux efforts des assié- geants depuis l'établissement de cette parallèle ; de considérer le bombardement comme n'ayant produit aucun effet, et enfin de ne compter l'ouverture de la tranchée qu'à partir du 2 novembre.

Tout ce fracas d'artillerie du *Stolzemberg* contre les remparts fut donc en pure perte : du 25 au 27 novembre, cent cinquante bouches à feu tiraient de cette parallèle, et les batteries de *Kabrun*, de *Schell- mühle* et du *Johannisberg* y joignaient leur feu. Mais ce ne fut en réalité que le tir antérieur de ces der- nières batteries qui détermina la capitulation. La vaillante garnison qui défendait Dantzig fut donc amenée à se rendre par les conséquences d'un bom- bardement.

Remarquons que cette même garnison qui s'était signalée par tant d'actes de vigueur pour disputer aux ennemis le terrain du dehors, se vit réduite à un état purement défensif, dès les premiers incendies. Les magasins étaient, pour ainsi dire, ses seuls points vul- nérables ; l'extinction des flammes devenait donc d'une importance majeure, et elle y devait consacrer tous ses soins : si elle eût pu sauver ses vivres, la

défense se fût encore prolongée. Cela prouve combien il est nécessaire de tenir l'assiégeant aussi longtemps que possible à grande distance, quand on a
lieu de craindre qu'il n'emploie des moyens incendiaires. Tel est aussi l'avis de M. le capitaine d'Artois
et de beaucoup d'autres ingénieurs.

Le bombardement de Dantzig se termina vers la fin de novembre 1813, bien peu de temps avant la paix générale : on peut juger par là si, pendant la grande guerre, ce moyen de prendre les places est tombé en désuétude.

Le peu de faits militaires de quelque importance accomplis depuis cette époque, semble encore prouver que le système dont nous nous occupons n'est point passé de mode.

A Anvers, en 1832, la citadelle fut écrasée de bombes. Cependant cette place, sans bourgeoisie, n'était autre chose qu'un camp retranché, présentant le cas le moins avantageux à l'emploi de ces projectiles. M. le chef d'escadron d'artillerie Pérignon répond en ces termes, dans le *Spectateur Militaire*, à un mémoire de M. L..., officier du génie, qui avait critiqué cette opération :

Quant au bombardement qui consista dans le tir de vingt mille bombes, il produisit tout l'effet que l'on pouvait en attendre. M. L.... dit lui-même qu'il ne resta pas pierre sur pierre dans l'intérieur de la citadelle; mais il s'empresse d'a-

jouter : *ce qui étonnera, sans doute, c'est que ce bombardement
si terrible n'avança pas sensiblement l'heure de la reddition de
la place.* Cette assertion est loin de paraître fondée. Si la destruction des abris de l'assiégé ne devait avoir que si peu d'influence, il ne les construirait pas et ne les entretiendrait pas
à si grands frais et avec tant de dangers. — Et comment
admettre que l'obligation de vivre sous terre fût indifférente
pour quatre mille hommes, entassés les uns sur les autres
dans des casemates humides et mal saines? — Et comment
refuser son influence à un danger continuel, qui a contraint
les assiégés de se creuser des tranchées dans le sol même
pour y rester moins exposés? Les officiers d'artillerie hollandais nous ont dit que pour être sûrs de faire parvenir des
munitions à une pièce, il fallait en envoyer par trois côtés à
la fois.

Nous ne voulons certes pas donner tort à **M.** Pérignon contre l'élève des d'Arçon, des Carnot, des
Bousmard... qui paraît avoir bien profité des leçons
de ses maîtres. Néanmoins, en accordant que le bombardement a eu une influence sensible sur la durée de
la résistance, nous ne pouvons nous empêcher de
trouver que le résultat obtenu a été payé bien cher au
prix de vingt mille bombes. Il n'en faudrait pas
davantage, à notre avis, pour écraser une place de
premier ordre : d'un autre côté, ce siège était peut-
être une de ces opérations dans lesquelles on ne doit
pas regarder à la dépense pour en assurer le succès.

Nous ne discuterons pas cette question ; car nous n'avons cité le fait que dans le but de prouver que la citadelle d'Anvers a été bombardée.

En 1842, on voit Espartero, régent d'Espagne, lancer huit cents projectiles creux sur Barcelone et s'en faire ouvrir les portes.

Pendant que nous recueillons ces documents, nous apprenons que l'armée des États-Unis, en guerre contre le Mexique, a pris, le 21 mars 1847, la place de la Vera-Cruz à la suite d'un bombardement. Les projectiles ne sont tombés que dans un des quartiers de la ville; mais elle n'en a pas moins capitulé, ainsi que le fort de Saint-Jean-d'Ulloa. (Additions, note II).

Enfin, l'armée sicilienne, chassée des postes intérieurs de Palerme, vient, dans les journées des 16 et 17 janvier 1848, de bombarder un des quartiers de cette ville. Les consuls des diverses nations ayant adressé en commun une protestation contre une pareille attaque commencée sans aucun avis préalable, les opérations ont cessé avant que le bombardement ait produit de résultat. (Additions, note III).

Il résulte de tout ce qui précède, que, malgré le silence profond des professeurs de fortification qui ne paraissent pas tenir à attirer l'attention de leurs élèves sur ce point, les bombardements sont toujours en usage, et constituent un véritable progrès dans l'art de prendre les places. Il nous a donc paru très utile de déduire de la masse de faits consignés dans cette deuxième partie, les règles à suivre pour attaquer et défendre les places d'après ce système. C'est par là que nous terminerons cet ouvrage.

TRAITÉ DES BOMBARDEMENTS.

TROISIÈME PARTIE.

CHAPITRE PREMIER.

GÉNIE. — ARTILLERIE

Pour tout officier que ses goûts et ses habitudes portent au mouvement, à l'activité de l'esprit et du corps, il y a quelque chose de fastidieux à se plonger dans l'étude des vieux auteurs, à se livrer à des travaux d'érudit, et à chercher dans le passé des lumières pour l'avenir. Nous confessons avoir nous-même éprouvé ce dégoût dans toute sa force; et l'importance de notre tâche nous a seule soutenu. Il nous est donc bien facile de comprendre comment il se fait que nos camarades du génie, dont tous les moments sont remplis par les projets et l'exécution de travaux utiles, ou par les soins à donner à l'instruction de leurs troupes, et qui n'ont pas toujours de bonnes bibliothèques à leur portée, s'en tiennent en général aux

opinions de leurs professeurs sur la question des bombardements; et répugnent à croire que des principes
posés par des hommes d'une aussi grande réputation,
ne soient pas entièrement conformes à l'expérience
et à la vérité. Enfant de la même école, nous avons
longtemps partagé ces idées ; nous ne voyons donc pas
pourquoi les faits qui ont modifié nos convictions
n'agiraient pas dans le même sens sur l'esprit des officiers du génie : ne sont-ils pas aussi dévoués que
nous à leur pays, et prêts à faire les plus grands sacrifices pour cette noble cause?

La raison qui a le plus contribué à nous entretenir
tous dans l'erreur au sujet de ce genre d'attaque,
c'est que nos places fortes ont eu le bonheur de ne
pas éprouver d'autres bombardements que ceux qui
eurent lieu dans les premiers temps de la république.
Pendant vingt ans, le théâtre de la guerre fut trans-
porté loin de notre sol : en 1814 et surtout en 1815,
la France épuisée par la conscription et divisée par
les passions politiques, n'opposa pas une résistance
aussi vigoureuse que l'on devait s'y attendre aux efforts de l'Europe coalisée, dont les troupes dédai-
gnèrent nos forteresses pour marcher sur Paris. Mais
aujourd'hui que les fortifications de cette capitale ont
radicalement changé le système défensif du pays, et
rendu aux frontières leur ancienne importance, il est
certain, que dans une future invasion, nos places seraient plus vigoureusement attaquées.

Le premier devoir du corps qui est spécialement chargé de la construction et de la défense de ces forteresses, est de faire tous ses efforts pour ralentir la marche de l'ennemi sur notre territoire, et par conséquent pour diminuer les chances de succès des bombardements, qui peuvent, dans certaines circonstances, rendre l'étranger presque immédiatement maître de nos places. Il serait donc à désirer que le corps du génie voulût bien soumettre, sans scrupule, à un examen consciencieux l'opinion défavorable de ses maîtres sur cette question : aucune vérité d'observation de doit être admise d'une manière absolue et à perpétuité ; et, pour en citer un exemple remarquable, n'avons-nous pas vu, de nos jours, attaquer dans ses bases ce beau système métrique que nous admirions sans réserve aux jours de notre jeunesse?

Nous avons réuni dans un tableau à la fin de cet ouvrage (Additions, note IV) la presque totalité des attaques de divers genres auxquelles furent soumises les places de l'Europe, dans le cours des guerres de la révolution et de l'empire. Ce tableau ne doit être considéré que comme une approximation, et pourrait être refait avec une grande exactitude par le Comité du génie. En supposant que les chiffres résultant du dépouillement de tous les documents que possède le dépôt des fortifications ne s'éloignassent pas trop des nôtres (ce qui nous semble probable), il serait impossible de n'en pas conclure le bon effet de l'emploi des moyens incendiaires.

La France n'est pas le seul pays où les lois châtient l'officier qui a rendu son poste avant le dernier moment. Nous voyons que, malgré la sévérité de la législation chez tous les peuples, les bombardements ont fait capituler un grand nombre de places. Concluons-en qu'il y a dans le cri de détresse des habitants, quelque chose d'irrésistible, et qui entraîne assez souvent les gouverneurs, pour nous engager à recourir à ce moyen quand nous serons à l'étranger, et à prémunir nos propres commandants contre une pareille faiblesse. Ne nous confions pas trop au courage et à la patience des citoyens de nos forteresses, aujourd'hui que l'alliance de la philosophie avec la religion a rendu tout fanatisme impossible, que nos mœurs se sont considérablement adoucies (nous ne dirons pas énervées) et qu'enfin l'esprit d'opposition parvient trop souvent à éteindre le patriotisme dans les âmes, et à rendre odieux le gouvernement le plus paternel.

Si nos ingénieurs militaires acquéraient une meilleure idée des bombardements, ils penseraient, sans doute, que, pour en atténuer les résultats, il peut y avoir autre chose à faire qu'à construire des magasins et des casernes voûtés à l'épreuve : ce genre de défense est purement passif et ne sert qu'à la garnison. Des vues nouvelles entraîneraient d'autres combinaisons, d'autres travaux. De ce vieux Montalembert jadis si dédaigné, l'on pourrait extraire quelques idées utiles pour contrarier vigoureusement les premiers travaux de l'ennemi ; et suivre sur cette voie l'exemple des puissances étrangères, dans les forteresses qu'elles ont construites depuis la paix. Il est bien naturel, en effet, que ces puissances qui furent beaucoup plus éprouvées que nous par les feux incendiaires, se soient plus activement préoccupées des moyens de s'en garantir.

Nous savons que l'emploi des feux casematés ne répugne point au génie : qu'il persévère dans cette voie ; et si, sur cette question, comme sur beaucoup d'autres, l'artillerie peut être consultée avec fruit, le concours de cette arme sera maintenant plus facile que jamais à obtenir (1).

Le rôle de l'artillerie est toujours très beau dans la guerre des siéges, quelque soit le mode d'attaque auquel on donne la préférence.

(1) Un prince jeune, intelligent, et n'ayant d'autre pensée que le bien du service et l'accroissement de la puissance militaire du pays, siége aux Comités de l'artillerie et du génie ; et sert, pour ainsi dire, de trait d'union entre les deux corps.

Nous avons reconnu que la manière dont un bombardement devait s'exécuter n'était pas indifférente, et qu'une opération de ce genre réussissait d'autant mieux, qu'elle avait été conduite avec plus d'intelligence et de vigueur. La conquête rapide d'une place enlevée par ce moyen, ne peut que faire beaucoup d'honneur à ceux qui en auront été les principaux agents. L'approvisionnement des batteries incendiaires entraîne en même temps un surcroît de ces soins de détail que l'artillerie doit porter à tous les travaux dont elle est chargée : on lui en saura gré.

Les siéges méthodiques donnent aux officiers de cette arme un rôle moins brillant peut-être, mais exigeant encore plus de courage et de capacité. Il est glorieux, en effet, de construire, d'armer et de servir sous les coups de l'ennemi et à diverses distances, une masse de batteries destinées à éteindre le feu de ses canons, pour rendre les cheminements possibles ; puis, dès que le chemin couvert a été couronné, d'y établir d'autres batteries qui renversent les remparts et ouvrent aux assaillants le chemin de la gloire. Il n'est pas moins beau pour l'officier de ce corps qui se trouve renfermé dans une place assiégée, de tirer tout le parti possible des ressources matérielles dont il dispose, afin de retarder la marche de l'assiégeant, de démonter ses pièces, de détruire ses travaux et finalement d'écraser ses colonnes sur la brèche.

Formés à l'école de la guerre, les chefs actuels de l'artillerie française ont sur les bombardements une manière de voir bien arrêtée, et qu'il est pour nous d'un grand intérêt de connaître. Nous allons nous en rendre compte, en nous basant sur les documents qui sont à notre portée.

L'*aide-mémoire* qui paraît sous les auspices du Comité, doit nous révéler sa pensée sur cette question. Nous en extrayons le passage suivant :

BOMBARDEMENT.

Le bombardement ou l'incendie d'une place doit s'exécuter simultanément sur plusieurs points, avec le plus grand nombre possible de mortiers, d'obusiers et de canons tirant à boulets rouges.

Employer les bombes chargées d'artifices, les balles à feu, les fusées incendiaires ; diriger les feux sur les constructions et objets susceptibles d'être incendiés, ou le plus à portée de propager l'incendie (2ᵉ édition, page 394).

Les principes exposés d'un bout à l'autre de ce traité, n'étant autre chose que le développement de ce qui est contenu dans ce court article, nous sommes heureux, sans toutefois en être surpris, de voir le sentiment du Comité en si parfait accord avec les conséquences des faits que nous venons de passer en revue.

Cependant le même *Aide-mémoire* contient un peu plus loin cette phrase :

Le tir à boulets rouges est presque inusité.

Que l'on ne s'en serve plus pour la défense des
côtes, depuis l'adoption des obusiers à la Paixhans,
nous pouvons le concevoir; mais l'histoire militaire
nous prouve que ce serait une faute que de l'abandonner contre les places.

Parmi les nombreux exemples des effets terribles
de ce moyen incendiaire, nous choisirons la relation
du fameux siége de Grave, en 1674, où se trouve ce
passage :

Le 24 août, les ennemis nous jetèrent force paniers à feu
remplis d'une composition extraordinaire, capable d'embraser
et d'empoisonner tous les lieux où ils tombaient, avec de
petits canons de mousquets chargés à balles, qui, tirant de
temps en temps, faisaient qu'on n'osait en approcher pour les
éteindre. Ce même jour on nous tira de l'attaque *des fours*,
force boulets rouges qui sont assurément plus à craindre que
tout le reste; et pendant le siége, rien ne nous brûla davantage que cela. On ne sait d'ordinaire ce que devient le
boulet, et l'on ne s'aperçoit du lieu où il est tombé que par le
feu même.

M. d'Artois exprime la même opinion dans sa relation du siége de Dantzig en 1813.

Le boulet rouge, dit-il est le plus redoutable des incendiaires. En effet, il ne laisse pas ordinairement de traces suffisantes pour qu'on puisse le découvrir, et c'est seulement quand
le feu se manifeste, que l'on apprend où il est logé.

Tel est aussi l'avis consigné par d'Arçon dans un mémoire adressé à l'Académie des sciences et inséré dans le recueil des savants étrangers. Le projectile, suivant l'auteur, reste en ignition pendant cinquante ou soixante minutes.

On se rappelle qu'avant l'incendie qui détermina la reddition du fort Saint-Vincent à Salamanque, la garnison fut obligée d'éteindre dix-huit fois le feu communiqué à diverses parties des édifices, par des projectiles incandescents.

Si le soldat de la Charente, auteur du précis sur le siége de Valenciennes, n'a pas été satisfait de ses observations relatives aux propriétés incendiaires des boulets rouges; cela tient, comme il le fait entendre, à ce que les Autrichiens n'en élevaient souvent pas assez la température (1).

Ceux qui se font une idée exacte des conséquences d'un vigoureux bombardement entrepris avec méthode, ne craindront pas sérieusement que les habitants viennent, avec des tenailles et des crochets, saisir et noyer tous les boulets rouges. Ce service qui, si l'on considère l'étendue des désastres occasionnés à Lille par le feu de l'ennemi, produisit de bien plus faibles résultats qu'on ne l'a prétendu, ne put s'or-

(1) Une pareille cause pourrait influer sur les résultats peu satisfaisants de ce tir dans nos polygones.

ganiser et se continuer qu'à cause du petit nombre
de projectiles brûlants qui tombaient sur les édifices ;
et seulement dans les quartiers que les bombes ne
pouvaient atteindre. Si les Autrichiens eussent eu le
double de canons et de mortiers dans leurs batteries,
il est probable que les Lillois eussent fait à la longue
comme leurs voisins de Valenciennes et les bourgeois
de Dantzig qui, blottis dans leurs retraites, laissaient
stoïquement aux soldats le soin d'éteindre les incendies.

Les bombes agissent à fleur du sol ou en dessous ;
à ces hauteurs elles rencontrent rarement des matières combustibles : les boulets rouges peuvent mettre
le feu à tous les étages, et se logent particulièrement
dans les charpentes. Ils vont en outre plus loin que
les bombes, et atteignent des parties de la ville en dehors de la portée de ces projectiles. Leur puissance
incendiaire est d'autant plus grande, qu'il entre une
plus forte quantité de bois dans la construction des
maisons ; ou si l'on attaque une ville de commerce,
qu'elle contient de plus vastes dépôts d'objets inflam-
mables, tels que fourrages, étoffes, bois de toutes espèces, graisses, huiles, spiritueux, résines etc.; on aurait donc tort de renoncer à ce moyen de destruction
dont l'Empereur a recommandé l'emploi dans plus
d'une circonstance.

M. le colonel Piobert s'exprime ainsi sur les bom—
bardements (1).

Lorsque la place que l'on assiège a une population nombreuse et que le moral de la garnison est faible, on la bombarde en tirant sur les habitations et les magasins pour les
incendier, et sur les casernes pour fatiguer la garnison. Un
bombardement exige un nombre considérable de mortiers
pour produire un grand effet; les projectiles devant renfermer des matières incendiaires, les bombes de 32 centimètres
sont les plus avantageuses, à cause de la grande quantité de
poudre et de matières incendiaires qu'elles peuvent contenir;
on emploie aussi les obusiers au même usage et les canons
tirant à boulets rouges. On a soin de diriger d'abord le feu de
plusieurs batteries sur un même point; et de ne passer à un
autre que lorsque l'on aura produit sur le premier l'effet attendu.

Cet article est plein de vérités: si la ville est populeuse et la garnison numériquement ou moralement
faible, le succès du bombardement n'en sera que plus
certain. Cependant ce n'est pas le seul cas où ce
genre d'attaque puisse s'employer avec avantage:
parmi les nombreux exemples que nous avons cités,
il s'en trouve qui se rapportent à des villes de diverses grandeurs, dont les défenseurs étaient plus ou
moins nombreux et énergiques; et pourtant ces villes
ont capitulé.

(1) *Traité d'artillerie.*

Si vous parvenez, en ruinant les maisons, à détruire les ressources alimentaires des habitants d'une forteresse, le gouverneur se croira ou se verra peut-être obligé de prendre à sa charge la nourriture de la population : les vivres seront bientôt épuisés et la ville ouvrira ses portes.

Si dans une place de moyenne ou de petite grandeur, les militaires et les bourgeois ayant une origine commune, vivent en très bonne intelligence, les malheurs arrivés à ceux-ci pourront affecter à tel point les soldats, qu'ils oublient leurs devoirs et fassent cause commune avec la population, lui prêtant ainsi la force qui lui manque pour forcer le gouverneur à capituler.

Quelque brave que soit une garnison, si vous pouvez incendier ses magasins aux vivres, faire sauter ses magasins à poudre, vous la réduirez promptement.

Prodiguez les bombardements dans un pays dont les institutions ne sont pas en harmonie avec l'esprit des habitants ; où une aristocratie de naissance occupe toutes les hautes positions civiles et militaires. Dans de pareils états, les choix des gouverneurs étant restreints, peuvent tomber sur des hommes faibles ou incapables : d'un autre côté, les masses sont mécontentes ; et l'armée, fatiguée de voir préférer les officiers de salon aux officiers de travail, partage la désaffection générale pour le pouvoir. Telle était la situation de la Prusse en 1806 : les malheurs de cette époque ouvrirent les yeux au roi Frédéric Guillaume, qui en profita pour introduire de grands changements dans l'organisation militaire du pays.

A la faveur de la longue paix dont nous jouissons, de vastes établissements se sont formés dans presque toutes les villes de l'Europe : la population des cités s'est généralement accrue, et les intérêts civils et commerciaux y sont prépondérants. Il y a des pays où la bourgeoisie est armée, ce qui peut évidemment devenir fort dangereux pour la sûreté des places en temps de siége. Cet état de choses doit donc tendre à multiplier les cas où les bombardements réussiront dans les guerres futures.

En 1795, dit Carnot (1), nous cherchions à faire un passage sur le Rhin, et à nous procurer une tête de pont sur la rive droite qui était toute occupée par l'ennemi, tandis que nous avions la rive gauche. Nous fîmes simplement établir une batterie de mortiers sur les bords du fleuve vis-à-vis de Manheim : nous pensâmes que cette ville, quoique bien fortifiée suivant les principes de Coëhorn, ne tiendrait pas contre le bombardement, parce qu'elle renfermait beaucoup de beaux édifices qu'on ne voulait pas laisser détruire ; et en effet, à peine les batteries eurent-elles commencé à jouer, que la place se rendit, ce qui nous procura une magnifique tête de pont.

(1) *Traité de la défense des places.*

Le grand développement de la civilisation et des
beaux-arts a rendu les *Manheim* bien nombreux en
Europe. Combien de villes fortes ne prendrait-on pas
avec d'aussi faibles moyens, surtout au commencement d'une guerre, quand les garnisons ne sont pas
familiarisées avec le feu de l'ennemi !

Ainsi les gouvernements libres eux-mêmes ne sont
pas toujours sûrs de voir leurs places résister à des
épreuves de ce genre. Nous sommes heureux de pouvoir appuyer cette opinion de l'autorité de Bousmard.

Les peuples modernes, en fortifiant les villes à l'instar des
anciens, dit-il (1), font en cela, comme en bien d'autres choses,
un contre-sens à la fois politique et militaire. (2) Chez les anciens, les citoyens d'une ville assiégée perdaient tout par sa
prise, leurs biens, leur liberté, celle de leurs femmes et de
leurs enfants. Telles étaient leurs mœurs, telles sont même aujourd'hui celles de tous les peuples parmi lesquels l'esclavage
domestique est encore en vigueur. Là, comme chez les anciens, les habitants des villes fortifiées les défendent jusqu'à la
mort.

Il en est autrement chez nos peuples modernes chrétiens et

(1) *Essai général de fortification, discours préliminaire.*

(2) Napoléon a réfuté avec une grande supériorité de raison
l'idée favorite de Bousmard, d'établir les forteresses en rase campagne ; et la considère comme un rêve d'ingénieur. Il est d'avis
au contraire que le meilleur usage que l'on puisse faire des remparts est d'en entourer les grandes capitales (*Mémoires*).

civilisés. Les bourgeois d'une ville assiégée ne risquent, par sa prise, de perdre, ni la vie, ni la liberté, ni la moindre partie de leurs biens. Ils risquent au contraire, par sa défense, pour peu qu'elle se prolonge, de voir ruiner leur fortune, détruire leurs maisons, écraser sous leurs débris leurs femmes et leurs enfants, et de périr eux-mêmes par le feu, le fer ou la famine. Aussi, dès les premiers momens d'un siége, leurs vœux, leur détermination ne sont rien moins que douteux ; et l'attaque est à peine commencée que déjà ils soupirent pour la reddition de la place. Si l'on me dit que c'est la faute de nos constitutions modernes où le peuple, compté pour rien, compte pour rien à son tour l'avantage de vivre sous tel ou tel gouvernement plutôt que sous tel autre ; qu'il n'est question que de le rendre libre, comme l'étaient les peuples anciens, pour lui voir faire comme eux des prodiges dans la défense de places ; si l'on me dit tout cela, je répondrai, qu'à moins que le peuple de la ville assiégée ne soit, par la conquête, menacé de perdre immédiatement son commerce et ses moyens de subsister, ou sa religion, s'il y est sincèrement attaché, vous ne lui verrez faire aucun véritable effort pour défendre la place. L'intérêt présent de sauver sa maison et sa fortune pour continuer d'en jouir paisiblement sous des lois équitables, sous des chefs dont les mœurs ne diffèrent pas essentiellement des siennes, l'emportera bientôt sur le petit enthousiasme factice de se dire libre sous un gouvernement pire souvent que le plus dur despotisme. *Un pareil enthousiasme n'est rien moins qu'à l'épreuve de la bombe; et quand celle-ci tombe sur la ville assiégée, les amis de la constitution ou de la liberté et de l'égalité, ne sont bientôt plus que les amis de leurs maisons et de leurs boutiques.* Il y a plus : dans cette sorte d'états politiques, le peuple de la ville assiégée et ses magistrats ont bien une autre influence sur la

garnison que dans les pays où celle-ci ne connait qu'un
chef, qu'un roi ou qu'un maître. Ce sera bien pis si ce peuple
est armé, et s'il a le droit de l'être. Il imposera plus à la garnison que l'armée assiégeante. Dans un tel pays, je le prédis
hardiment, aucune place bien attaquée ne fera une défense
passable ; car, ou la bourgeoisie voudra qu'on se rende, et
alors il le faudra bien ; ou elle voudra qu'on se défende, et
alors elle en empêchera ; car à force de se mêler de tout et
de prétentions à tout diriger, elle mettra le désordre partout.

Telles sont les révélations que Bousmard faisait au
roi de Prusse, sous l'impression encore toute récente
de la facile capitulation de Verdun. Il y a certainement du vrai dans cette opinion, à laquelle les chutes
de tant de places au centre de l'Europe civilisée,
sont venues quelques années plus tard donner une
sanction nouvelle. Hâtons-nous de le dire cependant,
nous nous sentons rassurés contre cette sinistre pré-
diction, que l'ingénieur émigré adresse tout particulièrement aux places françaises. La reddition de Verdun dont il fut témoin, eut lieu à une époque de désordre et d'indiscipline, où le soldat avait acquis le
droit de délibérer sur tous les sujets. En même temps
que l'on encourageait une pareille licence, le gouvernement qui se méfiait des chefs militaires, entra-
vait leur action et celle des conseils de défense, en
les soumettant à la direction d'un conseil exécutif

composé de bourgeois et d'administrateurs de la localité. Une semblable institution ne devait produire que des fruits amers et ne pouvait être durable. On l'améliora d'abord en envoyant dans les places , comme nous l'avons vu à Valenciennes et à Landau , des représentants du peuple qui, s'ils n'étaient pas toujours bien choisis sous le rapport des connaissances militaires, avaient du moins l'avantage d'être étrangers au département, et de soutenir l'intérêt national. Enfin, aujourd'hui la législation moderne accorde à l'autorité militaire, dans les villes en état de siége, un pouvoir discrétionnaire dont celle-ci peut largement user, et qui rendrait injustifiable tout acte de faiblesse de sa part.

Néanmoins l'opinion de Bousmard nous paraît digne d'être méditée par tous les militaires (1). Elle tend à prouver que dans ce siècle, les feux incendiaire. constituent un moyen d'attaque dont le chef de la place doit se préoccuper très sérieusement.

(1) Ce même ingénieur qui nous dépeint avec tant d'énergie et de vérité les conséquences des bombardements, s'exprime en ces termes, à quelques pages de distance :

« L'artillerie, principal agent de l'attaque, n'avait reçu de Vauban, qu'à regret, la loi de ne tirer qu'aux défenses de la place, et de renoncer à l'*inutile* fracas qu'elle était accoutumée de faire parmi les édifices de la ville. Depuis longtemps Vauban méditait de tirer d'elle des effets plus grands ot plus sûrs, et surtout plus appropriés à son but de prendre les places avec la moindre perte

Le colonel Piobert ne serait-il pas dans l'erreur
lorsqu'il suppose qu'un grand nombre de mortiers

possible pour l'assiégeant (a) et le moindre dégât possible de la
ville assiégée (b). Il en trouva enfin au siége d'Ath, en 1697,
l'occasion la plus favorable. Sa réputation et son autorité étaient
parvenues à leur comble ; elles étaient appuyées par le maréchal
de Catinat qui commandait l'armée, et dont la capacité et la philosophie étaient si bien en harmonie avec le génie et le patriotisme de Vauban ; il ne fallait pas moins que cette réunion de
moyens, pour vaincre la répugnance que le corps d'artillerie ap-
portait à changer de méthode dans le service du canon de siége.»

Après ce que M. de Bousmard vient de dire de l'effet des
bombes sur les bourgeoisies, on peut être surpris de le voir qua-
lifier ce tir d'inutile. Ceci ressemble à une contradiction; à moins
toutefois, que l'on ne veuille expliquer cette différence de langage
par la différence des époques dont il parle ; et croire que ce qui
était inutile au temps de Vauban a cessé de l'être de nos jours.
Telle est notre pensée. Nous avons reproduit cet article pour
rappeler que l'opinion favorable aux feux incendiaires a été, de
tout temps, celle des officiers d'artillerie qui ont vieilli dans la
pratique de la guerre ; et prouver que la cause des bombardements n'est rien moins qu'une cause nouvelle.

(a) Cette assertion est complètement inexacte: si, par exemple,
le duc de Brunswick eût attaqué régulièrement la place de Verdun, Bousmard, chargé de la défendre, était un ingénieur assez
habile pour l'en avoir fait cruellement repentir ; il lui eût sans
doute tué bien plus de monde que le prince n'en a pu perdre en
dirigeant de loin quelques bouches à feu contre la place.

(b) L'état des maisons bourgeoisés est de peu d'importance

est nécessaire pour produire beaucoup d'effet? Il est hors de doute que de puissants moyens de ce genre contribueront à assurer le succès du bombardement; cependant la disposition des bouches à feu paraît avoir une influence bien plus grande que leur nombre. Ainsi, à Valenciennes où l'on employa 126 mortiers et pierriers, les Autrichiens ne réussirent pas, tandis que les Français obtinrent un succès complet avec 12 mortiers et 8 obusiers à Maëstricht (1), avec 24 obusiers et mortiers à Valence; et cependant cette dernière ville renfermait une armée de seize mille hommes, et toute une population acharnée contre l'assiégeant.

Si des moyens ordinaires en bouches à feu suffisent pour faire réussir des attaques de ce genre, ce sera une raison de plus pour les entreprendre souvent.

pour l'assiégeant: ce qu'il désire, ce sont des vivres et des munitions. Or, il en trouvera beaucoup plus dans une place qui aura capitulé après un court bombardement, que dans une malheureuse ville épuisée à la suite d'un long siége.

(1) Il n'y eut réellement que vingt obusiers et mortiers à opérer contre les édifices de cette ville; les autres bouches à feu de la parallèle n'agissaient qu'indirectement en éteignant le feu des remparts. L'armement total de cette parallèle était de 66 canons, 27 obusiers et 22 mortiers.

Nous partageons complètement l'opinion de l'auteur du traité d'artillerie sur la direction à donner aux feux incendiaires. Toutefois, en attendant qu'un effet quelconque soit produit, nous pensons qu'il est très important de disperser les bombes sur toute la superficie de la ville, si cela se peut; afin de répandre la terreur dans tous les quartiers à la fois, et prouver qu'il n'y a pas d'autres abris que les voûtes et les blindages. Nous agissons de la sorte dans un intérêt d'humanité; car notre but est d'effrayer fortement, pour avoir moins à détruire.

On peut conclure de ce qui précède, que les chefs de l'artillerie française n'ont pas renoncé à l'emploi des bombardements. Ils ont raison d'y tenir, car l'assiégeant tire de grands avantages du succès immédiat que peut procurer cette méthode.

1°Ses travaux n'ayant pas besoin d'être poussés beaucoup au-delà de la première parallèle, *il ne perd que très peu d'hommes pendant le tir incendiaire*, tandis que le siége en règle est une vraie boucherie de soldats.

2° *Il entre dans la place très peu de jours après l'ouverture du feu;* il gagne de la sorte un temps très considérable sur la marche méthodique; et parvient à éviter ces innombrables chicanes que l'art des Vauban, des Cormontaigne, et le talent d'habiles ingénieurs eussent opposées à ses cheminements, jusqu'au sommet de la brèche du dernier retranchement construit par l'assiégé.

Ainsi, mieux une ville sera fortifiée et plus les officiers du génie chargés des détails de la défense, auront de mérite et de réputation ; plus l'assiégeant agira judicieusement en cherchant à la réduire par des moyens incendiaires.

3° *Au moment où la place capitule, l'enceinte est intacte.*

Il faut du temps pour réparer les brèches et détruire les travaux d'un siége régulier. Une armée de secours n'a qu'à se présenter aussitôt après la conquête d'une place ainsi attaquée, elle peut profiter des cheminements encore existants et du mauvais état des remparts, pour la reprendre à peu de frais. Le colonel Jones fait remarquer à ce sujet que si l'armée anglaise retranchée pendant l'hiver de 1810-1811 aux lignes de *Torres-Vedras*, eût été approvisionnée en matériel de siége pour l'artillerie et le génie, les évènements eussent pris une tournure toute différente, qu'il est facile de prévoir. Le maréchal Beresfort ayant passé la Guadiana le 26 mars, la ville de Badajos qui avait encore sa brèche ouverte, ses tranchées non comblées, et qui était dépourvue d'approvisionnements, n'eût fait que peu ou point de résistance, et l'on eût évité la perte causée par ses trois siéges ; à la fin de la campagne, Burgos fût tombée au pouvoir des alliés, etc.

4° Les troupes de l'investissement deviennent à l'instant disponibles pour les opérations militaires subséquentes.

Le lendemain de la prise de Charleroi qui fut enlevée en douze jours, et que l'on eût réduite plus promptement encore avec une artillerie mieux exercée, l'armée de siége prit part à la bataille de Fleurus; et contribua puissamment au succès de cette journée, qui détermina la retraite des ennemis et assura l'intégrité du territoire.

De même, si le maréchal Ney n'eût pas employé les moyens les plus prompts et les plus énergiques pour s'emparer de Magdebourg, il n'eût pas forcé le passage de la Vistule à Thorn, et rendu de grands services à son pays dans le reste de cette campagne.

5° La rapidité avec laquelle les bombardements heureux font tomber les places est cause que *l'on y trouve, quand on en prend possession, les armes, vivres et munitions destinés à la défense et qui sont à peine entamés.*

Ce sont des ressources à ajouter aux approvisionnements que l'on recueille dans les places de dépôt, après un siége régulier.

Le gouverneur d'Alméida, sir W. Cox, ayant été forcé de se rendre peu de temps après une forte explosion occasionnée par la chute d'une bombe, on trouva dans la place un approvisionnement de vivres destiné à faire subsister pendant quatre-vingt-dix jours une armée de six mille hommes, conquête inappréciable dans cette partie de l'Espagne, où l'on avait tant de peine à nourrir les troupes.

6° *Toutes les munitions non consommées au bombardement d'une ville, peuvent être utilisées contre une autre.*

C'est ce qui rend ce moyen aussi économique en argent, qu'en temps et en hommes, quand il produit son effet; et surtout quand une simple menace a fait céder la forteresse attaquée.

Le même équipage servit en 1794 contre les quatre places de Landrecies, du Quesnoi, de Valenciennes et de Condé.

Il est impossible qu'un genre d'attaque qui peut procurer des avantages aussi positifs, ne soit pas jugé digne d'être employé, sinon toujours, du moins dans les circonstances où il offre les plus grandes chances de succès; et remarquons que ces circonstances sont précisément celles où les siéges réguliers en présentent le moins.

Si l'on admet que le procédé du bombardement soit quelquefois applicable, pourquoi donc n'en jamais enseigner les principes dans les écoles militaires? Pourquoi n'en pas plus parler aux élèves que si ce procédé n'était pas connu?

CHAPITRE II.

—

ATTAQUE DES PLACES.

—

L'investissement et l'installation du parc de l'artillerie ne diffèrent en rien de ce que doivent être ces opérations dans le cas d'un siége en règle. Seulement, quand vous reconnaîtrez la place, s'il se trouve que le gouverneur se conformant aux enseignements donnés dans les écoles et à l'article 95 de la loi du 24 décembre 1811 , a fait raser tous les faubourgs et les maisons qui environnent la ville , sachez-lui gré de cette mesure qui favorise si bien vos projets ultérieurs; et qui vous permettra de vous établir tout d'abord aussi près que possible de la place sans craindre les feux de revers. Le général Rapp fut mieux inspiré à Dantzig, quand il conserva les faubourgs d'*Ohra*, de *Langführ* et du *Stolzemberg*, et les fit disposer pour la défense. Cette précaution coûta beaucoup d'hom-

mes aux ennemis, et les força de conquérir ces positions, défendues avec une telle énergie, qu'ils mirent
huit mois à parvenir au point où furent construites les batteries de bombardement contre la place.

Si vous trouvez des faubourgs bien occupés et que
l'ennemi paraisse vouloir vous disputer, il faut l'en
débusquer à tout prix avant de commencer vos travaux, pour ne pas être en prise aux feux de flancs et
n'avoir pas à craindre des sorties à bout portant sur
vos batteries.

Enfin, si la place est entourée de forts détachés,
ce ne sera qu'après en avoir pris un ou plusieurs que
vous pourrez entreprendre le bombardement. Ce cas
est le plus défavorable; car l'établissement des batteries incendiaires doit être précédé d'un ou de plusieurs siéges, qui vous coûteront nécessairement du
temps et des hommes. Au reste, le même obstacle
retarderait d'autant une attaque en règle contre la
place.

Supposons maintenant que l'assiégeant soit débar-
rassé de ces difficultés préliminaires et se trouve en
mesure de commencer ses travaux. Son premier soin
sera de choisir les points où il établira ses batteries ;
à cet égard, s'il s'agit d'une ville très considérable,
les positions qu'il devra prendre pourront fort bien
ne pas être celles qui seraient préférées pour un siége
régulier.

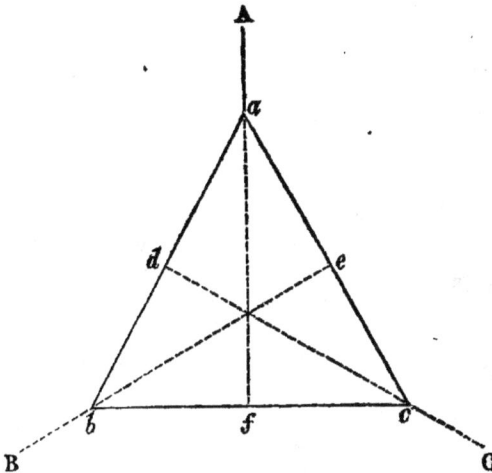

Soit , par exemple , une grande forte-resse dont le système géné-ral d'enceinte est tracé de ma-nière à présen-ter les trois sail-lants a , b , c , des fronts inter-médiaires de cette enceinte étant disposés à peu près en lignes droites le long de ab, ac, bc ; il est évident que les points A, B, C pris à six cents mètres des sail-lants les plus avancés de la place , appartiendraient aux premières parallèles d'attaques entreprises contre les ouvrages a, b, c. Mais ces points seraient mal choi-sis pour y établir des batteries de mortiers. En effet , U, V, X représentant le périmètre de la surface habi-tée, il se trouve toujours entre les points a et U des masses d'ouvrages de fortifications et de bâtiments militaires, contre lesquels les projectiles creux et rouges ne produiraient pas beaucoup d'effet : (même observation pour les intervalles b V et c X); et si les arcs $m\,m$, $m'm'\,m''\,m''$ représentent la limite de la portée des bombes tirées de A, B, C, il n'y aurait de soumis à leurs effets destructeurs que les segments U mm ,

V $m'm'$, X $m''m''$; tout l'intérieur de la ville se rait à l'abri, et n'aurait absolument à craindre que les boulets rouges tirés sous un angle élevé. Ainsi les points A, B, C seraient

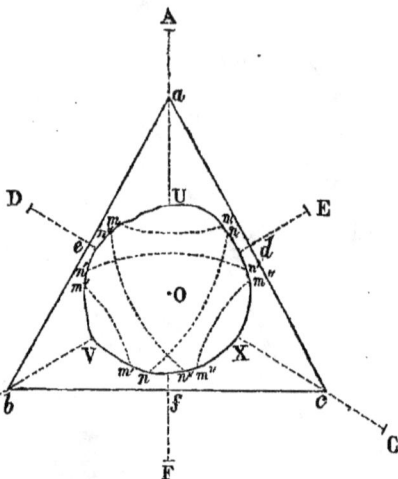

aussi mal placés que possible pour le bon effet des batteries de bombardement.

Les points D, E, F situés à l'extrémité d'une perpendiculaire de 600 mètres élevée sur le milieu de chaque côté, jouiraient d'une propriété toute opposée; et leur emplacement serait tel, que toutes les fois que les arcs n n, $n'n'$, $n''n''$, décrits des points D, E, F avec des rayons égaux au maximum de portée des bombes, tomberaient sur le centre O, ou au-delà par rapport à chacun des centres, la surface entière de la ville pourrait être couverte de bombes : c'est donc vers ces trois points qu'il serait avantageux d'entreprendre les travaux des batteries incendiaires.

Le choix des points D, E, F offre un autre avantage; c'est qu'en général, on a soin d'établir dans le voisinage des portions *d, e, f* de l'enceinte que l'on considère comme sûres, les magasins de vivres et de munitions, objets que l'assiégeant a le plus grand intérêt à détruire. S'en trouvant ainsi rapproché, il pourra faire tomber de plus haut ses grosses bombes sur les voûtes à l'épreuve, et les briser, si leur solidité n'est pas suffisante.

Remarquons que l'emplacement dont il est ici question pour les batteries, ne serait pas proposable si l'on devait cheminer en avant; car on tomberait dans les rentrants de la place, et l'on serait enfilé par les ouvrages situés vers *a, b, c*; mais l'assiégeant, pour l'objet qu'il se propose, restera toujours à la même distance à laquelle il ne craint rien.

Si l'assiégé couvre ses remparts d'artillerie dans les parties *d, e, f* de l'enceinte, les boulets feront peu de mal aux épaulements solides et sans embrâsures des batteries de mortiers. Cependant il sera prudent à l'assiégeant d'établir des batteries de canons qui puissent repousser les sorties, contrebattre les pièces ennemies et les empêcher de nuire à celles qui tireront à boulets rouges.

Au reste, tout ce mouvement d'artillerie de la place lui sera profitable à lui-même, s'il est obligé plus tard de convertir le bombardement en siége régulier, puisque son ennemi se verra forcé de transporter ses bouches à feu des points *d, e, f* au point d'attaque ulté-

rieurement choisi, et qui sera A ou B ou C. On sait
que ces déplacements successifs de matériel sont une
cause de grandes fatigues pour la garnison.

L'assiégé se bornera peut-être à garnir ses ouvrages
de mortiers, seule arme à redouter par les batteries
qui projettent des bombes. Le tir de plein fouet ne
pouvant rien contre les mortiers de la place, les gros
canons qui eussent été employés à ce service deviendront alors disponibles pour le siége régulier, s'il a
lieu; et l'on se contentera de ricocher les faces des
demi-lunes, et le mieux qu'on pourra, les faces non
ricochables des bastions.

Le gouverneur qui s'attend à se voir attaquer partout ailleurs, négligera peut-être de surveiller les
approches des points d, e, f. L'assiégeant ne manquera
pas d'en profiter pour commencer ses travaux en deça
de 600 mètres, en prenant toutefois ses précautions
contre les feux de flancs. Si nous admettons que des
tranchées ouvertes en pareils points dénotent au gouverneur le genre d'attaque que l'on médite contre sa
place, du moins restera-t-il dans l'ignorance des
points où pourrait plus tard être ouverte la tranchée
du siége régulier, si toutefois on ne fait pas cette ouverture en même temps que celles relatives aux travaux incendiaires; mais ce double travail est générale-
lement impossible, à moins que l'armée de siége ne
soit très nombreuse, ou encore que l'une des attaques

relatives au bombardement ne serve également au siège en règle; et dans ces cas même, la défense sera toujours dans l'incertitude sur la véritable attaque.

Nous venons d'exposer les avantages qu'offre, pour les bombardements des grandes villes, l'ouverture des tranchées en face des points d, e, f. Cette marche qui diffère de la méthode ordinaire, ne doit être employée par l'assiégeant, qu'après qu'il aura bien étudié ses ressources en hommes et en matériel et acquis la connaissance des localités.

Des obstacles naturels ou artificiels peuvent rendre inaccessibles les trois points D, E, F ou deux d'entre eux, et rendre par suite le bombardement difficile. Nous ne traçons ici que des principes généraux.

Dans le cas où la place se rapprocherait d'une ellipse un peu allongée, le nombre des emplacements à donner aux batteries incendiaires pourrait se réduire à deux, avantageusement choisis aux extrémités du petit axe.

Enfin, pour toute place forte où l'une des longueurs A f, B e, C d n'excéderait pas la portée maximum des bombes, une seule attaque suffira. S'il ne s'en fallait que de peu que cette condition de portée fût remplie, on pourrait cheminer comme à l'ordinaire en avant de la parallèle, et en établir une seconde pour y transporter les batteries plus près de la place. Mais dans ce cas, une double attaque aurait l'avantage

d'atteindre tous les points de la ville en même temps
et dès l'ouverture du feu.

Quant à la nature des travaux à exécuter, ils se
composeront d'une parallèle avec ses communications
aboutissant aux dépôts de tranchée. Derrière cette
parallèle aussi rapprochée de la place que la garnison
le permettra, seront construites les batteries, dont les
feux verticaux ne gêneront point la garde. L'emplacement de ces batteries par rapport aux lignes de la
fortification est à peu près indifférent ; on choisira
néanmoins de préférence les capitales des bastions et
des demi-lunes comme étant un peu moins en prise
aux feux directs. On suivra l'exemple de Marescot au
siége de Charleroi, en profitant des chemins creux et
des replis de terrain pour y cacher des mortiers, qui,
pouvant être éloignés les uns des autres, attireront
moins le feu de l'ennemi, offriront plus de sécurité
dans leur service et seront prêts à fonctionner immédiatement.

Le nombre des batteries et la répartition des
bouches à feu sont à peu près arbitraires : il sera prudent de les diviser par petits groupes pour éviter les
dangers d'explosion. On fera bien également de sé-
parer des mortiers, autant que possible, les canons
qui tirent à boulets rouges.

Si l'espace manque au développement des batteries,
on pourrait le disposer sur deux lignes, assez distantes

l'une de l'autre pour ne pas se nuire. Les canons et obusiers seraient placés au premier rang, les mortiers occuperaient le deuxième.

Dans le cas où le défaut de longueur obligerait de resserrer, autant que possible, les bouches à feu et de les réunir en un ou deux groupes; de très graves accidents pourraient arriver par suite de la chute de quelques projectiles ennemis dans les batteries. On se trouverait bien alors de l'emploi de ces petites traverses tournantes dont les Anglais se servent dans les siéges, et auxquelles ils ont donné le nom de *splinter-proofs* (1).

(1) « Les batteries de siége sont rarement exposées aux feux de flanc et d'enfilade, et, pour cette raison, on n'y emploie pas souvent de traverses massives : on y construit de préférence des traverses légères pour protéger les hommes contre les éclats de bombes et d'obus.

« Les traverses dites *splinter-proofs* sont en général perpendiculaires à l'épaulement de la batterie, mais elles en sont séparées de manière à laisser entre elles et le pied du parapet un passage de 0ᵐ 60 de large; en sorte que les canonniers puissent passer par les deux extrémités et se cacher derrière, quand un projectile creux tombe dans la batterie.

« Le tir se fait généralement avec assez de lenteur dans un siége, pour permettre, sans inconvénient, l'emploi d'une semblable précaution qui peut ménager la vie des hommes. Un observateur, à la vue perçante, est ordinairement chargé, dans cha-

A la distance de soixante mètres, le colonel Pasley
pense qu'il n'est pas nécessaire de revêtir les batteries
de mortiers, seulement alors il faut rapprocher les
plateformes du pied de l'épaulement (1).

Lorsque les batteries auront été construites et les
sommations faites, comme nous l'avons indiqué dans
la première partie, si le gouverneur refuse de rendre
la place, il faut à l'instant commencer le feu. On peut
suivre à cet égard les instructions données par Napoléon aux chefs des armées de siége devant Magdebourg
et Breslau.

que batterie, de veiller aux projectiles qui y sont dirigés et d'en
avertir les canonniers.

« Un splinter-proof peut avoir environ 5^m 30 de longueur et
1^m 60 de largeur à la base, et afin qu'il ne tienne pas trop de
place dans la batterie, on a soin de le revêtir des deux côtés et
aux deux bouts : les gabions sont très convenables pour cet objet.
Il en faut seize par traverse dans une batterie enterrée et l'on
construit une de ces traverses par deux pièces ou deux mortiers. »

Col. PASLEY.

(1) « A une distance moindre, ajoute-t-il, ces batteries étant
tracées à la sape volante, sont naturellement revêtues du rang de
gabions que l'on y emploie, et auquel on peut superposer quelques
rangs de fascines. »

AU MARÉCHAL NEY.

Berlin, le 5 novembre.

« .... L'Empereur pense que la manière la plus avantageuse de bombarder, serait de commencer le feu avec deux mortiers, une pièce de canon et un obusier ; deux heures après, quatre mortiers, deux obusiers et deux pièces de canon ; quatre heures après, six mortiers, trois pièces à boulets rouges et trois obusiers ; au bout de quarante-huit heures, huit mortiers, ce que vous avez d'obusiers et quatre grosses pièces à boulets rouges ; enfin, au bout de soixante heures, douze mortiers, vos six pièces de 24 à boulets rouges et tous les obusiers que vous pourrez avoir : les habitants ne pourront point tenir à ce feu progressif. L'Empereur porte une grande confiance dans cette manière de tirer ; et par là, il est impossible que le commandant, quelque tenace qu'il soit, ne vous demande pas bientôt à capituler..... »

On se rapelle, en effet, que ces prévisions se réalisèrent complétement à Magdebourg ; et la ville ouvrit ses portes, avant même que ce terrible *crescendo* de bouches à feu ait eu le temps de prendre tout son développement.

AU PRINCE JÉRÔME.

Posen, le 3 décembre.

« .... Lorsque tous vos mortiers seront en batterie, vous commencerez à en démasquer deux et à tirer pendant une heure ; après cela, vous en démasquerez deux de plus ; deux heures après, deux autres de plus, de manière que votre tir soit toujours progressif. Si, avant de démasquer vos dernières batteries, l'ennemi n'a pas demandé à capituler, vous le sommerez de se rendre ; vous lui ferez connaître que Magdebourg, Stettin, Kustrin, Glogau sont en notre pouvoir, que nous sommes maîtres de Varsovie ; qu'il ne lui reste aucun motif raisonnable pour laisser détruire cette grande et belle ville ; mais cependant, Monseigneur, vous n'accorderez aucune autre condition que celle d'être prisonniers de guerre, etc... »

La ville de Breslau ne se rendit pas immédiatement ; mais aussi, ces instructions n'y furent pas suivies. On commença par le feu de deux batteries de mortiers tirant sur un seul quartier, et longtemps avant l'arrivée de toutes les bouches à feu destinées à foudroyer la place. C'est la plus grande faute que l'on puisse faire en pareil cas : les exemples de Lille, Valenciennes, Saragosse, Girone nous ont prouvé que l'on ne pouvait mieux s'y prendre pour familiariser les assiégés avec le feu des bombes.

Nous savons aussi, qu'à Breslau, dès que le feu éclatait, on laissait aux habitants le loisir de l'éteindre : c'est encore une grave erreur en matière de bombarment.

Le tir progressif peut s'employer avec un grand succès, mais pourvu que les progrès en soient très rapides. Cependant, si l'on était trop pressé par le temps, ou si l'on voulait châtier sévèrement une ville, et par une raison quelconque, produire un effet terrible, il y aurait avantage à commencer sur tous les points à la fois, comme dans un siége.

Quelle que soit la méthode que l'on ait préférée, dès que les batteries auront entamé leur feu, il faudra le soutenir jour et nuit. Le moyen le plus sûr et le plus prompt pour faire capituler la place, est, comme nous l'avons dit, de suivre dans l'exécution du tir les trois principes suivants :

1º Chercher à atteindre les magasins de vivres et de munitions ;

2º Faire tomber les bombes sur tous les points sans se fixer sur un quartier ;

3º Dès qu'un incendie se sera déclaré, y diriger le

feu de tous les mortiers voisins, afin de paralyser les secours (1).

Le mauvais état des fortifications, le faible moral des défenseurs, la force de la bourgeoisie, la situation précaire de l'armée assiégeante, l'urgence des événements seront autant de causes qui pourront faire préférer, après un bombardement inefficace, une attaque de vive force à un siége régulier. Dans ce cas, qui se présentera fort souvent, on ne peut mieux agir qu'en suivant à la lettre les instructions dictées par Napoléon dans sa correspondance, c'est-à-dire donner à la garnison des alertes continuelles pour la fatiguer, et préparer ostensiblement les moyens de l'attaque, tels que fascines, échelles, etc., comme on le fit à Glogau. Ces dispositions augmenteront encore le trouble des soldats défenseurs, et surtout les angoisses des bourgeois qui redoutent, avec raison, l'escalade des remparts. Le génie jouant un grand rôle dans ces prises de vive force, doit, pendant la paix, y exercer fré-

(1) Peut-être serait-il bon d'interrompre le tir à époques périodiques, comme on le fit à Valenciennes : les habitants, qui ne tarderaient pas à s'en apercevoir, profiteraient de ces moments de répit pour sortir de leurs retraites, déplorer leurs désastres, et agir sur le gouverneur par la persuasion ou par la force.

quemment ses sapeurs, en suivant, sur ce point, l'exemple de l'école de Chatham.

Mais si l'on préfère transformer en siége en règle, l'attaque infructueuse d'une grande ville par des batteries incendiaires construites, comme nous l'avons indiqué, sur plusieurs points autres que celui sur lequel s'établiront les cheminements de ce siége, cette seconde série d'opérations ne devra s'entamer que quand les ouvrages relatifs au bombardement seront terminés ; car alors seulement, les travailleurs fournis par l'armée seront disponibles.

L'ouverture de la tranchée du siége n'aura lieu non plus, comme à l'ordinaire, qu'après l'arrivée au parc de l'artillerie et de toutes les munitions nécessaires pour l'armement et le service des premières batteries.

En effet, on est d'accord sur ce principe, qu'une fois le front d'attaque connu de l'assiégé, il ne faut laisser à celui-ci aucun repos. La lenteur des opérations est dès-lors toute à son avantage ; il en profite pour construire ses retranchements, faire ses mouvements d'artillerie, disposer ses magasins à poudre, ses traverses, etc. ; en un mot, prendre une foule de précautions qui rendront le siége plus épineux. Mieux vaut donc commencer plus tard, que de s'exposer à traîner les travaux du siége en longueur, ce qui arrive quand on n'a pas tout sous la main.

Ainsi, par suite du retard du matériel de siége, s'il s'écoule un certain laps de temps entre la fin du bombardement et l'ouverture de la tranchée régulière, cet intervalle ne saurait être profitable à l'assiégé; car il ne sait pas encore par où l'on doit définitivement l'attaquer. Pendant ce temps qui sera pour la place comme un blocus, les vivres s'épuiseront avec d'autant plus de rapidité, que les maisons de la ville ayant été détruites en grande partie avec ce qu'elles contenaient, la population survivante cachée sous les abris a moins de ressources pour se nourrir; il y a des chances pour que le gouverneur la fasse entrer en partage des vivres de la garnison.

Il est fort douteux qu'un siége méthodique entrepris après une attaque incendiaire, éprouve la même résistance que si ce siége eût été commencé *a priori*.

Pour embrasser tous les cas du bombardement que Noiset Saint-Paul appelle régulier, il nous reste à étudier la combinaison d'une attaque de ce genre avec un blocus.

Un feu incendiaire exécuté suivant les principes que nous avons énoncés plus haut, loin de venir en aide à l'action du blocus, ne ferait que lui nuire. En pareil cas, il ne faut pas chercher à détruire les soldats et les habitants; car les provisions des victimes s'ajouteraient à celles des survivants et retarderaient d'autant le terme de la résistance; mais on doit s'en prendre exclusivement aux magasins de vivres et de munitions sur lesquels on dirigera tous les projectiles. L'établissement des batteries de l'assiégeant dépend donc ici de l'emplacement de ces magasins. S'ils sont voûtés à l'épreuve, on aura beaucoup de peine à les détruire ; heureux alors, si l'on se trouve en possession de quelque mortier monstre dont les bombes, par leur poids excessif, puissent écraser des obstacles qui paraissaient doués d'une résistance suffisante (1).

Les projectiles ne tombant que sur certaines parties de la place, il n'est pas à craindre que beaucoup de personnes en soient atteintes, chacun ayant grand soin de se retirer dans les autres quartiers, comme on le fit à Lille, Valenciennes, Landau, Lyon, Sa-

---

(1) « La difficulté des transports et manœuvres, dit Bous-mard (a), a fait réformer les mortiers de 18° 4ι, utiles, cependant, contre les voûtes un peu faibles, et dont Vauban, devant Ath en 1697, s'est servi pour détruire l'écluse qui soutenait l'inondation. »

M. le colonel Augoyat affirme que l'on en a fait usage postérieurement : « On en mit deux en batteries, dit-il, au siége de la citadelle de Tournay en 1745. M. de Filley, ingénieur fort distingué, attribua aux comminges qu'ils lancèrent, l'explosion du magasin à poudre des assiégés, qui sauta avec un grand fracas. Il ajoute, en parlant des magasins voûtés à l'épreuve, que cet exemple est instructif. » (*Mémoire sur Thionville.*)

(a) *Mémorial sur la défense des places de Cormontaigne.*

ragosse, etc.; et comme on ne manquera jamais de le faire, quand on en aura la faculté. Nous reconnaissons volontiers, que, par cette raison, un bombardement semblable pourrait être employé pour délivrer plutôt une ville française des ennemis qui s'en seraient emparés.

Quand les bombes pleuvent de tous côtés dans une ville, et que le gouverneur, ébranlé par les cris du peuple, se décide à convoquer le conseil de défense, pour délibérer sur le parti à prendre en ce moment critique; si l'on s'aperçoit qu'un grand mouvement d'échelles, de fascines au camp ennemi, dénote les préparatifs d'un assaut général que l'assiégeant va livrer à une garnison fatiguée, comme à Glogau, à Breslau, par des alertes continuelles; il est certain qu'une pareille considération, s'ajoutant à l'effet des bombes, doit militer puissamment en faveur d'une capitulation immédiate. Nous en dirons autant de la sape, qui, après la destruction de l'artillerie d'une partie de l'enceinte, chemine jour et nuit, s'approchant constamment de la crête des glacis. C'est pour cela que nous avons toujours considéré jusqu'à présent le bombardement comme accompagné d'une attaque méthodique ou brusquée. Est-ce à dire pour cela qu'on ne doive jamais employer une démonstration de ce genre prise isolément et sans aucun autre moyen d'action contre la place? En d'autres termes, faut-il quelquefois recourir aux bombardements irréguliers? Nous reconnaissons que ce mode d'attaque est très précaire en lui-même, et indique, de la part de l'assiégeant, un grand mépris pour le gouverneur et sa garnison; cependant, comme ce dernier ignore les ressources de l'armée de siége, il peut les croire plus fortes qu'elles ne le sont en réalité, et se laisser intimider par un ennemi qui, suivant l'expression de d'Arçon, *sait faire valoir habilement les moyens qu'il possède et surtout ceux qu'il ne possède pas.* Si nous consultons l'histoire à ce sujet, des exemples ne nous manqueront pas de villes enlevées par des coups de main de ce genre, et même par de simples menaces. Apprenons à nos commandants à dédaigner de pareilles attaques; mais l'expérience prouve que nous pourrons, *dans certains cas,* en faire usage contre nos ennemis; et ce qui doit nous y encourager, c'est la grande économie de moyens avec laquelle on se rend ainsi maître de places très importantes. La seconde partie de cet ouvrage en fournit plusieurs preuves; mais le plus mémorable exemple d'une ville prise par un bombardement irrégulier est celui de Vienne en 1806.

Il nous reste maintenant à évaluer ce que pourra être le parc d'artillerie, dans le cas où l'on veut bombarder une place.

Quoiqu'il soit probable que l'approvisionnement en projectiles ne sera jamais épuisé, il est cependant nécessaire de se fixer un maximum de consommation correspondant à un bombardement à outrance. Voici de quelles bases on peut partir pour déterminer ces quantités.

Le nombre des bombes doit être évidemment proportionnel à la superficie d'une place assiégée : l'intensité absolue du bombardement peut se régler à l'avance. Nous admettrons qu'*une bombe par are* (décamètre carré) produira un effet suffisant pour tout détruire ; ou du moins que si la place ne s'est pas rendue après une pareille grêle de projectiles, on devra recourir à d'autres moyens.

A ce compte, il faudrait cent bombes par hectare : Une grande ville dont la surface habitée serait de deux cents hectares, exigerait donc une consommation maximum de vingt mille bombes. Si l'on voulait que le feu durât sept jours, on en lancerait trois mille par jour et cette tâche pourrait être remplie par trente mortiers, nombre qui n'excèderait pas celui que fixe l'*Aide-Mémoire* pour agir régulièrement contre une place du premier ordre soumise à une seule attaque. Dans le cas où le bombardement n'entraînerait pas la reddition de la place et devrait être transformé en siége méthodique, les mortiers ayant tiré chacun sept cents coups, pourraient encore servir à l'usage auquel on les destine à ce genre d'attaque, et envoyer des projectiles dans les ouvrages de l'ennemi.

Les obus agissent contre les édifices comme les bombes, et ont l'avantage de faire explosion à toutes hauteurs.C'est la pensée que d'Arçon a voulu rendre en s'exprimant ainsi sur leur compte : « Les obus qui traînent leurs artifices sont plus dangereux que les bombes, quoique ces mèches qui ne font que toucher les bois sans les pénétrer, soient incapables de les enflammer ; cependant tous ces incendiaires auront une véritable prise sur les magasins à fourrages et autres matières entassées en grand volume ; les mobiles enflammants qui les atteignent, s'enfoncent, s'y perdent, et l'on ne peut plus en retrouver les foyers ; il est très difficile d'y remédier. »

Malgré cette opinion, la chute verticale et le pouvoir écrasant et explosif des bombes, doivent faire employer en plus grand nombre ces derniers projectiles. Indépendamment de l'usage que nous venons de signaler, les obus enfilent les rues, les balaient et les ricochent dans toute leur longueur, arrêtant ainsi la circulation des habitants qui voudraient se sauver ou lutter contre la puissance des incendies.

Toutes les rues dont la direction tend vers la porte de *Fives* sont incessamment sillonnées, et l'on ne peut s'y présenter sans imprudence. Quelques hommes, plusieurs femmes et des enfants périssent victimes de leur imprévoyance.

MARESCOT, *bombardement de Lille*.

Nous avons vu qu'à Maëstricht, deux des batteries incendiaires avaient été construites en face des portes principales, auxquelles aboutissent de larges rues. Les mêmes emplacements doivent être en effet recherchés dans l'établissement des batteries ; et chaque rue importante être enfilée par un ou deux obusiers. Le rapport des obusiers aux mortiers contre cette place fut des deux tiers : ce nombre paraît convenable.

Quant aux canons tirant à boulets rouges, leur emploi devra dépendre évidemment de la nature des matériaux avec lesquels les maisons sont construites. Il en faudrait moins contre une ville où, comme Saragosse, tous les étages seraient voûtés. Les proportions suivantes furent admises pour les incendiaires de Maëstricht, il n'y a pas de raison pour ne pas les admettre dans les cas ordinaires.

Obusiers $\frac{2}{10}$, canons $\frac{5}{10}$, mortiers $\frac{3}{10}$.

Si l'on croit devoir les adopter, l'équipage nécessaire pour bombarder une place de premier ordre,
serait de 50 canons, 20 obusiers et 30 mortiers ; en
sus des canons et obusiers, il en faudrait quelques
autres pour ricocher et battre de plein fouet les
faces des ouvrages ayant vue sur les batteries.

Le nombre des projectiles serait de 35,000 boulets, 15,000 obus et 20,000 bombes: ces chiffres,
ainsi que ceux des bouches à feu, décroîtraient évidemment avec l'étendue de la ville.

On doit aussi se munir d'un plus grand nombre de
grils et autres ustensiles à rougir les boulets, que celui
fixé par l'*Aide-Mémoire*. En partant de la base d'un
gril pour trois canons, on aurait à quadrupler les
chiffre de ces outils. Il en résultera aussi un accroissement dans la consommation du combustible.

Telles sont les bases de l'équipage de bombardement qui ne sera, si l'on veut, qu'un détachement de
l'équipage de siége, ayant toujours le pas sur cet
équipage et pouvant en être considéré comme l'a-
vant-garde. Toutes les fois qu'un motif quelconque
fera présumer que la résistance d'une place ne sera
pas opiniâtre, ou que l'on voudra faire suivre le bombardement d'une attaque de vive force ou d'un blocus,
on pourra se dispenser de traîner avec soi toute la
fraction d'équipage nécessaire pour transformer le
bombardement en siége régulier.

Le nombre des mortiers nécessaires pour le bombardement [d'une place n'est pas plus considérable que ce qu'il en faut pour un siége en règle. Mais on doit évidemment posséder dans le premier cas, un beaucoup plus grand nombre de projectiles creux. Si l'on admet l'emploi des moyens incendiaires, le rapport du nombre des bombes et obus aux boulets pleins ne doit-il pas s'augmenter considérablement dans les approvisionnements généraux du pays? Sans nier absolument l'opportunité d'un changement à cet égard, nous ferons remarquer que l'on peut toujours suivre la marche tracée par Napoléon, qui s'est constamment servi, pour bombarder les places, des projectiles provenant des forteresses voisines tombées en sa possession. Ainsi, nous l'avons vu en Prusse écraser Magdebourg avec les bouches à feu de Wittemberg et de Dresde; incendier Breslau avec le matériel pris à Glogau; Schweidnitz avec celui de Breslau. Il nous est donc permis de compter jusqu'à un certain point, sur les ressources que l'ennemi pourra nous fournir.

Les bases que nous avons fixées pour les équipages de bombardement, se rapportent plutôt aux attaques incendiaires suivies d'autres attaques, qu'aux cas d'un bombardement isolé ou suivi d'un blocus. Dans ces deux dernières circonstances, il est facile de comprendre que l'on ne peut rien préciser d'avance et que tout dépendra des ressources de l'assiégeant et des localités.

Nous terminerons cependant ce chapitre par un passage des *considérations sur l'art de la guerre,* dans lequel le général Rogniat nous conseille, dans un certain cas, l'emploi du bombardement irrégulier, et nous indique le moyen de l'exécuter avec succès.

Après avoir critiqué, au point de vue de la défense, le système du triple rang des places frontières, qui pour être convenablement garnies de troupes, absorberaient à elles seules la presque totalité des soldats à opposer aux armées envahissantes, l'auteur ajoute:

La raison et l'usage réclament également contre cette dispersion de forces ; et l'on se borne à laisser un tiers de garnison seulement, dans ce grand nombre de places, qui d'après leur situation reculée et leur éloignement des dépôts et des corps d'armée de l'ennemi, ne paraissent pas menacées d'un siége prochain, et qu'il suffit par conséquent de mettre à l'abri d'un coup de main.

On propose même quelquefois, pour économiser les troupes de ligne, d'abandonner la garde des ouvrages aux habitants; mais cet abandon me paraît fort dangereux. En effet, rien n'empêche l'ennemi de former un corps léger de huit à dix mille hommes, suivi de trente à quarante obusiers, qui, pénétrant sans peine au milieu des forteresses, et se portant rapidement jusqu'aux extrémités de la frontière, menacerait d'incendier les places sans garnison. Qu'un corps pareil se

présente tout-à-coup devant une place totalement dépourvue
de troupes de ligne, dont la garde est confiée à quelques habitants mal armés et sans discipline; qu'il établisse aussitôt
pendant la nuit ses quarante obusiers à huit cents mètres de
la ville, derrière quelques maisons ou accidents de terrain,
et qu'il fasse un feu de bataille pendant douze heures de suite :
je me trompe fort, ou les habitants effrayés par l'incendie de
leurs maisons, par les dangers et les cris de leurs femmes et
de leurs enfants, et par le désordre inséparable d'une attaque
inopinée, ne tarderont pas à ouvrir leurs portes. Je veux
qu'une place résiste, grâce à l'énergie de ses habitants; le
corps incendiaire se porte aussitôt sans perdre de temps devant
une autre où il renouvelle la même tentative. Il est difficile de
supposer qu'à la faveur de ces attaques brusques et bien con-
certées, il ne parvienne à en surprendre quelques-unes qui
deviendraient entre les mains de l'agresseur des points d'appui et de dépôt pour ses projets ultérieurs.

Le général Rogniat dit bien la vérité : nous ne
sommes plus aux siècles des défenses de Beauvais et
de Saint-Jean-de-Lône ; on ne peut attendre de résistance sérieuse d'une place gardée par ses habitants ; une simple menace accompagnée peut-être de
quelques obus en viendront facilement à bout. Nous
allons même plus loin, et nous ne croyons pas nous
tromper en pensant qu'il faudrait une bonne dose
d'intrépidité et de sang-froid à ces faibles garnisons
réduites au tiers du strict nécessaire de la défense, pour
résister au désespoir et à la fureur de la population.

Mais si nous recommandons l'emploi des corps lé-
gers du général Rogniat contre des places aussi mal
défendues, c'est parce que nous croyons qu'un feu de
bataille de *douze heures consécutives* ne serait point
nécessaire pour remplir l'objet qu'on se propose. En
effet, si l'on voulait alimenter pendant ce laps de
temps le tir de quarante obusiers, il ne faudrait pas
moins de six cents voitures; et le corps qui traînerait
à sa suite un semblable attirail, ne mériterait sans
doute pas le titre de corps léger; surtout, si après
avoir échoué dans une première tentative, il devait
avoir les approvisionnements nécessaires pour la recommencer immédiatement contre une seconde place.

Quelque justice que l'on doive au mérite d'un officier aussi distingué, l'on ne peut disconvenir qu'il
s'est trompé dans cette circonstance, en accordant
une trop grande influence à cette masse inerte qui
constitue la fortification, et qui n'a de valeur réelle
qu'autant que ses glacis et ses parapets sont garnis de
braves soldats pour les défendre. En outre, le général
ne s'est pas assez préoccupé des difficultés avec lesquelles l'artillerie se trouve constamment aux prises,
pour le transport de ses munitions, difficultés qui li-
mitent ses moyens destructifs et l'obligent à la plus
stricte économie de ses ressources.

Nous avons vu dans la première partie, que quelques écrivains militaires, tels que le colonel John

Jones, ont supposé que certaines places avaient eu
à subir des bombardements violents et continus pendant des soixante et quatre-vingts jours. Ces écrivains
ont commis une erreur du même genre : il n'est pas
d'officier d'artillerie qu'une pareille assertion ne fasse
sourire.

CHAPITRE III.

—

DÉFENSE DES PLACES.

—

Si le professeur prussien Wenzell nous a paru trop laconique dans ce qu'il dit sur l'emploi des moyens incendiaires, du moins approuvons-nous de toutes nos forces la pensée suivante de cet auteur : *Un bombardement ne portera jamais un commandant qui a de l'honneur à se rendre.*

Beaucoup d'autres l'ont dit, mais en ajoutant que rien n'était plus facile que de paralyser l'action des bombes, et que leur chute n'avait rien de terrible. C'est contre une pareille assertion qu'est écrit ce traité : il est beaucoup plus vrai de dire avec Carnot au sujet de ce genre d'attaque : *Sans la plus vigoureuse fermeté au milieu de la crise, le danger de perdre la place dans ces circonstances est souvent plus grand qu'au moment même d'un assaut auquel on s'attend et dont la défense est préparée.*

Signaler ce péril aux futurs commandants de place, ne nous semble pas plus un acte blâmable que de leur révéler les dangers de certaines opérations, tels que les couronnements de vive force du chemin couvert, l'ouverture du feu des batteries de la seconde parallèle, l'assaut d'une brèche, etc. Prévenus de l'effet des bombes sur la ville, ils se familiariseront plus aisément avec les précautions à prendre pour le conjurer, précautions qui ne sont pas aussi simples qu'on l'affirme. Ils ne risqueront pas d'être pris au dépourvu comme nous en avons donné plus d'un exemple ; ils se rappelleront qu'ils doivent se méfier de la bourgeoisie, vivre avec ces amis du jour comme avec de futurs ennemis ; et ne jamais perdre de vue que toute reddition prématurée, en entachant à jamais leur nom, doit attirer sur eux toute la sévérité des lois militaires.

D'un autre côté, la connaissance des désastres qui sont la conséquence d'un bombardement ne sera pas un mal pour les bourgeois, qui pourront, comme nous l'avons dit, prendre leurs précautions en temps utile, soit pour fuir leur ville menacée, soit pour s'y créer de solides abris. Il leur sera toujours plus économique d'émigrer à l'intérieur, que de s'assurer à l'avance des vivres pour plusieurs mois. Un pareil voyage tentera donc beaucoup de personnes; or, moins il restera d'étrangers à la garnison, et mieux la défense pourra être assurée; plus aussi les magasins de la place trouveront de facilités à se remplir.

L'appréciation de ces mêmes dangers par les bourgeois des forteresses pourra aussi produire de bons effets pour le pays en temps de paix. Le gouvernement éprouvera de la part de ces habitants moins de résistance contre les moyens défensifs de tout genre qu'il croira devoir employer pour s'assurer la conservation des places fortes et préserver en même temps les propriétés de tous les citoyens. Nous reviendrons bientôt sur ce sujet.

Nous avons déjà eu l'occasion de mettre en parallèle la conduite de Ferrand et celle de Palafox. L'un et l'autre firent leur devoir : entre ces deux manières d'agir, le milieu semble convenable. Une excessive dureté pour les habitants risquerait d'aliéner au chef l'affection de ses troupes, et de faire naître de la sorte une nouvelle source de dangers.

Il est évident que la rigueur contre les bourgeois sera beaucoup plus facile à déployer à l'étranger, que sur le territoire national. Les officiers français qui défendaient avec tant de gloire les places allemandes en 1813, eussent déployé sans doute une égale fer-

meté pour résister à l'ennemi dans nos propres forteresses, si l'occasion leur en eût été donnée ; mais, on
doit le dire, ces hommes , depuis longtemps formés à
la guerre, avaient pris l'habitude de traiter sans façon
tout ce qui ne portait pas l'uniforme : nos mœurs ont
singulièrement changé depuis cette époque. Aujour-
d'hui surtout, il ne faut pas se le dissimuler , ce serait
une forte épreuve pour le chef d'une place que d'a-
voir à se montrer impitoyable contre des compatriotes.
Cette éventualité doit pourtant entrer dans les prévisions de tout gouverneur qui veut remplir ses devoirs
jusqu'au bout; et il l'envisagera de sang-froid. Il fera
sagement d'y préparer sa garnison à l'avance, et lui
prouver qu'en pareil cas, les intérêts de localité sont
directement opposés au bien du pays et y doivent être
subordonnés; qu'en conséquence , tous les soldats se
tiennent prêts, au premier signal, à unir leurs boulets
et leurs balles aux bombes et obus de l'ennemi pour
écraser l'émeute , et qu'ils se disent : *périsse la population tout entière, plutôt que de hâter d'une heure la reddition
de la place!*

Il est de la plus haute importance pour le gouverneur
d'une forteresse, quand il se croit menacé d'un bombardement , d'éloigner autant que possible de ses

remparts les points où seront construits les établissements incendiaires, et de retarder de son mieux le
moment de l'ouverture du feu de l'ennemi.

La meilleure manière d'y parvenir serait d'occuper,
dans la campagne, à une certaine distance du périmètre de la place et dans des directions différentes,
des points solidement fortifiés, où des détachements
de la garnison puissent tenir avec vigueur, et dont
l'attaque fasse perdre du temps et des hommes à
l'assiégeant.

Une ville immense, telle que la capitale d'un grand
empire, peut, à la rigueur, braver les bombardements,
quand elle est entourée d'un bon mur et que sa population est déterminée à se défendre. Si l'enceinte
continue de Paris, abstraction faite des forts, se trouvait attaquée de cette manière, même en plusieurs de
ses points, les portions de surface soumises à l'action
des projectiles seraient si petites, comparativement à
l'étendue totale de la ville, que les habitants de ces
quartiers n'auraient aucune peine à trouver ailleurs
des refuges; et que l'on pourrait avec raison dédaigner une semblable tentative, dont la moitié des Parisiens n'entendrait peut-être pas même le bruit. Ce
qui ferait sous ce rapport la sécurité de la ville, c'est
la longueur des lignes A f, B e (page 327) qui ont plus
de cinq à six mille mètres.

Il dépend de tout gouvernement d'allonger, sans

beaucoup de frais, les diamètres de ses places ; et de les mettre, par conséquent, à l'abri des bombardements immédiats. Il suffit de les entourer, à deux mille mètres de distance, d'une ceinture de forts qui fassent système avec elles, et puissent en tirer protection (1). La valeur défensive de chaque place en serait considérablement augmentée (2). C'est ainsi

(1) Une semblable disposition présenterait, pour la défense générale du pays, d'autres avantages qu'il n'entre pas dans notre but de développer et dont on peut prendre connaissance dans le chapitre xiv des *Considérations sur l'art de la guerre par le général Rogniat*.

(2) Le colonel Jones dit à ce sujet :

« Tant qu'une forteresse peut communiquer avec une armée, attaquer cette forteresse, c'est attaquer cette armée par un seul front de fortification, car chaque homme participe à la défense à son tour. Si les deux armées sont de même force numérique, l'obstination à poursuivre un tel siége doit inévitablement ruiner les assiégeants, parce qu'ils ne peuvent réussir sans avoir mis hors de combat un nombre d'assiégés presque égal au leur ; et tout l'avantage est en faveur de ces derniers qui ont pour eux la force de leur position.

« C'est par cette raison que de faibles ouvrages en avant de grandes places avec lesquelles ils ont de bonnes communications bien sûres, peuvent se défendre très longtemps, comme on l'a vu à Kehl en avant de Strasbourg. Attaquer un semblable fort, c'est attaquer la place elle-même par un seul point, dont elle peut relever chaque jour la garnison. On doit donc toujours éviter de faire des siéges de cette manière, s'il y a possibilité d'agir autrement. »

que sont fortifiées nos villes maritimes, car on sait d'avance que toute démonstration contre elles aurait pour objet d'en incendier les magasins. Nos places frontières de terre seraient, sans doute, aussi défendues de la même manière, sans le préjugé qui existe contre les bombardements, et l'opinion erronée qu'il faut d'immenses moyens en matériel pour les entreprendre. Le jour où les populations des places fortes comprendront leurs véritables intérêts, et voudront détourner les malheurs dont une pareille attaque les menace ; loin de se voir, avec terreur, entourer de forts détachés, elles feront auprès du gouvernement toutes les instances possibles pour obtenir ce gage de sécurité, consentant à s'imposer elles-mêmes pour en diminuer les frais d'établissement.

A défaut d'appuis de ce genre dont il saurait tirer un excellent parti, le gouverneur fera très bien de porter son attention sur ses faubourgs.

Ce sont quelquefois des villages situés à une certaine distance de la place ; en mettant en usage les moyens dont il peut disposer, il les retranchera et enverra des hommes et du canon pour les défendre. Il aura soin que ces petites places improvisées puissent tenir tête à l'ennemi, qui n'osera pas commencer son œuvre de destruction contre la ville, tant qu'il n'en aura pas enlevé quelques-unes.

Souvent la forme des faubourgs est celle de longues

rues dont les maisons bordent les routes qui aboutissent aux portes de la place. Le gouverneur saura les
mettre en état de défense , et assurera leurs communications avec ses ouvrages extérieurs. Il détruira
tout ce qui ne lui serait pas utile sous ce point de vue.

Nous nous trouvons ici dans un désaccord plus
apparent que réel avec les partisans de la défense
intrà-muros, qui débutent par faire raser tous les faubourgs, afin de ne pas laisser à l'assiégeant le moindre
abri. C'est une précaution sage , mais spécialement
dans le cas où une garnison faible a la certitude d'a-
voir à subir un siége régulier. Dans ce cas même ,
pour peu que les défenseurs soient nombreux, il vaut
mieux les faire sortir de temps à autre. « Le caractère
« national des Français, nous dit Carnot, est d'atta-
« quer toujours; il gagne de l'audace en allant en
« avant, il en perd s'il attend ; un rôle passif ne lui
« convient jamais. »

Les forteresses , dit à son tour le général Duvivier , ont
inhérent à elles, un esprit de timidité qu'elles communiquent
à tout ce qui les touche. La timidité est aussi électrique que
le courage. Renfermez-vous, vous produirez, malgré vous ,
l'électricité de la peur : sortez, établissez-vous , manœuvrez
dans la campagne, vous développerez cette électricité du
courage, de l'audace, qui, soit à l'état visib'e , soit à l'état
latent, existe de toute éternité dans les cœurs français où le
créateur l'a déposée.

La ville de Mayence contenait, en 1793, une nombreuse garnison : cette place, dans sa défense, a présenté deux phases bien distinctes. Tant que le général Meunier a vécu, le système des grandes sorties fut mis en vigueur, et les assiégeants se voyaient sans cesse harcelés dans leurs lignes. Aussitôt après la mort de cet illustre général, son successeur se renferma, laissant les ennemis libres de commencer leurs travaux. Il est vrai que le souvenir de la vigueur avec laquelle on les avait attaqués coup sur coup, leur inspira une telle crainte, qu'ils crurent devoir débuter par construire une grande arrière-parallèle, à mille mètres, environ, des ouvrages les plus avancés.

Si le système Meunier se fût continué plus longtemps, la garnison, dans ses grandes sorties, eût peut-être trouvé l'occasion de communiquer avec les agents français ou de se procurer des vivres. Vingt-quatre heures de résistance de plus et la place était secourue : la campagne offrait alors un tout autre résultat.

Depuis cette époque, nous avons eu en fait de défenses offensives, les exemples de celles de Gênes en 1800 par le général Masséna, celle de Hambourg en 1814 par le prince d'Eckmühl, celle d'Anvers par Carnot, enfin celle de Dantzig par le général Rapp. Toutes ont prouvé que le rôle d'assaillant convient de préférence aux Français, sans néanmoins que l'on puisse leur refuser le courage de sang-froid nécessaire pour la défense.

Ce n'est donc que quand une faible garnison croit devoir être méthodiquement assiégée, qu'il lui faut tout raser autour d'elle et se renfermer dans ses murs. Un gouverneur qui se trouve avec peu de troupes, au milieu d'une nombreuse population, peut ne pas agir de même, s'il redoute l'emploi des moyens incendiaires contre sa ville. Il ne perdra pas de vue que le moment critique arrive souvent beaucoup plus tôt dans une place bombardée que dans une place assiégée : ici, l'escalade de la brèche faite au retranchement intérieur est le dernier terme de la résistance; là, les premières bombes vont, s'il n'y prend garde, et même, peut-être, malgré tous ses efforts, occasionner, dans la multitude, un mouvement insurrectionnel qui paralysera la défense et entraînera la capitulation.

Il a donc tout intérêt à contrarier les travaux de l'ennemi dès leur origine ; et le seul parti qu'il ait à prendre pour y arriver, c'est de profiter du moment où le mécontentement n'existe pas encore dans la ville, et d'aller chercher des champs de bataille dans des positions connues et aussi loin que possible des remparts. Les succès qu'obtiendront ses soldats dans de pareilles expéditions leur mériteront l'estime et l'admiration des masses ; en même temps que leur vaillance bien constatée inspirera quelque crainte aux ennemis intérieurs, quand le moment sera venu pour ceux-ci de conspirer contre la garnison et de lui tenir tête. Au contraire, si le gouverneur permet aux assiégeants de s'installer sans obstacle et de commencer librement leur feu, il n'aura bientôt à opposer à la populace en délire, que des soldats dont la bravoure n'aura pas été constatée.

La conservation des faubourgs procurera d'autres avantages au commandant. Il n'eût pu les raser sans froisser plus d'un intérêt, exciter plus d'une plainte et augmenter le mécontentement de la bourgeoisie. Mieux vaut laisser à l'ennemi tout l'odieux de la destruction.

En renonçant à défendre les magnifiques faubourgs de Dantzig, il eût fallu, selon les règles barbares de la guerre, les brûler ou les détruire pour en dérober la possession aux ennemis. En n'usant point de cet horrible droit, le comte Rapp se concilia l'esprit de tous les habitants qui, dès lors, ne purent se refuser à un sentiment de reconnaissance, et mirent moins de répugnance à subvenir aux différents besoins de la garnison.

M. DE M***, *siége de Dantzig.*

Enfin, si le commandant est contraint de céder à la fureur de la multitude et de rendre sa place avant le

terme fixé par la loi; quand il lui faudra se justifier aux
yeux de son pays de cette capitulation prématurée, il
pourra, du moins, évoquer en sa faveur le souvenir de
cette lutte soutenue au loin avec courage, des obstacles qu'il aura mis à la marche de l'assiégeant, et de
ses efforts pour prolonger la résistance.

Toutes ces raisons subsistent quand la garnison est
forte; seulement le gouverneur se trouve plus à l'aise
avec les ennemis du dehors et ceux du dedans.

Le capitaine d'Artois se prononce très énergiquement pour ce système de défense, et s'exprime en ces
termes :

Par cette défense lointaine, vous retardez le bombardement. Le succès, en quelques circonstances, de ce moyen barbare, malheureusement trop souvent employé dans ces derniers temps, ne doit pas faire croire à son efficacité pour la
prise des places : son inutilité, au contraire, a été démontrée
toutes les fois qu'une brave garnison, ayant ses vivres en sûreté,
a été assez forte pour maintenir la population ; ou que les
habitants, d'accord avec les troupes, ont eu la ferme intention de ne pas livrer la ville.

Quant à nous, il nous est démontré que, sous tous les rapports, il convient de tenir l'ennemi le plus loin possible des
remparts, dût-on faire de grands sacrifices pour parvenir à ce
but : il en résulte force morale pour la garnison et les habitants, ressources en tous genres, facilité pour les sorties,

retard toujours précieux des maux incalculables qui accablent nécessairement une ville exposée au feu des batteries de toute espèce.

Nous regrettons de voir M. d'Artois partager d'injustes préventions contre les attaques incendiaires. Il les accuse de barbarie ; mais est-il un acte militaire qui ne mérite un pareil reproche ? Si l'on pouvait compter les larmes, mesurer le sang répandu dans tous les bombardements des guerres les plus modernes, et y comparer le sang et les larmes qui ont coulé dans un nombre égal de siéges méthodiques de la même époque, nous sommes profondément convaincus que les souffrances des habitants, et surtout celles des soldats , seraient trouvées bien moins longues et moins cruelles dans les villes dont les bombes ont forcé la capitulation.

Pour ce qui regarde la prétendue inefficacité de ce genre d'attaque , nous pouvons affirmer, l'histoire en main, que le nombre de bombardements bien entrepris et non couronnés de succès est tellement peu considérable dans ce siècle, qu'il faut croire que les conditions nécessaires pour faire avorter ces entreprises sont très difficiles à réunir.

Tout gouverneur ignore, en général, par quel moyen on viendra l'attaquer. Si la garnison est faible et qu'il soit menacé d'un bombardement, nous lui conseillons de conserver ses faubourgs ; s'ils craint un siège en règle avec peu de défenseurs, il doit tout raser autour de la place, afin de ne laisser aucun abri dont les assiégeants profiteraient pour s'en approcher.

Nous concevons que son incertitude soit grande : le seul moyen de la prévenir serait de n'avoir jamais de faible garnison, ce qui deviendra possible en France, quand on se sera déterminé à suivre le conseil du général Rogniat, qui pense que l'on doit supprimer et démanteler un bon nombre de nos places frontières. Les évènements de 1814 et 1815 ont prouvé d'ailleurs le peu de fond qu'il faut faire sur cette triple ceinture, qui est censée devoir nous garantir contre les invasions. (Additions. Note IV.)

Le gouvernement a pris ses sûretés vis-à-vis des commandants, en faisant une loi d'après laquelle ils sont condamnés comme traîtres, s'ils se rendent avant d'avoir soutenu au moins un assaut au corps de place. Il nous semblerait juste et avantageux que, pour mettre ces officiers mieux à même de pousser la résistance jusqu'à ce point, on leur donnât une nouvelle garantie contre les émeutes, en se conformant aux idées que nous allons développer.

L'expérience prouve qu'il ne faut point compter sur le parfait accord des habitants et des soldats pour conserver la place. Si le bourgeois aime son pays, il aime naturellement bien mieux sa famille, ses propriétés, sa vie ; et c'est être fort exigeant que de vouloir, de nos jours, faire céder toutes ces considérations à l'esprit de nationalité. C'est donc une bien terrible épreuve pour une population, que celle d'un fléau qui, dans peu de jours, va tout enlever, tout détruire, sans nulle autre chance pour le conjurer, que la capitulation de la place. De quelle dose d'énergie chaque citoyen ne doit-il pas être doué pour ne point céder, en pareilles circonstances, aux inspirations du désespoir !

L'état ne peut rendre un père, un enfant aux personnes qui ont eu la douleur de voir périr violemment, pendant le siége, ces objets de leur affection ; mais du moins il dépend de lui d'atténuer, d'annuler même les dommages matériels, en restituant aux malheureux qui ont tout perdu, la valeur de leurs propriétés consumées. Les compagnies d'assurances ne peuvent répondre des incendies occasionnés par le feu de l'ennemi; leur action tutélaire cesse en même temps que la paix. Ne serait-il pas juste que le gouvernement se substituât à ces compagnies dès qu'une ville est en état de siége ; et que les maisons écrasées ou brûlées par les projectiles fussent considérées comme propriétés détruites pour cause d'utilité publique ?

Poursuivant dans cette voie son action réparatrice, l'État pourrait assurer d'avance la vie des pauvres, de manière à adoucir la misère qui peut tomber sur toute une famille par suite de la mort de son soutien, de son chef.

Mais ces bienfaits, ce précieux privilége ne devraient être accordés aux habitants des places fortes, qu'autant qu'ils auraient rempli leur devoir envers leur pays, en se montrant patients et courageux jusqu'au bout et au milieu des désastres ; et *la moindre tentative pour forcer la capitulation devrait leur ôter tout droit à cette munificence.*

Une loi faite dans ce sens contribuerait peut-être plus à nuire au succès des bombardements, que tout le mépris qu'on leur a prodigué, toutes les déclamations dont on les a poursuivis jusqu'à ce moment. Dès le commencement du siége, on la ferait publier à son de trompe, placarder dans toutes les rues; et plus tard, si le soldat était commandé de service pour éteindre les incendies, il travaillerait du moins au profit du trésor.

L'article 2 de la loi du 26 juillet 1792 est ainsi conçu :

Les places de guerre étant la propriété de tout l'empire, dans aucun cas, les habitants et corps administratifs ne pourront requérir un commandant de place de la rendre, sous peine d'être traités comme des révoltés et des traîtres à la patrie.

Cette disposition est nécessaire; l'expérience prouve toutefois, que, dans les dangers pressants, on l'a bientôt oubliée : en effet, trois semaines après la promulgation de la loi, Longwy capitulait à la suite d'une émeute, Verdun l'imitait immédiatement; et Valenciennes, quelques mois plus tard, suivait ce triste exemple. Il est donc permis de croire qne cet appel à l'honneur est insuffisant.

Notre proposition s'adresse spécialement à tous ceux dont la fortune est menacée; ainsi, par sa combinaison avec la disposition que nous venons de citer, on intéressait à la fois l'honneur et l'argent au succès de la défense. En donnant au propriétaire la certitude que son gouvernement, s'il est vainqueur, lui tiendra compte de toutes ses pertes, vous lui enlevez sa principale cause d'irritation ; et vous l'encouragez à repousser de toute sa force un ennemi, qui, s'il devient maître du pays, ne tiendra sans doute pas à remplir les engagements du gouvernement qui l'aura précédé; et débutera même, suivant toutes les apparences, par frapper la ville conquise d'une lourde contribution.

Le pauvre se trouve constamment dans la dépen‑
dance du riche, et n'agira pas malgré lui. D'ailleurs,
celui qui ne possède rien, fait, en général, bon marché
de sa vie, et s'inquiète peu des incendies, pourvu qu'il
trouve un asile et du pain. C'est donc un immense
avantage que de gagner les riches à la cause de la résistance; car c'est dans cette classe que d'habitude les
gouverneurs trouvent leurs plus dangereux ennemis.

On observe, dit d'Arçon, au sujet des attaques incendiaires,
qu'en jetant les yeux sur toutes les villes qui ont éprouvé
ces malheurs pendant les guerres de la révolution, on ne laisse
pas de les retrouver encore florissantes. Nous citerons les bombardements de Lille, Thionville, Landau et d'autres encore ;
peu de temps après et tout était réparé. Les indemnités nationales ont effacé ces malheurs du moment ; et les citoyens,
loin de s'en plaindre, s'enorgueillissent de leurs pertes et de
leurs dangers.

Ainsi, bien longtemps avant que la charte eût promis des indemnités aux propriétaires dépossédés, la
justice du gouvernement en avait accordé aux habitants des places fortes dont la conduite avait été ferme
jusqu'au bout. Assurer d'avance, comme nous le demandons, de larges dédommagements aux bourgeois des
villes fortifiées, serait un acte de bonne politique dont
le pays profiterait par les efforts que feraient ces citoyens pour seconder leurs gouverneurs dans la dé-

fense, et retarder autant que possible l'instant où l'ennemi deviendra le maître de ces importantes positions.

En échange de ce beau privilége, on ne saurait contester à la société le droit de s'assurer elle-même contre un moment de faiblesse de la population, par la construction de bonnes citadelles destinées à contenir les masses et rendre la prise de la place difficile à l'ennemi.

———

Après avoir résisté de loin aux premiers établissements de l'assiégeant, et retardé de toutes ses forces l'ouverture des tranchées, le gouverneur opposera un grand nombre de feux d'artillerie à la construction des batteries incendiaires; mais c'est surtout avec des projectiles creux qu'il leur nuira. Les remparts devront donc être garnis de mortiers dans les parties qui font face aux attaques; et l'on emploiera les canons de préférence contre les batteries qui tirent à boulets rouges.

Connaissant la distance de la parallèle à la place et la portée maximum des bombes, il sera facile de déterminer, avant l'ouverture du feu, les parties de la ville qui pourront être en dehors de la chute de ces

projectiles. Le gouverneur se hâtera d'y faire transporter les vivres des particuliers et les matières les plus
combustibles; d'y donner asile aux vieillards, aux
femmes, aux enfants, aux malades; et si l'espace le lui
permet, il y joindra les mécontents et les lâches, en
livrant, comme de raison, ces deux classes à la déri-
sion publique.

On sait que le gouverneur, avant l'investissement,
doit faire sortir de la place, comme bouche inutile,
toute personne qui ne se serait pas approvisionnée
pour la durée présumée du siége. Si le feu vient à
détruire ces dépôts de vivres, les particuliers qui ont
subi ces pertes, entreront-ils en partage des vivres de
la garnison, comme on le fit au fort Vauban (1ᵉ partie, page 122)? Le devoir du gouverneur est de s'y
opposer de toute son énergie; car une pareille con-
cession ne peut que hâter le moment où le manque de
subsistance forcera la place à capituler. Pour se mettre
mieux en droit de refuser cette assistance à la bourgeoisie, il faudrait que le gouvernement, en temps
de paix, engageât de tout son pouvoir les habitants
des forteresses à se bâtir des maisons à l'épreuve de
la bombe, et leur en donnât lui-même l'exemple dans
la construction de tous les édifices publics.

Les soldats seront-ils commandés pour éteindre
les incendies? Quoique cette question ait été résolue
affirmativement dans beaucoup de places bombardées,

la règle doit être de se prononcer pour la négative, et
de ne faire travailler les hommes de la garnison que
quand ils sont trop nombreux, eu égard aux approvisionnements, ou encore quand le feu menace de
consumer quelque bâtiment utile à la défense. Hors
ces circonstances exceptionnelles, il faut réserver la
troupe pour les évènements ultérieurs. Avec les ou-
vriers et les habitants valides, le gouverneur aura d'a-
vance organisé ces services de surveillance dont on re-
commande l'emploi dans tous les traités. En même
temps, il agira sur le moral des citoyens et des soldats,
leur rappelant tout ce que chacun doit à son pays
dans l'intérêt de sa propre réputation ; il promettra
des indemnités à ceux qui auront éprouvé des pertes
matérielles, et leur fera sentir qu'une reddition anti-
cipée les déshonererait tous et, leur ferait perdre
leurs droits à la générosité du gouvernement.

Les rues des quartiers adjacents aux attaques seront
dépavées et les pierres empilées de distance en distance, d'un seul côté, pour ne pas gêner la circulation,
et fournir des abris momentanés contre les éclats des
projectiles.

Si la population n'est pas hostile à ses troupes, s'il
ne la redoute pas, ou bien encore s'il s'attend à un
blocus après le bombardement, le gouverneur tentera
quelques sorties contre les travaux de l'ennemi ; autrement, ce serait une imprudence qui pourrait hâter la

prise de la place ; et pour peu qu'il suppose avoir
dans la suite à soutenir un siége, il fera mieux de
ménager sa faible garnison pour défendre ses remparts jusque sur les brèches.

CHAPITRE IV.

—

RÉSUMÉ GÉNÉRAL.

—

Parvenu à la fin de notre tâche, nous éprouvons le besoin d'affirmer que, dans toutes nos recherches, nous n'avons pas eu d'autre mobile que l'amour de la vérité, et le désir de jeter quelque lumière sur une question d'une importance majeure et qui n'a pas été bien présentée jusqu'ici. Nous serions profondément affligé, si l'on croyait voir dans nos paroles la moindre trace d'amertume contre les officiers du génie, qui sont nos frères d'armes et parmi lesquels nous comptons de nombreux amis.

Le métier de l'ingénieur militaire est hérissé de difficultés : les hommes qui se sont distingués dans cette carrière, ont fait preuve d'une supériorité tellement incontestable, qu'ils ont conquis l'admiration sans réserve de tous leurs collègues : aussi n'existe-t-il pas de corps où la vénération pour les maîtres soit aussi grande et aussi sincère que dans le génie. Cependant rien n'est absolument parfait ici-bas : si nous avons

pu réussir à prouver que, sur la question des bombardements, quelques ingénieurs célèbres ont payé le
tribut à la nature humaine, on n'en doit pas moins
admirer leurs ouvrages, auxquels on peut, malgré la
différence des genres, appliquer ce que dit Horace
des travaux de l'imagination :

> *Ubi plura nitent in carmine, non ego paucis*
> *Offendar maculis...*

Cette réflexion ne saurait, en aucune manière, con-
cerner Vauban qui jugeait parfaitement les choses
de son époque, et auquel il était bien permis de lutter
contre les bombardements, puisqu'à cette méthode
dont l'effet n'est pas entièrement assuré, il en substi-
tuait une autre, qui surtout à l'époque de sa nouveauté,
privait en un instant les places de leur principale
défense. Mais, comme on le sait, en fait d'art militaire, il n'est point de vérité de tous les temps et de
tous les lieux. Les hommes, les armes, les institutions
changent sans cesse; les principes doivent se modifier
avec eux : on se rappelle combien, malgré tout son
mérite, Rogniat lui-même s'est trompé, en voulant
organiser nos divisions de guerre sur le modèle des
légions romaines.

Dans la revue que nous avons passée des auteurs
plus ou moins opposés à l'emploi des moyens incen-

diaires, il en est trois qui nous ont paru mériter le reproche d'avoir manqué de sincérité, d'Arçon, Carnot et Noiset St-Paul. Ces officiers seuls sont blâmables. Bousmard avait plus de franchise ; ses plaintes sont irréfléchies; il ne se préoccupe que de la population assiégée , sans songer aux intérêts de l'armée assiégeante. Tous les ingénieurs qui ont écrit dans le sens de ces auteurs ont été visiblement influencés par leur autorité, qui ne nous semble pas inébranlable. Si les sources auxquelles nous avons puisé sont mauvaises, nous espérons qu'on nous le démontrera, et que nous serons mis à même de reconnaître notre erreur : dans ce cas, nous nous féliciterions encore d'avoir ouvert une discussion sur un point aussi important de l'art militaire.

M. Piobert et les professeurs d'artillerie aux écoles militaires veulent bien reconnaître qu'il y a des cas où le bombardement s'emploie avec avantage ; mais sans beaucoup s'appesantir sur les règles à suivre dans une opération de ce genre. La marche à suivre ne saurait être indifférente pour le succès; et nous avons fait nos efforts pour indiquer la meilleure, suivant l'issue que l'on veut donner aux attaques. Sous ce point de vue, l'utilité de ce traité nous paraît incontestable.

. On peut conclure de tous les faits et raisonnements qui y sont contenus, que l'on ne doit en général re-

courir aux procédés d'attaque enseignés aujourd'hui
dans les écoles, qu'après avoir essayé de réduire les
places par des feux incendiaires, qui réussiront probablement contre toutes les forteresses, et surtout
contre les plus grandes, en ménageant la vie des soldats. On ne doit s'interdire l'usage des bombes contre
les édifices particuliers, que pour reprendre une
place à l'ennemi.

Quand la quantité de projectiles dont on peut disposer n'aura pas produit son effet, il vaudra presque
toujours mieux prendre des dispositions pour une attaque de vive force, dont les préparatifs achèveront de
terrifier une garnison et une bourgeoisie qui auront
déjà souffert du bombardement.

Pour ce qui regarde la défense, nous avons signalé
les dangers que courent les places dès le commencement du siége, dangers dont Bousmard et Carnot
reconnaissent la gravité : et dont ce dernier caracté-
rise très bien l'importance, en rappelant que dans les
guerres de la révolution, il n'y eut pas un seul exemple d'un approvisionnement complet de siége; ce qui
revient à peu près à dire qu'alors toutes les places prises par les Français se rendirent avant la brèche.
Nous avons aussi constaté qu'il est à peu près impossible de maîtriser les incendies sous la chute des bombes, et qu'il faut absolument venir en aide à la défense
par des ceintures de forts détachés, des batteries case-

matées, des citadelles. Le moyen législatif proposé
pour intéresser la bourgeoisie à la conservation de la
place ne satisfera peut-être pas tout le monde ; mais
l'attention des militaires étant attirée sur ce point, on
trouvera quelque procédé p..is efficace pour forcer
l'ennemi à recourir au siége en règle, ce qu'il ne
pourra faire sans une perte considérable d'hommes ,
de temps, d'argent et de munitions.

FIN.

ADDITIONS.

NOTE I, page 176.

SUR LE 2e SIÉGE DE SARAGOSSE.

—

M. Lavallée, petit neveu du colonel don Esteban Fleury, commandant les Suisses à Saragosse, a publié dans un recueil historique intitulé *l'Univers*, des détails sur la défense, extraits des papiers de son grand oncle. Nous y trouvons ce qui suit :

« Les assiégeants ne se bornèrent pas à la guerre souterraine ; ils bombardèrent la ville. Les assiégés, pour être prévenus quand on allumerait un mortier, avaient mis des sentinelles au sommet de la Tour-Neuve. Pendant le premier siége, la cloche tintait à chaque bombe ou à chaque obus qu'on voyait lancer ; pendant le second siége, le nombre de ces projectiles était si considérable, que l'on ne sonna plus que pour les bombes. En quarante-deux jours que dura le bombardement, il tomba sur la ville seize mille bombes. Eh bien, malgré cet épouvantable feu, malgré une épidémie qni vint décimer les défenseurs, ils ne perdirent ni le courage ni la gaité. Les femmes elles-mêmes étaient accoutumées au danger ; et pendant les jours les plus brûlants du siége, il y eut des réunions, des *tertulias*. Seulement, quand on entendait la cloche de la Tour-Neuve, on posait ses cartes sur la table, on faisait le signe de la croix, on recommandait son âme à Dieu ; puis on relevait ses cartes et l'on se remettait à jouer. »

Cette description du moral des bourgeois de Saragosse est assez peu d'accord avec celle qne nous en donne Caballero, pour que

nous nous croyions suffisamment autorisés, non pas à révoquer en
doute le fait en question, mais à rester convaincus jusqu'à preuve
du contraire, que ces *tertulias* se tenaient en dehors de la portée
des bombes, avantage dont jouissait plus de la moitié de la ville,
surtout dans le commencement du siége.

« Le courage et l'amour de la patrie n'étaient pas les seuls sentiments qui soutinssent les défenseurs de Saragosse ; quelques habitants étaient mus par des croyances superstitieuses. Ils avaient,
une foi aveugle, eu la protection de Notre-Dame-*del-Pilar*. Un
miracle leur eût semblé la chose la plus naturelle du monde.
Aussi, quand les Français commencèrent à bombarder la ville, la
partie de la population qui n'était pas occupée à combattre, les
femmes, les enfants, les moines allaient se prosterner devant le
pilier sacré près duquel ils se croyaient à l'abri de tout péril.
Les gens graves, qui ne partageaient pas les préjugés du vulgaire,
savaient bien que de toutes les églises, Notre-Dame-del-Pilar était
celle où l'on devait jouir de moins de sécurité. Toutes les autres
en effet, couvertes de voûtes élancées et solides, se trouvaient à
peu près à l'abri de la bombe ; là, au contraire, la toiture de
Notre-Dame-del-Pilar, posée sur de simples charpentes, ne pouvait protéger contre aucun projectile les personnes qui venaient
s'y réfugier. Cependant, par une circonstance facile à expliquer,
dans le commencement du siége, cette église fut comme respec-
tée par les bombes, et la superstitieuse crédulité des habitants en
fut encore augmentée. Située au bord de l'Ebre et presque en
face du pont qui réunit la ville au faubourg, elle se trouvait dans
l'endroit le plus éloigné des attaques. Le général Gazan qui
commandait la division destinée à opérer sur la rive gauche du
fleuve, après avoir été repoussé le 21 décembre à l'attaque du
faubourg, s'était borné à l'investir. Le général Gazan n'ayant
pas reçu l'ordre positif de coopérer aux travaux du siége, crut de-

voir s'en tenir au blocus. L'arrivée du maréchal Lannes qui vint
prendre le commandement, fit cesser son inaction. Le faubourg
résista pendant dix-huit jours ; mais lorsqu'il fut emporté, lorsqu'en même temps l'attaque du centre se fut avancée jusqu'au
Cosso, Notre-Dame-del-Pilar se trouva des deux côtés à la portée des bombes, qui ne tardèrent pas à l'atteindre. Leur explosion
au milieu d'une foule épaisse de femmes, d'enfants et de prêtres,
fit un affreux carnage, et jeta dans l'esprit des habitants, qui se
crurent abandonnés par leur protectrice, une épouvante et un
découragement que n'avaient pu faire naître deux mois de tranchée ouverte, quarante-deux jours de bombardement et le ravage
de la plus affreuse épidémie. »

NOTE II, page 299.

—

SUR LE BOMBARDEMENT DE LA VERA-CRUZ.

Par les Américains en 1847.

Un Français présent à cette expédition, nous en donne les détails suivants qu'on ne lira pas sans intérêt :

L'armée américaine, sous le commandement du général Scott,
effectua sans obstacle, le 12 mars, son débarquement sur une plage
de sable fin située à une lieue de la ville : douze mille hommes
furent mis à terre dans la journée. Le lendemain, au moment
où l'on se disposait à débarquer le matériel et les munitions de
siége, un coup de vent du nord obligea les navires à suspendre
leur opération pendant deux jours, dont la garnison mexicaine ne

profita point pour attaquer le troupes ennemies, ce qu'elle eût
pu faire avec avantage. Peu de temps après, la tranchée fut ouverte dans un terrain sablonneux; l'ardeur du soleil et la nature
du sol rendirent ce travail long et pénible. Une batterie n° 1 de
quatre mortiers du plus gros calibre, fut établie sur le revers
d'une colline assez éloignée de la ville; à droite et à gauche on
ouvrit deux communications, la première se dirigeant vers la pointe
de *los Hornos*, la seconde vers le *Campo-Santo*, cimetière entouré de murs. Lorsque ces deux communications divergentes qu
gagnaient du terrain vers les remparts, s'en furent rapprochées
d'environ deux cents mètres, on y construisit deux batteries n° 2
et n° 3 de quatre mortiers chacune, celle-ci se trouvant à quelques mètres en-deçà du cimetière; enfin, l'on continua la communication au-delà de cette dernière batterie, et l'on en établit
une autre n° 4, pour huit canons-obusiers. Toutes ces batteries
étaient en face de l'un des quartiers de la ville qui se nomme *la
Merced*. Les Mexicains ne firent aucune sortie pour contrarier
les travaux; ils furent même obligés tout d'abord d'abandonner
un poste qu'ils avaient au cimetière.

Le 23 mars, les douze mortiers étant prêts à ouvrir leur feu,
le général Scott fit sommer la place. Une conférence qui eut lieu
aux Hornos n'ayant produit aucun résultat, le tir commença le
jour même à trois heures du soir. Les premières bombes lancées avec de trop fortes charges, éclatèrent en l'air; on fut obligé
d'en diminuer la portée, et le soir même et toute la nuit, les
projectiles tombèrent sur le quartier de *la Merced*. Les batterie
de la ville et celles du fort de Saint-Jean d'Ulloa ripostèrent avec
vigueur, mais sans faire grand mal aux assiégeants; cependant
dans la matinée du 24, une bombe partie du fort vint éclater au
milieu de la batterie n° 1, tua un officier, cinq ou six hommes et
en blessa une dixaine assez grièvement. Le même jour, la batte-

rie n° 4 fut démasquée; et ses projectiles tirés avec plus de rapidité que les bombes, enfilèrent les rues et commencèrent une
brèche aux remparts. Le feu continua les 25, 26 et 27.

Le quartier de *la Merced*, abandonné en toute hâte par ses habitants dès les premières bombes, ne fut bientôt plus qu'un
monceau de ruines. Deux ou trois incendies s'y déclarèrent; mais
on les éteignit sans beaucoup de difficultés, car toutes les maisons sont construites en pierres ou en briques, voûtées à chaque
étage, et surmontées de terrasses; et d'ailleurs les assiégeants
n'avaient pas le soin de diriger le feu de tous leurs mortiers sur
ces foyers pour arrêter les secours. Deux cents personnes environ
furent écrasées sous les débris des édifices.

Dès le 27, les plaintes des habitants et la crainte d'un assaut
général déterminèrent le gouverneur Moralès à capituler.

Pendant le bombardement de la ville, le fort de Saint-Jean-
d'Ulloa fut canonné par une flottille de huit bateaux à vapeur, re-
morquant chacun une goëlette chargée d'un obusier à pivot.
Comme la mer était très calme, la batterie basse du fort fut endommagée; mais l'escadrille n'eut aucun mal, les projectiles
passant au-dessus des navires. La reddition du fort suivit de
quelques heures celle de la Vera-Cruz.

NOTE III, PAGE 299.

BOMBARDEMENT DE PALERME

Par l'armée Napolitaine en 1848.

Lorsque dans le courant de cet ouvrage nous avons eu à parler de faits militaires où figuraient nos compatriotes, nous avons fait de notre mieux abstraction de tout esprit de nationalité : c'est la première condition pour bien apprécier les hommes et les choses. De même, dans nos réflexions sur l'attaque de Palerme, nous imposerons silence à nos sympathies, et nous ne considèrerons que les deux ennemis en présence.

La capitale de la Sicile vient d'être bombardée sans succès immédiat : ce fait prouve-t-il réellement quelque chose contre les idées que nous avons développées, les principes que nous avons posés dans ce traité? C'est ce que nous allons examiner scrupuleusement, en soumettant à nos lecteurs les détails connus sur cette attaque.

Il faut en général se méfier des premiers récits relatifs aux évènements de ce genre, et surtout des commentaires de l'esprit de parti. Toutefois la narration donnée par le *Journal des Débats* du 1er février paraît devoir faire exception à la règle ; et contient des particularités assez précises et rédigées avec assez de calme et de modération, pour nous permettre de baser (sauf rectifications ultérieures), un bon jugement sur le bombardement de Palerme.

On sait que les Napolitains, chassés de presque tous les postes intérieurs de la ville, ont employé les moyens incendiaires pour y rentrer. Nous reconnaissons, dans l'exécution de cette mesure, trois graves infractions aux règles que nous avons posées pour mener à bonne fin les attaques de ce genre ; et c'est à ces fautes que doit sans doute être attribué le non succès de l'opération.

Première faute.

Les sommations n'avaient pas été faites.

« Dès la nuit du 13 au 14 janvier, le fort de Castellamare lançait des bombes et des boulets sur la ville, quoiqu'il n'y eût encore que des engagements partiels et peu meurtriers entre les troupes et les insurgés. Aucun avis, aucun signal n'avait annoncé à la partie inoffensive de la population le danger qui la menaçait, aucun délai n'avait été accordé aux divers consuls pour avertir et pour mettre en sûreté leurs nationaux. »

(Extrait du *Journal des Débats*, colonne 4, lignes 64 et suivantes.)

C'est avec raison que nous avons insisté sur la nécessité des sommations préalables, qui doivent être faites toutes les fois qu'une troupe quelconque prend à partie une masse d'individus, et veut en obtenir quelque chose par la force. Toute démarche de ce genre, en mettant à couvert la responsabilité de celui qui la fait, contribue puissamment au succès de l'entreprise.

A la vérité, l'expérience prouve que ces sommations n'atteignent pas toujours leur but, en face d'une émeute d'hommes du bas peuple qui sont déterminés à risquer leur vie, dans l'espoir chimérique ou fondé d'améliorer leur sort. Il n'en est pas de même quand elles sont adressées à une ville entière qu'un ennemi menace de détruire. Dans la masse des habitants, on compte toujours un certain nombre de personnes sans courage , tremblant à la fois pour leur existence et pour leurs propriétés. Si le duc de Majo eût sommé Palerme de se rendre pendant qu'il faisait ses préparatifs de bombardement, toute cette classe de gens timides se fût prononcée pour lui. Il eût ainsi jeté du désaccord dans la population, et eût enlevé aux consuls étrangers le prétexte de se déclarer pour elle, en se basant sur ce défaut de forme.

Deuxième faute.

Les projectiles ne tombaient pas sur tous les quartiers de la ville.

En matière de bombardement, il faut frapper fort pour frapper juste; nous avons fait sentir les inconvénients de ces attaques incomplètes, dans lesquelles une portion de la place se trouvait uniquement en butte aux gros projectiles creux. Telle a été la position de Palerme. Le fort de Castellamare est seul cité comme ayant jeté des bombes sur la ville; et les passages suivants prouvent qu'il y avait des quartiers à l'abri de tout danger de cette nature.

« La terreur était extrême chez les femmes et les enfants, sous la menace incessante d'un nouveau bombardement. Dans ces jours douloureux, la maison du consul de France (située près de la porte *Macqueda*), est devenue le point de réunion d'une foule considérable. »

(Colonne 4, lignes 12 et suivantes.)

Pour qu'une agglomération d'habitants pût trouver dans cette maison la sécurité qu'elle y venait chercher, il fallait ou que les murs en fussent voûtés à l'épreuve, ce qui est fort peu probable, ou que l'emplacement de l'hôtel se trouvât en dehors de la portée des bombes.

« La menace d'*un bombardement général, beaucoup plus terrible que ce qui avait eu lieu jusqu'alors*, était toujours suspendue sur la tête de la population. Le 19, sur l'invitation du consul de France, tous les agents consulaires se sont réunis et ont chargé M. Bresson de rédiger une protestation collective contre cette menace incessante. Cette pièce n'a pas tardé à être connue du peuple ; elle a produit un excellent effet ; on l'a imprimée en français et en italien et placardée sur tous les murs ; elle a dû puissamment contribuer à épargner de nouveaux malheurs à la ville de Palerme. »

(Colonne 4, lignes 37 et suivantes.)

Il est arrivé dans cette ville ce qui se passe toujours en pareille circonstance. Tous les habitants du quartier bombardé auront à l'instant abandonné leurs maisons, pour se réfugier, soit au consulat de France, soit partout ailleurs ou l'on aura pu leur donner asile. Aussi ne sommes-nous nullement étonnés de lire quelques lignes plus bas :

« Les rapports varient sur le nombre des morts et des blessés; on parle de deux cents hommes tués du côté des troupes, tandis que cinquante ou soixante insurgés seulement auraient péri. D'après notre correspondant, ces chiffres sont probablement exagérés; ce n'est pas au moment de la lutte que de pareilles statistiques peuvent être dressées. »

(Colonne 4, lignes 87 et suivantes.)

Nous nous sentons même fort disposés à croire que les trois quarts au moins de ces cinquante insurgés furent tués par les balles des soldats et non par les bombes ; mais on voudra bien sans doute en conclure avec nous, qu'il y a fort loin de cette attaque irrégulière à un bombardement bien conçu et vigoureusement exécuté : félicitons-en les habitants de Palerme et le gouvernement napolitain.

Troisième faute.

Les bombes ont été dirigées sur le quartier pauvre ; c'est ce qui paraît démontré par les lignes qui suivent.

« La charité publique s'est exercée largement : dans la nuit du 17 au 18, une bombe ayant allumé un incendie qui a dévoré le Mont-de-Piété de Palerme, on a ouvert immédiatement une souscription. »

(Colonne 4, lignes 31 et suivantes.)

Ce serait un contresens que de placer un établissement de ce genre au milieu d'un quartier habité par les riches.

« *Réponse du préteur au duc de Majo.*

La ville est bombardée depuis deux jours. Elle est incendiée dans la partie qui intéresse la classe malheureuse. »

(Colonne 5, lignes 50 et suivantes.)

Les évènements qui s'accomplissent aujourd'hui dans le royaume des Deux-Siciles semblent prouver que les classes élevées et moyennes désirent généralement des institutions libérales. Le gouvernement absolu, qui a cessé d'exister, devait s'appuyer d'abord sur ses fonctionnaires, puis sur une portion de la populace soumise aveuglément à l'influence du clergé, ou qui absorbée par ses travaux journaliers, restait indifférente à la marche des affaires, et s'inquiétait peu de changements politiques auxquels elle ne comprend rien, et dont elle croit d'avance qu'elle ne pourrait profiter.

En dirigeant les mortiers sur les habitations du bas peuple, n'a-t-on pas en quelque sorte forcé la classe pauvre à se jeter dans le mouvement ? N'a-t-on pas mis les riches révoltés à même de tripler leur puissance, en leur fournissant l'occasion d'offrir une hospitalité momentanée à ces malheureuses familles chassées de leurs maisons ? N'a-t-on pas en un mot ainsi créé *cette immense unanimité de l'exaltation des sentiments de la population palermitaine*, qui a motivé la protestation des consuls. Or, cette démarche paraît avoir eu la plus grande influence sur le cours des événements, puisqu'elle a paralysé l'attaque, et que le bombardement a fini dès que les consuls ont parlé.

Les Napolitains devant Palerme sont donc tombés dans les mêmes fautes que les Autrichiens devant Lille et les convention-nels devant Lyon, et le succès a été nul dans ces trois circons-tances. En outre, la plus moderne des attaques a été bien moins longue et moins vive que les deux premières (1).

Le duc de Majo se trouve avoir suivi au pied de la lettre les errements de Noiset St-Paul sur les bombardements. C'est un nouvel exemple qui permettra à nos lecteurs de prononcer entre les principes de l'ingénieur français et les nôtres. Peut-être le général napolitain a-t-il écrasé les quartiers populeux sans arrière-pensée, et uniquement parce qu'ils se trouvaient les plus rappro-chés du fort de Castellamare. Mais l'effet produit a été le même ; et nous en tirerons la conséquence que si l'on est quelquefois obligé de recourir aux bombardements, il est indispensable d'é-tablir de bons principes sur lesquels on doit se baser pour rendre plus probable le succès de ces opérations.

(1) Le *Journal des Débats* du 7 février contient le détail suivant, extrait de la correspondance du courrier de Marseille :

« Il est tombé à Palerme environ 400 bombes; mais à mesure qu'elles « tombaient, ce peuple intrépide s'empressait de couper les mèches à « coups de sabre pour les empêcher d'éclater; aussi le mal a été moins « grave qu'il ne pouvait l'être. »

Lille a reçu 6,000 bombes et Lyon près de 28,000.

NOTE IV.

Nous croyons ne pouvoir mieux terminer cet ouvrage qu'en donnant le tableau suivant, qui comprend un très grand nombre d'attaques exécutées dans les dernières guerres. Le classement de ces opérations a été obtenu par le dépouillement d'un recueil, *la France militaire*, par M. A. Hugo, contenant les principaux faits d'armes qui ont eu lieu de 1792 jusqu'à nos jours. Plusieurs attaques ne s'y trouvant pas assez nettement définies, nous avons éprouvé de l'embarras pour les classer ; aussi ne faut-il voir dans le tableau qu'une approximation.

On a considéré comme ayant été assiégées dans les règles, un grand nombre de places à fortifications anciennes, auxquelles il a été possible de faire brèche à distance.

Dans la colonne *menace*, on n'a compris que les forteresses auxquelles l'assiégeant a adressé une sommation suivie d'effet.

On n'a point fait figurer dans ce tableau les places qui ont été évacuées devant un ennemi vainqueur : le nombre en est très considérable.

Mais ce qui pourra rendre ce relevé inexact aux yeux de beaucoup de militaires, c'est la manière différente dont les attaques ont été appréciées dans divers pays. Nous en citerons pour exemple le bombardement de Dantzig, en 1813. Sur la foi de M. le capitaine d'Artois et d'autres personnes qui ont assisté à cette mémorable défense, nous avons pensé que les assiégeants n'avaient pu se rendre maîtres de la place qu'en détruisant par l'incendie les approvisionnements des Français. Manso prétend que les Russes et les Prussiens poussèrent leurs cheminements du côté d'Oliwa jusqu'à la porte de *Petershagen*, et que *le Bischoffsberg fut tellement maltraité, que la brèche devint praticable pour l'assaut.*

En admettant que les choses se soient passées de cette manière, la prise de Dantzig devrait être considérée comme ayant eu lieu à la suite d'un siége régulier. M. d'Artois nous a paru beaucoup mieux placé pour juger des efforts de l'ennemi, et des motifs qui ont déterminé le général Rapp à se rendre.

Enfin, voici une cause d'incertitude dont nous n'avons pu nous rendre maître. Quand un siége en règle a été accompagné d'un bombardement, il faudrait savoir si ce bombardement a été transformé en siége régulier, ou bien si c'est l'attaque méthodique qui constitue l'opération principale, le bombardement n'étant qu'un accessoire. Nous avons toujours adopté cette dernière hypothèse, ce qui a contribué naturellement à accroître le nombre des siéges réguliers au dépens du nombre des bombardements.

TABLEAU RÉCAPITULATIF

Des divers genres d'attaque qui ont eu lieu sur les places fortes, pendant les guerres de la Révolution et de l'Empire.

NUMÉROS D'ORDRE.	ANNÉES.	PLACES.	ASSIÉGEANTS.	GARNISONS.	NATURE DE L'ATTAQUE.									Observations.
					régulière.		bombardement.		blocus.		surprise.		menace.	
					réussie.	levée.	réussi.	levé.	réussi.	levé.	réussie.	repoussée.		
1	1792	Longwy.	Prussiens.	Français.	»	»	1	»	»	»	»	»	»	
2	—	Verdun.	—	—	»	»	1	»	»	»	»	»	»	
3	—	Thionville.	Autrichiens	—	»	»	»	1	»	»	»	»	»	
4	—	Lille.	Autrichiens	—	»	»	»	1	»	»	»	»	»	
5	—	Spire.	Français.	Autrichiens	»	»	»	»	»	»	1	»	»	
6	—	Worms.	—	—	»	»	»	»	»	»	1	»	»	
7	—	Mayence.	—	—	»	»	»	»	»	»	»	»	1	
8	—	Francfort.	—	—	»	»	»	»	»	»	»	»	1	
9	—	Kœnigstein.	—	—	»	»	»	»	»	»	»	»	1	
10	—	Limbourg.	—	—	»	»	»	»	»	»	»	»	»	
11	—	Francfort.	Prussiens.	Prussiens.	1	»	»	»	»	»	1	»	»	
12	—	Anvers citad.	Français.	Français.	»	»	1	»	»	»	1	»	»	
13	—	Namur, cit.	—	Autrichiens	»	»	»	»	»	»	»	»	»	
14	—	Nice.	—	—	»	»	»	»	»	»	»	»	»	
15	—	FortMontalb.	—	Piémontais	»	»	»	»	»	»	»	»	1	
16	—	Villefranche	—	—	»	»	»	»	1	»	»	»	1	

N°	Année	Place			maritime.	avec bombardement.	avec bombardement.		avec bombardement.	dégénéré en blocus.	
18	1793	Breda.	Hollandais.		»	»	»	»	»	»	13
19	—	Willemstadt.	—		»	»	»	»	»	»	1
20	—	Klundert.	—		»	»	»	»	»	»	5
21	—	Gertruydem-berg.	—		»	»	»	1	»	»	3
22	—	Maëstricht.	—	Prussiens.	»	»	»	»	»	»	2
23	—	Cagliari.	Sardes.	—	»	»	»	1	»	»	7
24	—	Kœnigstein.	Français.	—	1	»	»	»	»	»	13
25	—	Mayence.	Prussiens.	—	»	»	»	»	»	»	»
26	—	Fort Vauban.	Autrichiens	Autrichiens	»	»	»	»	»	»	5
27	—	Valenciennes.	Coalisés.	—	»	»	1	»	»	»	
28	—	Condé.	—	—	»	»	»	»	»	»	
29	—	Le Quesnoy.	—	Autrichiens	»	»	»	»	»	»	
30	—	Dunkerque.	—	Anglais.	»	»	»	»	»	»	
31	—	Bergues.	—	—	1	»	»	»	»	»	
32	—	Marseille.	Français.	Français.	»	»	»	»	»	»	
33	—	Lyon.	—	—	»	»	»	»	»	»	
34	—	Toulon.	Anglais.	Anglais.	1	»	1	1	»	1	
35	—	fort des Bains	Espagnols.	Espagnols.	1	»	»	»	»	»	
36	—	Bellegarde.	—	—	»	»	»	»	»	1	
37	—	Villefranche.	—	—	»	»	»	»	»	»	
38	—	Collioure.	Coalisés.	Coalisés.	1	1	»	»	»	»	
39	—	Maubeuge.	Prussiens.	Prussiens.	»	»	»	»	»	1	
40	—	Bitche.	—	—	»	»	»	»	»	»	
41	—	Landau.	Coalisés.	Coalisés.	»	»	»	»	»	»	
42	—	Landrecies.	Français.	Français.	»	»	»	1	»	»	
43	1794	Menin.	—	—	1	»	»	»	»	1	
44	—	Ypres.	Hanovriens	—	»	»	»	»	»	»	
45	—	Charleroi.	Autrichiens	—	»	»	»	»	»	»	
46	—	Landrecies.	—	—	»	1	»	»	»	1	
47	—	Le Quesnoy.	—	—	1	»	»	»	1	»	
48	—	Valenciennne.	—	—	1	»	»	»	»	»	
49	—	Condé.	—	—	1	»	»	»	»	»	
		A reporter.			13	1	5	3	2	7	13	»	5

NUMÉROS D'ORDRE.	ANNÉES.	PLACES.	ASSIÉGEANTS.	GARNISONS.	NATURE DE L'ATTAQUE.									Observations.
					régulière.		bombardement.		blocus.		surprise.		menace.	
					réussie.	levée.	réussi.	levé.	réussi.	levé.	réussie.	repoussée.		
			Report..	*Report..*	5	»	15	7	2	3	5	1	13	
50	1794	Fort l'Écluse.	Français.	Hollandais.	»	»	1	1	1	1	»	1	»	
51	—	Nieuport.	—	—	»	»	1	»	»	»	»	»	1	
52	—	Namur.	—	—	»	»	»	»	»	»	»	»	»	
53	—	Malines.	—	—	»	»	»	»	»	»	1	»	1	
54	—	Anvers.	—	—	»	»	»	»	»	»	»	»	»	
55	—	Coblentz.	—	—	»	»	»	»	»	»	1	»	1	
56	—	Bois-le-Duc.	—	—	»	»	1	»	»	»	»	»	»	
57	—	Venloo.	—	—	»	»	»	»	»	»	»	»	»	
58	—	Nimègue.	—	—	»	»	1	1	»	»	»	»	1	
59	—	Grave.	—	—	1	»	»	»	»	»	»	»	»	
60	—	Port-Vendre.	Espagnols.	Espagnols.	»	»	»	»	»	»	»	1	»	dégénéré en blocus.
61	—	Puycerda.	Franças.	Français.	»	»	»	»	»	»	»	1	»	
62	—	Fontarabie.	—	Espagnols.	1	»	»	»	»	»	»	»	»	
63	1795	S. Sébastien.	—	—	»	»	»	»	»	»	»	»	1	
64	—	Roses.	—	Autrichiens	1	»	»	»	»	1	»	»	1	
65	—	Mayence.	—	—	»	»	»	»	»	»	»	»	»	
66	—	Luxembourg	—	—	»	»	»	»	1	»	»	»	»	
67	—	Manheim.	—	—	»	»	1	»	»	»	»	»	»	
68	1796	Francfort.	—	—	»	»	1	»	»	»	»	»	»	avec bombarde-ment.
69	—	Wurtzbourg.	—	—	»	»	»	»	»	»	1	»	1	
70	—	Rothembour.	—	—	»	»	»	»	»	»	1	»	»	

dégénéré en blocus.

N°	Année	Lieu	Assiégeants	Assiégés
72	—	Kehl.	Autrichiens	Français.
73	—	Milan, citad.	Français.	Autrichiens
74	—	Mantoue.	Autrichiens.	Français.
75	1797	Mantoue.	Français.	—
76	—	Ancône.	—	Romains.
77	—	Kehl.	Autrichiens	Français.
78	—	Huningue.	—	—
79	—	Kehl.	Français.	Autrichiens
80	1798	Malte.	—	Chevaliers.
81	—	Alexandrie.	—	Égyptiens.
82	—	Le Caire.	—	—
83	1799	Gaëte.	—	Napolitains
84	—	Capoue.	—	—
85	—	Naples.	—	—
86	—	Jaffa.	—	Turcs.
87	—	S.Jean-d'Acre	Turcs.	—
88	—	fort d'Abouk.	Français.	Français.
89	—	Malte.	Anglais.	Turcs.
90	—	fort S-Lucias	Français.	Français.
91	—	Steig.	—	Autrichiens
92	—	Peschiera.	Austro-Rus.	Français.
93	—	Ferrare.	—	—
94	—	Ferrare, cit.	Autrichiens	—
95	—	Milan, citad.	—	—
96	—	Mondovi.	—	—
97	—	Pignerol.	—	—
98	—	Tortone.	—	—
99	—	Alexandrie c.	—	—
100	—	Tortone.	—	—
101	—	Mantoue.	—	—
102	—	Coni.	—	—
103	—	Ascoli.	Français.	Napolitains
				A reporter.

Totaux : 21 — 3 — 19 — 5 — 6 — 10 — 26 — 1 — 12

NUMÉROS D'ORDRE.	ANNÉES.	PLACES.	ASSIÉGEANTS.	GARNISONS.	NATURE DE L'ATTAQUE.									Observations.
					régulière.		bombardement.		blocus.		surprise.		menace.	
					réussie.	levée.	réussi.	levé.	réussi.	levé.	réussie.	repoussée.		
			Report...	Report...	12	1	26	10	6	5	19	3	21	
104	1799	Sinigaglia.	Turco-Rus.	Français.	»	»	»	»	»	»	1	»	»	
105	—	Ancône.	—	—	1	»	»	»	»	»	»	»	1	
106	—	Philipsborg.	Français.	Autrichiens	»	»	»	1	»	»	»	»	»	
107	—	Manheim.	Autrichiens	Français.	»	»	»	»	»	»	1	»	1	
108	—	Zurich.	Français.	Autrichiens	»	»	»	»	»	»	»	»	»	
109	1800	Gênes.	Autrichiens	Français.	»	»	»	1	1	»	1	»	»	
110	—	Plaisance.	Français.	Autrichiens	»	»	»	»	»	»	»	»	1	
111	1803	Le Havre.	Anglais.	Français.	»	»	»	»	»	»	»	»	1	
112	1805	Memmingen.	Français.	Autrichiens	»	»	»	1	»	»	1	»	1	
113	—	Ulm.	—	—	»	»	»	»	»	»	»	»	»	
114	—	Ebersberg.	—	—	»	»	»	»	»	»	»	»	1	
115	—	Scharnitz.	—	—	»	»	»	»	»	»	1	»	»	
116	—	Vienne.	—	—	»	»	»	»	»	»	»	»	1	
117	—	Brunn.	—	—	»	»	»	»	»	»	»	»	»	
118	1806	Capoue.	—	Napolitains	»	»	»	»	»	»	»	»	1	
119	—	Gaëte.	—	—	»	»	»	»	»	»	1	»	»	
120	—	Erfurth.	—	—	»	»	»	»	»	»	»	»	»	
121	—	Wittemberg.	—	Prussiens.	»	»	»	»	»	»	»	»	1	
122	—	Spandau.	—	—	»	»	»	»	»	»	»	»	»	
123	—	Stettin.	—	—	»	»	»	»	»	»	»	»	1	

N°	Année	Nom	(assiégeants)	léger bombardement.	dégénéré en blocus.				léger bombardement.	avec bombardement.	(assiégés)
126	1806	Magdebourg.		»	»	»	»	»	1	»	
127	—	Hameln.		1	»	»	»	»	»	»	
128	—	Nieubourg.		1	»	1	»	»	»	»	
129	—	Plassembour.	Polonais.	1	»	1	1	»	»	»	
130	—	Lentschitz.		»	»	1	»	»	»	»	
131	—	Czenstochau.		1	»	1	»	»	»	»	
132	—	Thorn.	Français.	»	»	»	»	»	»	»	
133	—	Glogau.		»	»	»	»	»	1	»	
134	1807	Breslau.		»	»	»	»	»	1	1	
135	—	Brieg.		»	»	»	»	»	1	»	
136	—	Schweidnitz.		»	»	»	»	1	1	1	
137	—	Dantzig.		»	1	1	»	»	1	»	
138	—	Colberg.		»	»	1	»	»	1	»	
139	—	Cosel.		»	»	»	1	»	1	»	
140	—	Neiss.	Suédois.	»	»	1	»	»	»	1	
141	—	Stralsund.	Danois.	»	»	1	»	»	1	»	Suédois.
142	—	Copenhague. Anglais.		»	1	1	»	»	»	»	Danois.
143	—	Maratea. Français.		»	»	»	1	1	1	1	Napolitains
144	—	Cotrone.		»	»	1	1	1	»	1	
145	1808	Evora.		»	»	»	»	»	»	»	Portugais.
146	—	Cordoue.		»	»	»	»	»	»	»	Espagnols.
147	—	Valence.		»	»	»	»	»	1	»	
148	—	Saragosse.		»	»	»	»	»	1	»	
149	—	Burgos.		»	»	1	»	»	1	»	
150	—	Madrid.		»	»	»	»	»	1	»	
151	—	Roses.		»	»	1	»	»	1	1	
152	1809	Saragosse.		»	»	1	»	»	1	1	
153	—	La Corogne.		»	1	»	»	»	»	»	Portugais.
154	—	Le Ferrol.		»	»	1	»	»	»	»	
155	—	Braga.		»	»	1	»	»	»	»	
156	—	Oporto.		»	»	»	»	»	1	1	Espagnols.
157	—	Girone.		1	»	1	»	»	»	»	Autrichiens
158	—	Ratisbonne.		»	»	1	»	»	»	»	
		A reporter.		36	4	36	5	8	13	35	2	19

NUMÉROS D'ORDRE.	ANNÉES.	PLACES.	ASSIÉGEANTS.	GARNISONS.	NATURE DE L'ATTAQUE. régulière. réussie.	régulière. levée.	bombardement réussi.	bombardement levé.	blocus. réussi.	blocus. levé.	surprise. réussie.	surprise. repoussée.	menace.	Observations.
		Report...	Français.	Autrichiens.	19	2	35	13	8	5	36	4	36	
159	1809	Vienne.	Français.	Autrichiens.	»	»	1	»	»	»	1	»	»	
160	—	Gratz.	—	—	»	»	»	»	»	»	1	»	»	
161	—	Raab.	—	—	»	»	1	»	»	»	»	»	»	
162	—	Flessingue.	Anglais.	Français.	»	»	1	»	»	»	»	»	»	
163	—	Séville.	Français.	Espagnols.	1	»	»	»	»	»	»	»	1	
164	—	Malaga.	—	—	»	»	1	»	»	»	»	»	»	
165	—	Hostalrich.	—	—	»	»	»	1	»	»	»	»	»	
166	—	Lerida, ville.	—	—	1	»	»	»	»	»	»	»	»	
167	—	Lerida, citad.	—	—	1	»	»	»	»	»	»	»	»	
168	—	Mequinenza.	—	—	1	»	»	»	»	»	»	»	»	
169	—	Tortose.	—	—	»	»	»	»	»	»	»	»	»	
170	1810	Astorga.	—	—	1	»	»	»	»	»	»	»	»	
171	—	Ciud. Rodrig.	—	—	1	»	»	»	»	»	»	»	»	
172	—	Almeida.	—	Anglo-Port.	1	»	»	»	»	»	»	»	»	
173	—	Siguenza.	—	Espagnols.	»	»	»	»	»	»	»	»	»	
174	—	—	Espagnols.	Français.	1	»	»	»	»	1	»	»	»	
175	—	—	—	—	»	»	»	»	»	»	»	»	»	
176	1811	Almeida.	Anglo-Port.	—	1	»	»	»	»	»	»	»	»	
177	—	Olivença.	Français.	Espagnols.	1	»	»	»	»	»	1	»	»	
178	—	Badajos.	—	—	1	»	»	»	»	»	»	»	»	léger bombardement.
179	—	Albuquerque.	—	—	»	»	»	»	»	»	1	»	»	
180	—	Valencia.	—	—	»	»	»	»	»	»	»	»	»	
181	—	Campo-Major	—	—	»	»	»	»	»	»	1	»	»	bombardement.
182	—	Olivença.	Anglo-Port.	Français.	»	»	»	»	»	»	1	»	»	bombardement.
183	—	Tarifa.	Français.	Espagnols.	1	»	»	»	»	»	»	1	»	
184	—	f. S.-Philippe	—	—	1	1	»	»	»	»	»	»	»	

No.	Année	Place							bombardement.		(1) Petersberg et Cyriaxberg.
189	—	Sagonte.									
190	1812	Valence.									
191	—	Cadix.	Anglais.		Français.						
192	—	Ciud. Rodrig.	Anglais.								
193	—	Badajoz.									
194	—	Salamanque.									
195	—	Peniscola.	Français.		Espagnols.						
196	—	Burgos, chât.	Anglais.		Français.						
197	—	Santona.	Anglo-Esp.								
198	—	Smolensk.	Français.		Russes.						
199	—	Malo Jarolaw.									
200	—	Witepsk.									
201	—	Borisow.									
202	—	Czenstochau.	Russes.		Français.						
203	—	Thorn.									
204	1813	Spandau.									
205	—	Torgau.									
206	—	Hambourg.	Français.		Hambourg.						
207	—	Hanau.			Bavarois.						
208	—	Glogau.	Coalisés.		Français.						
209	—	Dresde.									
210	—	Stettin.									
211	—	Modlin.									
212	—	Zamosk.									
213	—	Torgau.									
214	—	Vittemberg.									
215	—	Kustrin.									
216	—	Erfurt.									
217	—	— cit. (1)	Anglo-Esp.								
218	—	Pampelune.									
219	—	S.-Sébastien.	Coalisés.								
220	1814	Dantzig.									
221	—	Anvers.									
222	1815	Huningue.									
		Totaux...							42	6	42	7	17	15	49	6	38

Sauf les erreurs qui peuvent s'être glissées dans notre relevé, nous pouvons conclure :

1° Que sur les 222 attaques qui s'y trouvent comprises, il y a eu 44 siéges réguliers et 64 bombardements ;

2° Que dans 20 au moins de ces 44 attaques méthodiques, les édifices ont été bombardés ;

3° Que 17 siéges en règle ont été faits par les Français en Espagne, et 5 par les Anglais dans le même pays : en admettant que ce genre d'attaque ait été forcé par le fanatisme des habitants, on voit que dans tous les autres états, où n'existait point cette fureur religieuse, le nombre des siéges réguliers n'a été que de 22 ;

4° Que sur les 64 bombardements entrepris, 15 seulement ont échoué. En voici le relevé : *Thionville, Lille, Willemstadt*, attaques mal dirigées ; *Landau, Dunkerque, Lyon, Mantoue* ; attaques faibles ou interrompues ; *Cagliari, Le Hâvre*, opérations maritimes ; *Cadix*, bombardement entrepris de trop loin ; *Malte, Neiss, Erfurt* (châteaux), belles défenses des Français *en pays étranger* ; *Philipsbourg* et *Grave* : nous ignorons les causes de la résistance de ces places ; sans doute, les garnisons avaient de bons abris, ou auront été faiblement bombardées.

5° Que ce genre d'attaque n'est pas devenu plus rare, vers la fin de la guerre, ce qui prouve qu'il n'est point tombé en désuétude. (On compte 12 bombardements en 1813, 1814 et 1815.)

Nous avions cru jusqu'à présent être les premiers à dresser un pareil tableau; mais depuis que notre traité est à l'impression, nous avons été assez heureux pour reconnaître que cette pensée avait été déjà mise à exécution par M. Vauvilliers, colonel du génie en retraite, dans un ouvrage des plus intéressants intitulé *Essai sur de nouvelles considérations militaires, Paris*, 1843, *avec cette épigraphe :* Anche io son pittore!

Ce mémoire, qui a coûté vingt ans de travaux à cet officier supérieur, contient 27 tableaux statistiques qui rappellent toutes les actions militaires auxquelles les ouvrages défensifs ont concouru pendant les vingt-quatre campagnes de la révolution française; et le but de l'auteur est de s'élever contre la multiplicité des places fortes qu'il considère comme funeste pour les états, et de combattre à ce sujet les doctrines de d'Arçon et Cormontaigne, devenues populaires aujourd'hui dans l'armée par l'enseignement des écoles militaires. Nos convictions sont les siennes, toutes ses convictions ne sont pas les nôtres : « Les *doctrinaires* « pour nous, dit-il, ne sont point un corps en particulier, mais « quelques membres de tous les corps. Il s'en trouve parmi les « fantassins, les cavaliers, les artilleurs, les ingénieurs et même « au milieu des simples citoyens. Ce sont ceux qui n'ont étudié « que les histoires des anciens ou qui ont prétendu imiter le sys- « tème de Vauban travesti, sans que l'expérience ou la réflexion « leur ait permis de secouer l'influence d'une première instruc- « tion qui peut aussi devenir une sorte de religion : les uns « poussés par des intérêts, les autres restés dans la bonne foi; « mais quels qu'ils soient, nous ne prétendons pas faire tort ni « aux talents, ni aux intentions de personne, et nous le pro- « clamons ici une fois pour toutes : *la doctrine, pour nous, n'est* « *qu'un être de raison.* »

Cette définition une fois donnée, nous extrairons de l'ouvrage les tableaux numéros 19 et 20 avec les réflexions qui les accompagnent.

Tableau n° 19.

« S'agit-il de combattre avec le secours des places fortes, vous trouvez (tableau n° 1). . . . . . 1019 revers contre 265 succès.

« S'agit-il de grandes batailles,
vous trouvez (tableau n° 2). . . 120 —　　— 24 —

« S'agit-il de grands refuges,
le tableau n° 6 vous donne . . . 36 —　　— 5 —

« S'agit-il d'un ensemble de garnison, du damier, de l'échiquier, le tableau n° 7 donne. . . 1213 —　　— 355 —

　　　　　　　2388　contre　649 (1)

　　　　　　　　　3037

« Telles sont les probabilités de succès, *un* contre *quatre* : voilà
« l'expression des chances défavorables, voilà la fragile ancre
« de miséricorde à laquelle vous confiez votre salut ! et remar-
« quez-le, c'est toujours notre fatal résultat quatre contre un.

« On s'étonnera peu du grand nombre de forteresses tombées,
« si l'on considère tous les dangers qui les environnent de toutes
« parts, et le nombre de tentateurs qui conspirent leur chute et
« les excite encore, les trompeuses, à fausser leurs serments ; la
« faim, le manque de munitions de guerre , le bombardement ,
« l'incendie, les maladies, la soif, la surprise, la trahison, l'inep-

(1) L'auteur affirme que dans ces dépouillements il n'y a point de double emploi.

« tie, les coups de main, la panique, le blocus, l'attaque métho-
« dique, il n'est pas jusqu'aux douceurs et aux caresses qui ne
« leur fassent de profondes impressions.

« Nous avions établi plusieurs tableaux de ces divers évène-
« ments et classé à part les places rendues par la famine , par
« faute de munitions , par bombardement , par surprise , par
« trahison, par révoltes et séditions, mais cela allongerait sin-
« gulièrement notre travail ; nous nous contenterons donc de
« noter ici ces principaux résultats en simple aperçu.

Tableau n° 20.

« Capitulation par famine après une résistance plus ou moins
« longue. . , ... 165 places.
« Par manque de poudre ou autres approvi-
« sionnements . . . . 47 —
« Par bombardement . . . . 96 —
« Par armistice et conventions militaires. . . 130 —

            Total. . . . . 438 places.

« D'où il résulte que sur 647 places qui ont fait une sorte de
« défense, 438 ont été prises par des causes indépendantes de
« leurs ouvrages, et que 209 seulement ont à peu près parcouru
« les diverses périodes d'attaques , c'est-à-dire que sur 3035
« fortifications, il y en a eu seulement $\frac{1}{14}$ qui se sont défendues
« d'une manière incontestable ; jugez quelle chance ! D'après un
« tel calcul de probabilités , sur 182 forteresses, vous pourrez
« donc espérer 13 défenses effectives dans une guerre de 24 ans ;
« c'est une chaque deux ans.

« Quant aux 2,388 autres places, nous avons reconnu que
« par trahison, séditions, esprit de parti, il en avait capitulé
« environ 60,

 « Par surprise, le nombre en est bien petit; environ 20,

 « Par attaques brusquées ou de vive force, environ 50,

 « Quant aux autres, leurs redditions ont presque toutes été
« dues aux paniques stupéfiantes, à un abandon volontaire, à un
« défaut de troupes, à des manques de préparatifs, à de courts
« blocus, et souvent à des causes absolument insolites.

 « Quoi qu'il en soit, on peut juger, dès à présent, combien les
« places fortes sont une matière impressionnable, combien elles
« sont passibles de chances diverses ; est-il donc alors aussi pru-
« dent qu'on l'a dit de leur confier le sort des armées ?

 « Bien qu'il paraisse dans l'intérêt de l'humanité de conseiller
« de n'attaquer que les fortifications des places et non les habi-
« tations et les habitants, on peut croire aussi que sous ce prin-
« cipe de philanthropie se cache un intérêt de doctrine, car il
« est certain que le bombardement est un moyen très puissant et
« même souvent très rapide de déterminer les redditions des for-
« teresses. La doctrine désire, pour donner de la confiance dans
« ses créations, que les places résistent longtemps ; il est donc de
« bonne politique de sa part de discréditer les méthodes, de
« les réduire promptement ; mais l'expérience nous a
« prouvé que c'était là un soin en pure perte, car les alliés ne
« se laissèrent point influencer par ces insinuations ; quatre-vingt-
« seize redditions ont été rapidement décidées par ce genre bru-
« tal d'attaque, sans qu'on ait été obligé, aussi bien les Français
« que les étrangers, de passer par les difficultés, les lenteurs et
« les dangers des cheminements réguliers.

 « C'est un système non seulement hâtif, mais à la portée des
« armées peu habiles dans l'art des sièges, comme cela s'observe

« chez quelques peuples voisins, bien que quelques-uns aient
« proportionnellement encore plus de forteresses que nous : la
« Belgique, la Hollande, l'Italie, l'Espagne, en fourmillent.

« Nous croyons que c'est une erreur de penser que le seul
« moyen d'aller vite soit de désemparer bastions et demi-lunes,
« d'autant plus qu'alors les brèches que vous avez faites abî-
« ment une forteresse dont vous pourriez vous servir après l'a-
« voir prise, et que vous manquez de temps souvent pour la rele-
« ver, comme à Rodrigo. Si la place a des magasins sujets à
« incendie, le moyen de la faire capituler plus vite est le bom-
« bardement. C'est une manière de lui couper les vivres. Remar-
« quons que, sur les quarante-sept places qui se sont rendues
« faute de poudre et de munitions, plus des trois quarts pour-
« raient être aussi établies dans la catégorie des bombardements,
« car ce furent des projectiles isolés qui brûlèrent les magasins.

« Si vous avez eu la dispendieuse, mais nécessaire précaution
« de voûter vos magasins de toutes espèces, ce sont alors les habi-
« tations qui paient pour le reste. On conçoit que dans une ville
« étrangère, tout en déplorant les ravages de la guerre contre
« des êtres innocents, on craigne cependant moins de leur en
« laisser porter tout le poids; on s'y décide plus péniblement en-
« core s'il s'agit de ses propres concitoyens ; mais il reste aux
« bombardements la chance probable que la population exigera
« et amènera par force ou par séduction une prompte capitula-
« tion; et d'ailleurs, remarquez-le, dans ce cas, les désastres ne
« sont que pour une différente classe d'hommes; si vous ména-
« gez les habitants, vous sacrifiez vos troupes : la perte numé-
« rique reste la même.

« Pensez-vous que les habitants d'une ville organisée en garde
« nationale, ayant des armes et des droits constitutionnels, se
« laissent brûler, eux, leurs femmes, leurs enfants, leurs bouti-

« ques ou leurs ateliers, si cela entre dans vos projets? Au temps
« présent, croyez-vous trouver beaucoup de nation espagnole
« avec sa pauvreté, son fanatisme et son dévouement? Valen-
« ciennes même en 1793 se rendit par sédition : Longwy, Ver-
« dun et tant d'autres en firent autant ; êtes-vous bien sûrs que
« l'excès d'un bombardement n'éteindra pas cette ardeur ver-
« beuse qui pèsera sa destruction avec la couleur d'un drapeau ;
« n'est-il pas à craindre que *le confortable n'ait tué l'esprit et*
« *les vertus militaires.*

   « Si vous épargnez les habitants, vous épargnez peu vos trou-
« pes, et entre ces deux genres d'humanité quel est le plus vrai?
« vous les exposez volontairement pendant vingt, trente, qua-
« rante jours; et ce que vous aurez perdu en détail pourra com-
« penser ce que .vous auriez perdu en masse par une attaque
« brusque : à la guerre, comme dans les siéges, *le moyen de per-*
« *dre le moins est d'aller vite* (1). Oui, le bombardement épargne
« beaucoup les assiégeants; on objectera qu'il va moins vite, et
« alors on citera Turin en 1706 ; mais que l'on soit donc vrai :
« est-ce que ce siége fut confié à un bombardement? Pourquoi
« alors cet énorme développement de tranchées marquées sur
« les relations? Quelle place résisterait à un bombardement qui
« durerait autant qu'un journal d'attaques de Cormontaigne ? A
« côté de Lille bombardée, *mais non bloquée*, voyez Longwy,
« fort Vauban, Breda, Collioure, Vanloo, Maëstricht, Charleroi,
« Manheim, Mantoue, Alexandrie, Turin, Milan, Pizzighitone,
« Coni, Ferrare, Copenhague, Vienne, Torgau, Peniscola, etc.,
« aucune ne tint au-delà de six jours sous ce moyen d'attaque.

   « On ne peut établir de règle générale; il n'y a rien d'absolu à
« la guerre; il peut y avoir telle circonstance qui vous conseille

(1) Mémoires de Napoléon, vol. 1er, page 174.

« d'aller vite, telle situation qui vous force d'aller doucement ;
« bien des fois, aussi, vous êtes maîtres de votre temps; souvent
« il vous importe peu de mettre quinze ou vingt jours de plus à
« prendre une place ; peut-être n'avez-vous pas tout de suite
« l'artillerie, les munitions nécessaires à un chaud bombardement:
« *les siéges ne sont que des combats d'artillerie*, quoique la doc-
« trine élève d'autres prétentions à ce sujet.

« Vous pouvez avoir intérêt à entrer dans une ville en ména-
« geant, soit ses remparts, soit ses établissements; cela peut vous
« décider sur le genre d'attaque ; vous pouvez jeter la sédition
« dans les rues ; jetez-y des bombes , sinon tirez aux remparts.
« Moreau, dit d'Arçon, fut vingt-sept jours à bombarder Willems-
« tadt ; mais d'Arçon ne dit pas qu'il ne perdit que 150 hommes;
« s'il y eut des malades dans son armée, il y en avait autant dans
« les corps qui ne faisaient pas le siége, et Willemstadt n'était
« pas bloquée du côté de la mer; est-il donc étonnant que cette
« place ne se soit pas immédiatement rendue comme Bois-le-Duc?
« Il y compare sa propre attaque de Breda qui ne résista que
« quatre ou cinq jours; mais il y perdit plus du double,
« et Breda était bloquée; il ne dit pas qu'il couvrit la place
« de feux courbes, qu'il fit aussi un vrai bombardement à l'aide
« de plusieurs forts avancés qui ne se défendirent pas. Quand on
« écrit l'histoire, il faudrait le faire sans l'arrière-pensée de la
« forcer à cadrer avec un précepte que l'on s'est formé d'avance.
« *Les bombes et l'artillerie*, disait Napoléon (ordre du jour du
« 2 août 1805), *sont le grand moyen de réduire les places*. Na-
« poléon pensait qu'en avançant, sur l'avantage des atta-
« ques régulières les choses les plus opposées aux faits , c'était
« embrouiller les Prussiens, les Anglais, les Autrichiens ou les
« Russes, et qu'ils auraient la simplicité d'y ajouter foi ; chez lui
« des exceptions demeuraient éternellement des exceptions :

« croyez-nous, si vous faites quelquefois des tranchées, *bombar-*
« *dez toujours* !

« Napoléon s'efforce de faire comprendre la puissance de l'ar-
« tillerie, et, quand il parle de ses effets, jamais il ne manque
« d'ajouter les siéges aux combats; la doctrine, tout en conve-
« nant de la bonté d'un tel auxiliaire, se plaît à vanter la puis-
« sance de la pelle et de la pioche avec lesquelles on peut faire,
« dit-elle, le tour du monde. Il importait à sa gloire d'engager
« l'ennemi à se placer dans la situation des armées antiques qui
« n'auraient point de canons; passez-vous de canons si vous n'en
« avez pas, mais *bombardez toujours !*

« L'objection de la difficulté des chemins, de la lourdeur de
« l'artillerie, s'en va chaque jour s'affaiblissant à cause des pro-
« grès de la civilisation. Il y a des chemins partout aujourd'hui,
« même sur le Saint-Bernard; il n'est plus de Pyrénées, ni
« même d'Alpes et d'Apennins; puis l'ennemi s'élève, pour
« ainsi dire, de la prise d'une bicoque à celle de la plus forte
« place : ainsi Napoléon assiége Mantoue avec l'artillerie de
« Ferrare et de Milan; il assiége Dantzig avec l'artillerie de Mag-
« debourg; l'artillerie de Breslau lui sert à prendre Schweid-
« nitz; ainsi, de proche en proche, les arsenaux d'une place lui
« servent à en prendre d'autres; il n'en est pas de même des
« quelques canons gagnés sur le champ de bataille; puis vous
« n'avez pas gagné un arsenal complet comme dans une forte-
« resse qui est tombée.

« Si les ingénieurs étrangers perdent bien plus d'hommes que
« nous pendant les siéges, ce n'est pas parce qu'ils recourent
« au bombardement; cela, au contraire, ne leur est arrivé que
« toutes les fois qu'ils n'ont pas employé ce moyen; mais ils ont
« ordinairement soin d'amener pour de telles opérations des
« masses triples et quadruples d'artillerie que nous le faisons :

« ainsi, en 1799, les Autrichiens firent feu sur Mantoue avec
« 600 pièces; ils en eurent 2 et 300 contre Turin, Alexandrie,
« Coni, etc. Ils ont ce qu'ils appellent des batteries impériales
« de 60 et 80 pièces, qui, avec leurs boulets, tracent et percent
« jusqu'à des rues nouvelles à travers les villes les plus étendues. »

Quoique la conviction de notre insuffisance ait dû naturellement modérer nos opinions, comparativement à celles de l'auteur des *nouvelles considérations militaires*, nous nous plaisons
cependant, par cette longue citation, à constater la communauté
de sentiments qui existe entre cet ingénieur et nous; nous y trouvons en même temps l'avantage de présenter à nos lecteurs un
rapide résumé des principales idées que nous avons eu l'occasion
de développer dans le *Traité des Bombardements*.

Malgré tout le soin que l'auteur que nous venons de citer, met
à nous avertir qu'il compte des adversaires dans tous les corps de
l'armée, on ne peut se dissimuler que son ouvrage ne s'adresse
particulièrement aux officiers du génie ; et que ce qu'il attaque
sous le nom de *doctrine* ne représente les opinions le plus généralement répandues parmi nos ingénieurs. Un ferment d'irritation qui se manifeste dans sa polémique, a fait croire à quelques
lecteurs que son mémoire avait été rédigé sous l'impression encore trop vive d'une disgrâce, à laquelle lui-même fait allusion
dans son avant-propos. Cette circonstance a nui naturellement à
sa cause, en inspirant de la défiance contre un système dont
l'auteur ne se trouve pas dans les conditions de la plus parfaite
impartialité.

Si les opinions de M. Vauvilliers ne fussent écloses dans sa
tête qu'après le terme de son existence militaire, on pourrait,
jusqu'à un certain point, les supposer une conséquence de son
mécontentement ; et croire que le général, membre du comité

du génie, eût pensé tout autrement que le colonel en retraite : c'est ainsi que nous voyons trop souvent nos hommes politiques changer de langage avec leur position. Mais une pareille hypothèse nous semble inadmissible pour cet officier supérieur. Quand on songe aux longues et persévérantes recherches auxquelles il a dû se livrer pour grouper les faits sur lesquels se basent ses convictions, il est impossible de ne pas croire que ses travaux ont été commencés et poursuivis pendant un laps de temps très considérable; et qu'ils ont précédé de bien loin l'époque de sa retraite. Cet événement n'aura donc pas eu la moindre influence sur les opinions qu'il a émises.

Pour nous, dont l'ouvrage n'est que le développement d'un des chapitre des *Nouvelles considérations militaires*, nous acceptons les tableaux de l'auteur avec une confiance qui n'a de limites, que dans le sentiment des difficultés qu'il aura éprouvées lui-même à se procurer des renseignements parfaitement exacts sur les événements soumis à ses calculs. Les dépôts de la guerre et des fortifications sont les seuls établissements qui contiennent les documents, au moyen desquels on pourrait jeter la lumière la plus vive sur les questions que nous avons traitées. Aussi serait-il bon et utile que nos tableaux fussent refaits ou contrôlés par ceux qui peuvent puiser à ces sources.

En attendant, nous restons convaincus que les places fonctionneront mieux dans l'avenir que par le passé, si on leur donne des garnisons puissantes et des commandants *fermes et bien instruits de tout ce que l'ennemi peut tenter contre elles.* S'exprimer en ces termes, c'est condamner, avec M. le colonel Vauvilliers, l'abus des forteresses, qui nous présente le triple inconvénient d'affaiblir outre mesure les armées actives, d'exiger un trop grand nombre de gouverneurs, pour que l'on puisse être assuré si tous possèdent l'intelligence et la vigueur indispensables ; enfin de mettre le gouvernement dans l'impossibilité de soutenir ces officiers par des garnisons nombreuses, qui sauront résister aux efforts combinés des assiégeants et des populations.

NOTE V.

SUR LE SIÉGE DE GRAVE,

Par les Hollandais, en 1674.

Dans sa haine pour la convention, Bousmard l'avait accusée d'avoir mis les bombardements en usage. Nous serions pour notre propre compte fort disposés à l'indulgence en faveur de ce gouvernement, s'il n'eût jamais eu rien de plus grave à se reprocher. Carnot qui se trouvait alors à la tête des affaires, croit devoir s'efforcer de justifier l'administration républicaine d'une pareille énormité.

« M. de Bousmard, dit-il, était trop instruit pour ignorer que la guerre s'est toujours faite ainsi; qu'au siége de Grave il ne restait pas pierre sur pierre dans l'intérieur de la ville lors de sa reddition... et ce qu'il y a de plus singulier dans l'imputation de M. de Bousmard, c'est que ce sont les ennemis eux-mêmes, qui dans les guerres de la révolution ont mis les premiers ce genre d'attaque en usage, et dont le souvenir se conservera longtemps à Lille, à Thionville, à Landau; et que les Français n'ont fait qu'user de représailles en jetant des bombes dans leurs places, où il s'en faut bien qu'ils n'aient commis les mêmes excès. »

Puisque nous trouvons le siége de Grave figurant à côté des trois attaques contemporaines que nous avons eu l'occasion de juger, nous dirons ici pourquoi le bombardement à outrance de cette ville, qui en détruisit tous les édifices, n'en entraîna pas la reddition. C'est que la brave garnison française qui la défendait était commandée par Chamilly, que l'on peut appeler le modèle des gouverneurs, et n'avait autour d'elle qu'une population de deux mille habitants dont l'unique rôle était de se soumettre et de se blottir dans les souterrains.

Bousmard glorifie avec raison le marquis de Chamilly, d'en avoir fait sortir les bourgeois et de les avoir employés, en même temps que les valets d'officiers, à porter à manger aux soldats jusqu'aux remparts, et à transporter à l'hôpital les malades et les blessés. On ignore par quel moyen le gouverneur a pu déterminer ces habitants à exposer leur vie pour prêter assistance à leurs ennemis. Il semble pourtant que Chamilly ne se montra pas trop dur dans ses exigences, ou du moins que la population lui tint compte des difficultés avec lesquelles il se trouvait aux prises; car on lit dans la relation un fait bien honorable pour le caractère français, et qui se passa au moment où la garnison abandonnait la ville, après quatre-vingt-treize jours d'un siége des plus terribles :

« Nous remarquâmes, en sortant, une chose digne d'être rapportée : ce qui restait de bourgeois dans la ville, quoique hollandais, donnèrent mille marques d'estime et d'amitié à toute la garnison et principalement à notre gouverneur ; et bien qu'il ne leur restât plus d'habitations et que la ville fût bouleversée, pas un d'eux ne témoigna d'en avoir du chagrin ni nous en savoir mauvais gré; au contraire, ils eurent un soin particulier de tous les blessés qui restèrent dans la place. »

Tel est l'ascendant que sait prendre le vrai courage : mais quand on songe aux maux qu'ils ont dû souffrir pendant toute la durée du siége, les bourgeois hollandais doivent paraître en cette circonstance aussi dignes d'admiration que les débris de la garnison française.

NOTE VI.

Sur la défense des places par la garde nationale.

———

Napoléon veut que les gardes nationaux soient chargés de ce service : « Les garnisons des places fortes, dit-il, doivent être tirées de la population et non pas des armées actives ; les régiments des milices provinciales avaient cette destination : c'est la plus belle prérogative de la garde nationale. »

Il revient ailleurs sur cette idée, et ajoute que la nuit même de son arrivée à Paris en 1815, il délibéra si avec 35 ou 36,000 hommes, les seules troupes qu'il pût réunir dans le nord, il ne commencerait pas les hostilités dès le 1er avril, en marchant sur Bruxelles et ralliant l'armée belge sous ses drapeaux. Ce qui le fit hésiter, c'est que la France voulait la paix et eût blâmé un mouvement offensif prématuré. Ensuite, pour réunir ces 36,000 hommes, il eût fallu livrer à elles-mêmes les vingt-trois places fortes, depuis Calais jusqu'à Philippeville, formant la triple ligne du nord. Si l'esprit public, sur cette frontière, eût été aussi bon que sur celle d'Alsace, des Vosges, des Ardennes ou des Alpes, cela eût été sans inconvénient ; mais les esprits étaient divisés en Flandre : il était impossible d'abandonner les places fortes aux gardes nationales locales, et y faire arriver des départements voisins des bataillons d'élite de garde nationale pour remplacer les troupes de ligne (*Mélanges*, t. ii).

Dans un pays qui, comme le nôtre, vit sous le régime constitutionnel et avec la liberté de la presse, il faut compter que les opinions seront toujours divergentes à l'occasion des guerres futures.

Les journaux fomenteront la discorde; et l'étranger, quelles que soient ses vues, trouvera chez nous un parti puissant pour le seconder. Il en résultera, dans la conduite de la garde nationale, une hésitation dont un habile assiégeant saura profiter; et s'il lance des bombes sur les places mal gardées, on doit s'attendre que ces corps tout nouvellement formés, peu façonnés à la discipline et aux habitudes militaires, ne supporteront pas une pareille épreuve avec le calme stoïque du soldat, et montreront trop de sympathie pour les souffrances de la population.

Ce serait donc une imprudence que de confier un pareil service aux bataillons d'élite de la garde nationale mobilisée (1); à plus forte raison à la garde nationale locale, car alors on réaliserait l'hypothèse de Rogniat (3e partie, chap. ii). Concluons-en qu'il vaut bien mieux, pour la sûreté du pays, conserver moins de forteresses, en donnant à chacune une bonne garnison, que d'en avoir un plus grand nombre dont la défense serait mal assurée.

(1) Le meilleur parti à tirer de cette utile institution, serait de conduire les gardes nationaux sur les champs de bataille; là, sous les yeux des chefs de l'armée, leurs légions pourraient rivaliser de gloire avec les régiments, et déployer le genre de courage qui est le plus naturel aux Français.

NOTE VII.

—

SUR LA RÉSISTANCE DES VOUTES RÉPUTÉES A L'ÉPREUVE.

L'exemple du siége de la citadelle d'Anvers, en 1832, dans lequel 31,689 bombes et obus furent concentrés sur un espace resserré, semble prouver qu'il n'est guère d'abri que l'action prolongée de ces projectiles ne parvienne à détruire. Les citations suivantes du journal de défense adressé par le général Chassé au ministre de la guerre, doivent le faire reconnaître jusqu'à l'évidence.

« *6 Décembre.* Dès le point du jour, le feu de l'ennemi com-
» mence avec la même violence qu'hier; et bientôt on voit, par
» le résultat, que l'ennemi se servait contre nous de pièces de
» nouvelle invention dites *à la Paixhans* (1), à la force des-
» quelles rien ne peut résister, et qui causent de grands ravages
» aux bâtiments et aux blindages. A quatre heures après midi,
» le grand magasin aux vivres fut incendié par ces sortes de pro-
» jectiles, et entièrement réduit en cendres.

» Plusieurs locaux à l'abri de la bombe furent encore percés

(1) *Note officielle.* « Il n'a pas été employé au siége de canon à bom-
» bes de l'invention de M. Paixhans ; les bouches à feu que M. le général
» Chassé désigne ainsi, par erreur, sont les obusiers de huit pouces en
» bronze, nouveau modèle, adopté en 1829, sur la proposition du comité
» d'artillerie. »

» à jour, ce qui néanmoins, par hasard, ne causa pas de grands
» malheurs.

» L'hôpital, à l'abri de la bombe, est également traversé par
» un projectile à la Paixhans, ce qui a coûté la vie à trois sol-
» dats.

» A onze heures du soir, un pareil projectile tombe dans
» le magasin à poudre du bastion n° 2, et fait sauter ce bâti-
» ment.

» 7 *Décembre*. A trois heures de relevée, une bombe à la
» Paixhans pénètre à travers le blindage du laboratoire; elle met
» le feu aux projectiles remplis qui y sont déposés, et y cause
» les plus grands ravages. Le sergent-major artificier et deux
» canonniers sont tués, et un autre mortellement blessé.

» 8 *Décembre*. Le feu commence de part et d'autre, comme
» hier, à 8 heures; à midi, un incendie se déclare à la grande
» caserne; on essaie en vain de l'éteindre. Par conséquent ce
» bâtiment, déjà criblé de bombes et de boulets, est entièrement
» réduit en cendres.

» 9 *Décembre*. (Le rapport de ce jour manque.)

» 10 *Décembre*. Pendant la nuit qui vient de s'écouler, le feu
» de l'ennemi a été beaucoup plus vif que pendant les nuits pré-
» cédentes, et à sept heures, il a commencé de nouveau avec
» une grande violence. Les cuisines, à l'abri de la bombe, com-
» mencent à céder; déjà elles ne peuvent plus servir. En géné-
» ral, il n'y a point de blindage qui puisse résister à un pareil
» feu.

» .... J'ai fait évacuer sur la *Tête de Flandre* tous les blessés
» en état d'être transportés, attendu que je me trouve dans l'im-
» possibilité de procurer un sûr asile à ces malheureux, les locaux
» fléchissant partout sous le feu violent de l'ennemi, qui, *par*
» *l'abus brutal de ses moyens gigantesques pour détruire la cita-*
» *delle, veut atteindre un but, qui autrement, lui aurait coûté*
» *trop de temps, de peines et de sang.* »

Cet aveu du général Chassé prouve qu'en Hollande, comme

en France, on comprend le vrai but des bombardements. Poursuivons l'examen de ce curieux journal :

« Les locaux à l'abri de la bombe n'offrent plus de sûreté pour
» recueillir les hommes qui ne sont pas de service : tout ce qui
» n'est pas sous les armes se presse dans les poternes, les com-
» munications et les galeries, ce qui apporte beaucoup d'entra-
» ves aux travaux de l'artillerie et au passage des pièces et des
» munitions.

» .... Je prie votre excellence que le présent rapport, qui a été
» rédigé avec la plus grande hâte, ne soit pas rendu public en
» ce qui concerne les désastres que nous avons éprouvés.

» **11 Décembre.** La cave, sous la grande caserne, que l'on re-
» gardait comme complètement à l'abri de la bombe, s'écroule
» également sous les bombes, ainsi que la cave sous une autre
» caserne, de sorte qu'il ne reste plus maintenant que la poterne
» et les communications dans les bastions pour placer la partie
» de la garnison qui n'est pas de service, Elle s'y trouve telle-
» ment serrée, que la plus grande moitié doit se tenir debout,
» tandis que le reste prend un instant de repos, assis ou couché.

» Notre position devient extrêmement dangereuse, attendu
» que ces lieux, à l'abri de la bombe, ne sont pas assurés contre
» une enfilade, du moment que l'ennemi a établi ses batteries de
» démonte.

« **12 Décembre.** La canonnade n'a pas été aussi vive qu'hier ;
» mais les bombes tombent sans interruption, et font écrouler
» tous les murs des bâtiments qui étaient encore debout...

» En vain chercherait-on à rencontrer dans les annales de
» l'histoire un bombardement aussi vif que celui que l'ennemi
» dirige contre la citadelle ; jamais pareil évènement n'a eu lieu
» chez un peuple civilisé. »

Si l'emploi des bombes peut, comme le reconnaît le général
Chassé, faire atteindre son but à l'ennemi *avec moins de temps,
de peines et de sang*, nous ne concevons pas comment un peuple

civilisé pourrait se faire le moindre scrupule de recourir à un pareil moyen.

On doit remarquer que la citadelle d'Anvers ne contenait que
des soldats ; il n'y avait donc pas le moindre prétexte d'accuser le
bombardement de barbarie.

Nous terminons cette note par un extrait du résumé du journal d'attaque, qui rend compte du coup d'œil que présentait
l'intérieur de la citadelle au moment de la capitulation.

« La quantité de projectiles, de caffuts, de pierres, d'enton-
» noirs de bombes qui couvrent le sol est incalculable : il n'existe
» plus que des traces des bâtiments ; seulement, on aperçoit çà
» et là quelques murs tout criblés de boulets; et ce n'est qu'avec
» précaution que l'on peut marcher à travers cet amas de dé-
» combres, de ruines, de bâtiments encore enflammés et de pro-
» jectiles, donnant à la citadelle un aspect de dévastation, de
» misère, de chaos tout-à-fait impossible à décrire, et qui fait
» autant d'honneur à la défense qu'à l'attaque. »

FIN DES ADDITIONS.

BOMBARDEMENT
de
MAESTRICHT

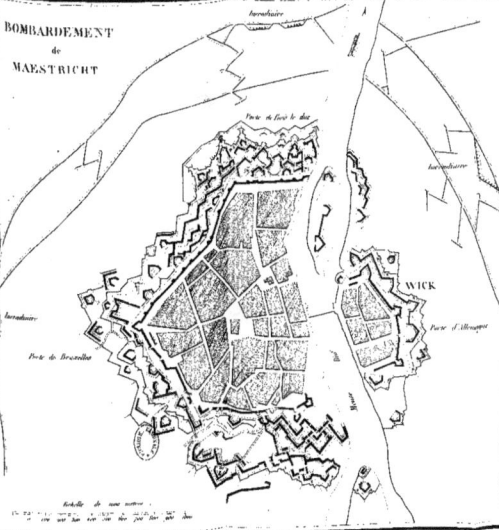

WICK

Porte de Tort le duc

Porte de Bruxelles

Porte d'Anvers

Echelle de 1000 metres

BOMBARDEMENT DE LILLE

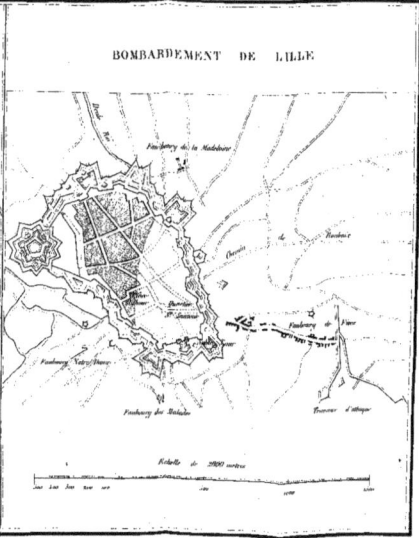

Faubourg de la Madeleine

Faubourg de Fire

Faubourg Notre-Dame

Faubourg des Malades

Tranchée d'attaque

Echelle de 2000 metres

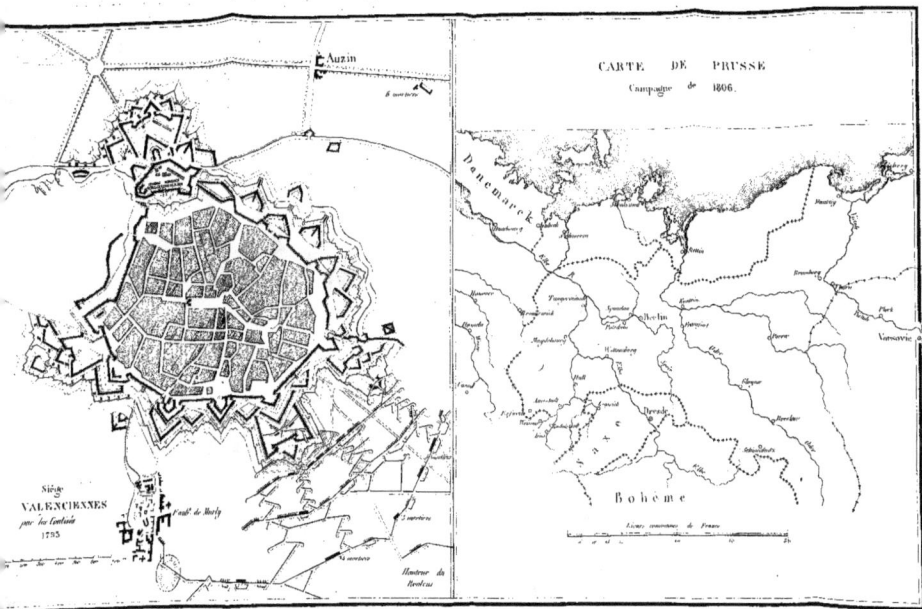

Siège
VALENCIENNES
par les Cendrais
1793

CARTE DE PRUSSE
Campagne de 1806.

TABLE DES MATIÈRES.

ADDITIONS.

Paris. — Imprim. de Lacour, rue St-Hyacinthe-St-Michel, 35.

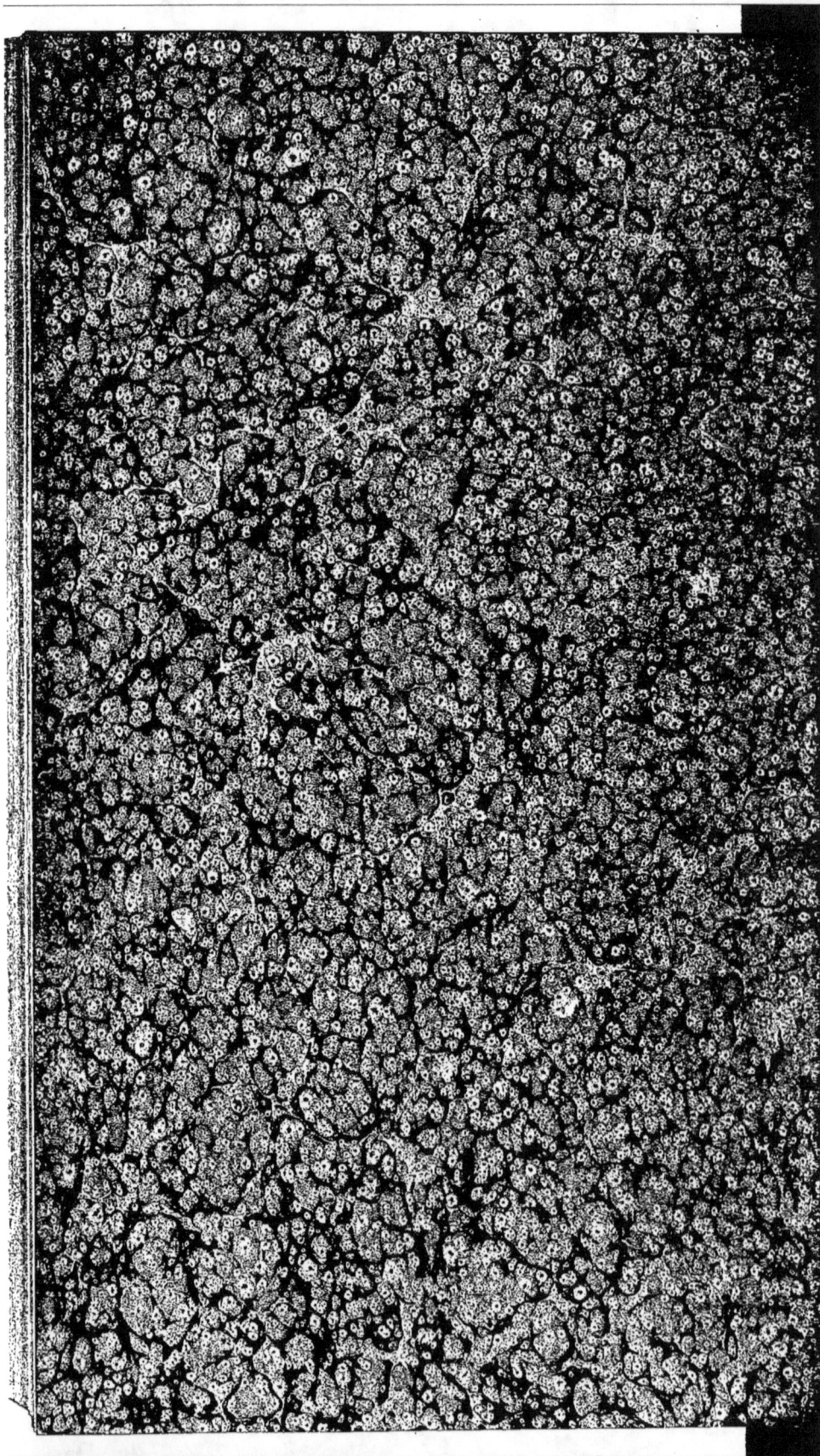

www.ingramcontent.com/pod-product-compliance
Lightning Source LLC
Chambersburg PA
CBHW071953270326
41928CB00009B/1424

* 9 7 8 2 0 1 9 5 5 1 1 3 1 *